普通高等职业教育
“十三五”规划教材

进出口外贸单证

徐　林　周　道　主　编
杨　静　朱晨阳　副主编

清华大学出版社
北　京

内 容 简 介

本书以外贸业务实践中的出口单证操作为主线，通过一个具体的出口业务实例，详细讲解了外贸公司单证员的出口单证业务工作流程。全书包括 11 个项目，分别是进出口外贸履约流程及公司业务简介，交易准备、磋商、签订合同，落实信用证，缮制商业发票和装箱单，缮制货物报检相关单证，缮制租船、订舱单证，缮制出口报关单证，缮制办理保险相关单证，缮制货物出运单证，缮制结汇所需单证，以及审核单据。本书注重理论联系实际，力求突出实用性，阐述了各项外贸单证的种类、内容、缮制方法和常见的信用证条款，并着重介绍使用这些外贸单证时的实践经验；书中的附录部分还介绍了《2010 年国际贸易术语解释通则》解读和跟单信用证统一惯例。

本书适合高职高专院校国际贸易等专业的学生使用，也适合外贸行业单证岗位培训使用。

本书封面贴有清华大学出版社防伪标签，无标签者不得销售。
版权所有，侵权必究。举报：010-62782989，beiqinquan@tup.tsinghua.edu.cn。

图书在版编目(CIP)数据

进出口外贸单证/徐林，周道主编. —北京：清华大学出版社，2019（2021.8重印）
（普通高等职业教育“十三五”规划教材）
ISBN 978-7-302-52010-8

Ⅰ.①进… Ⅱ.①徐… ②周… Ⅲ.①进出口贸易-原始凭证-高等职业教育-教材 Ⅳ.①F740.44

中国版本图书馆 CIP 数据核字(2019)第 006110 号

责任编辑：刘志彬
封面设计：汉风唐韵
责任校对：宋玉莲
责任印制：刘海龙

出版发行：清华大学出版社
网　　址：http：//www.tup.com.cn，http：//www.wqbook.com
地　　址：北京清华大学学研大厦 A 座　　**邮　　编**：100084
社 总 机：010-62770175　　**邮　　购**：010-62786544
投稿与读者服务：010-62776969，c-service@tup.tsinghua.edu.cn
质量反馈：010-62772015，zhiliang@tup.tsinghua.edu.cn
印 装 者：三河市国英印务有限公司
经　　销：全国新华书店
开　　本：185mm×260mm　　**印　　张**：15.75　　**字　　数**：283 千字
版　　次：2019 年 2 月第 1 版　　**印　　次**：2021 年 8 月第 3 次印刷
定　　价：47.00 元

产品编号：076847-01

前　言

随着外贸主体范围的扩大和准入障碍的取消，以前许多只能通过外贸企业代理的进出口业务，企业和个人都可以自主经营了。因此，自营进出口业务的企业和个人呈现几何级增长，特别在长三角地区。在进出口业务中，必须由专业人员来缮制、处理各种单据、证书和文件，如信用证、汇票、发票、装箱单、提单、保单等。本书旨在让学生通过仿真模拟进出口业务，掌握一票完整进出口业务中所涉及单证的缮制及审核，并使学生具备一定的操作能力。

“进出口外贸单证实务”是为了满足国际贸易迅速发展的需要，以“国际贸易理论与实务”“外贸函电”“国际结算”等相关专业课程为理论基础，形成和发展起来的课程。进出口外贸单证实务中主要涉及的从业人员有单证员、跟单员、报检员、报关员、外销员及其他外贸业务员，这些人员在外贸业务主要岗位中涉及签约、报检、报关、运输、保险、制单、结汇等工作环节，需要熟悉单证业务的流转程序、掌握相关的单证知识。

本书主要强调单证的缮制与操作能力，以贯穿一票的出口贸易业务(以L/C+CIF成交)项目为例，按照出口贸易的基本流程(交易准备、交易磋商、签订合同、备货、租船定舱、出口报检、办理保险、出口报关、装船出运、结汇、出口退税核销)，对各个环节涉及的单据逐一阐述。

本书由常州工程职业技术学院徐林、湖南外贸职业学院周道任主编，辽宁地质工程职业学院杨静、郑州师范学院朱晨阳任副主编。具体分工如下：项目一～项目六由徐林编写，项目七、八、十一由周道编写，项目九由杨静编写，项目十由朱晨阳编写。在编写本书的过程中，得到了常州大亚进出口公司单证部和安徽五矿进出口公司单证部多位老师的大力支持，他们对本书的实际应用性提出了很多宝贵意见，使书中内容更加贴近实际，在此深表感谢！同时感谢无锡市现代远程教育中心的老师提供的宝贵建议！

由于编者水平有限，加之时间仓促，本书不足之处在所难免，恳请广大读者批评指正。

编　者

目　录

项目一 进出口外贸履约流程及公司业务简介

学习目标

1. 了解外贸交易的主要环节；
2. 了解 L/C+CIF 方式下的出口流程。

任务一 L/C+CIF 方式下的履约流程

进出口是一个面对不同国家、不同文化、不同政策的跨国交易，所以，想要完成一笔外贸交易，过程比国内贸易要复杂得多，从谈判到运输再到结算，都比内贸多很多环节。询盘回复、签订合同、收款、安排生产和跟踪生产进度、海关通关、订船订舱、出口退税、银行收汇等是外贸交易常见的几大环节。

一、出口业务的主要环节

▶ 1. 询盘回复

询盘回复是整个交易过程中至关重要的一个环节，收到询盘后，首先应反复看几遍，通过客户名字、网址、公司名、邮箱等信息进行搜索，尽可能地找到更多的客户信息，做到知己知彼，百战百胜；最后，对客户询盘的内容进行回复。

▶ 2. 签订合同

当谈判双方就交易的主要条款达成一致意见后，便进入合同签约阶段，自然就会有由谁起草合同文本的问题。一般来讲，文本由谁起草，谁就掌握主动权。因为口头上商议的东西要形成文字还需要一个过程，有时，仅仅是一字之差，意思则有很大区别。起草合同一方的主动权在于可以根据双方协商的内容，认真考虑写入合同中的每一个条款，而对方则毫无思想准备。有些时候，即使认真审议了合同中的各项条款，但由于文化上的差异，对词意的理解也会不同，难以发现于己不利之处。所以，在谈判中，应重视合同文本的起草，尽量争取起草合同文本。如果做不到这一点，那么也要争取与对方共同起草合同文本。

▶ 3. 收款

常见的收款方式有汇付、托收、信用证(letter of credit，L/C)三大类。这些主流的收款方式各有优缺点，深入了解每种收款方式，然后集合公司自身产品的特点选择最适合自己的主要收款方式。

根据汇出行向汇入行转移资金发出指示的方式，汇付可分为电汇、信汇和票汇三种方式：①电汇(telegraphic transfer，T/T)是汇出行应汇款人的申请，拍发加押电报或电传给在另一个国家的分行或代理行(即汇入行)解付一定金额给收款人的一种汇款方式；②信汇(mail transfer，M/T)是汇出行应汇款人的申请，用航空信函的形式，指示出口国汇入行解付一定金额的款项给收款人的汇款方式；③票汇(remittance by banker's demand draft，D/D)是指汇出行应汇款人的申请，代汇款人开立以其分行或代理行为解付行的银行即期汇票，支付一定金额给收款人的汇款方式。

现在多数商品都是买方市场，所以想要获得更多买家的信赖除了重视产品本身的质量，完善公司的收款、物流流程也是非常重要的，同时免费开通各种收款渠道为客户提供便利才是提高企业竞争力必不可少的一步。常见的收款方式可以细分如下。

(1) 前 T/T：先收钱再发货，是对出口商最有利的付款方式。

(2) 后 T/T：一般与前 T/T 组合运用，单独使用与放账无异，非新人的老客户要慎用。

(3) L/C：手续费高、流程烦琐，适用于金额比较大的订单，可与前 T/T 组合运用。

(4) D/P(delivery against payment)：付款交单，一般都采用即期交单(D/P at sight)方式。属于商业信用，在收款时间上存在风险，须小心使用。

(5) D/A(documents against acceptance)：承兑交单，风险大于 D/P，一般不建议使用。

▶ 4. 安排生产，跟踪生产进度

这一环节是企业对客户实现承诺的最重要的一部分，如产品质量、发货时间都要严格把关，尽最大可能让客户满意，争取有再次合作的机会。要与工厂或者车间进行协商，及时安排生产，同时每天询问生产进度，不定期安排生产检查，在实际业务中非核心业务可以选择代理。

▶ 5. 海关通关

海关通关是进出口货物向海关申报、审查、完税、放行的过程，流程也很多，如果公司业务量大，一般找货代公司代理报关，避免因货代问题造成重大损失。此外，还要准备一系列的报关单证，出口通关需要提供的常见单据有：①发票；②装箱单；③产品信息、图片等；④合同；⑤装船证；⑥出境货物通关单，出口法检产品时需要；⑦出口专用发票，部分大额出口或特殊情况时需要；⑧出口增值税发票，部分大额出口或特殊情况时需要。

▶ 6. 订船订舱

订船订舱是个需要经验积累的工作，在繁忙的时候，较大的船公司不仅费用高，偶尔还会发生“甩柜”等情况，尤其在外贸旺季，发生“甩柜”的概率更高，大大影响时间进度，因此有条件的情况下应尽可能把一切提前安排妥当。订船需要提供的部分单据和信息有：①询价单，含起运港、目的港、品名、货重、柜型、体积信息；②订舱委托书带签章，即BOOKING；③提单资料；④电放保函，视情况需要；⑤货物 MSDS 和非危险保函，敏感

货物；⑥具体地址和邮编号码，涉及国外内陆运输时需要此信息。

▶ 7. 出口退税

退税是国家鼓励出口创汇给予的奖励政策，很多外贸企业靠出口退税才能获得利润。但是退税的等待时间较长，一般是出口后三个月内办理，逾期将视同内销，所以，常给中小企业带来资金周转压力。出口退税需要提供的单据有报关单退税联和出口增值税发票。

▶ 8. 银行收汇

银行收汇的步骤如下。

(1) 外贸企业需要先具有进出口经营权。

(2) 到外管局进行备案，在外管局企业端对每笔收汇进行申报。

(3) 银行按照当日公开牌价收汇，将款项打到企业的银行账户。

二、以 L/C+CIF 方式的出口流程

L/C+CIF(cost insurance and freight)方式下的出口流程可用图 1-1 来说明。

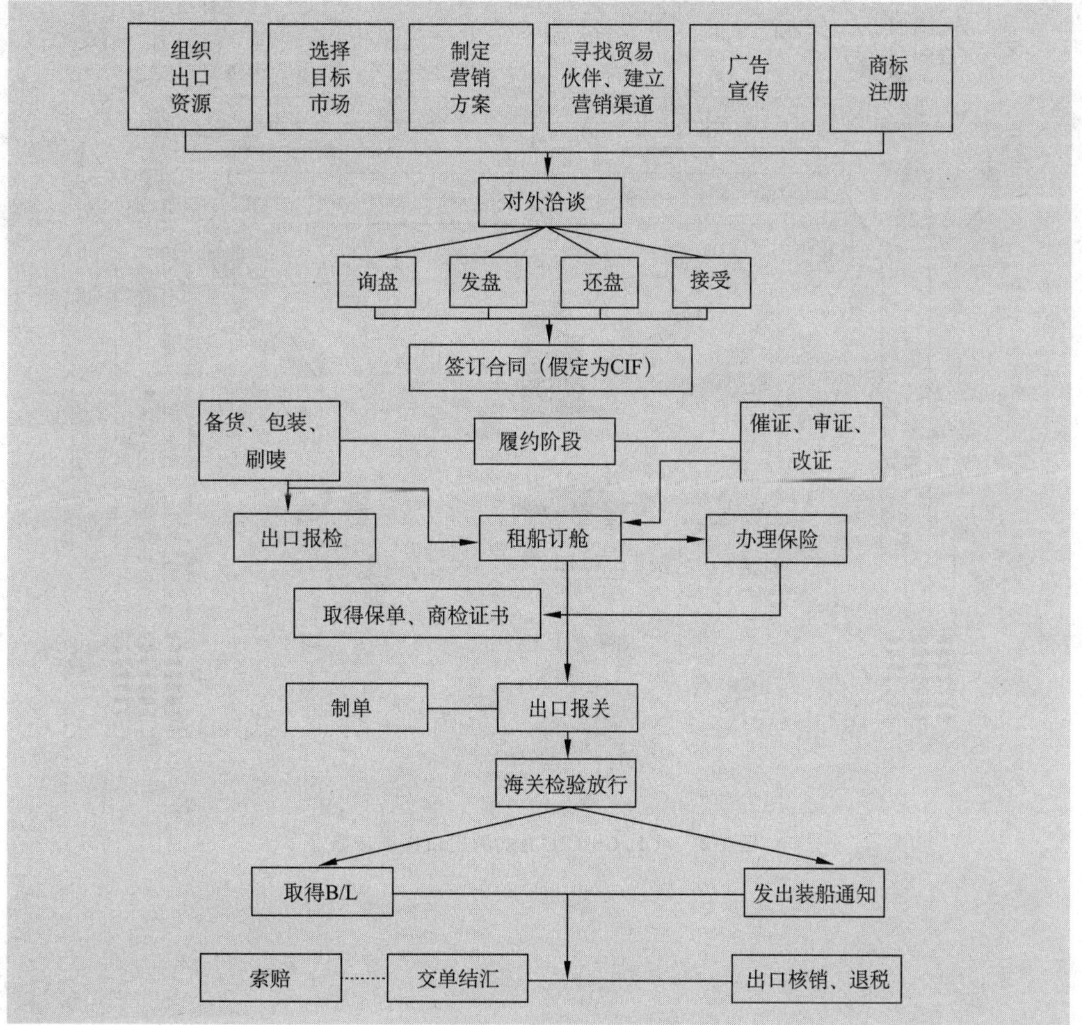

图 1-1 以 L/C+CIF 方式的出口流程

具体来说，该流程包括图 1-2 所示的一系列详细步骤。

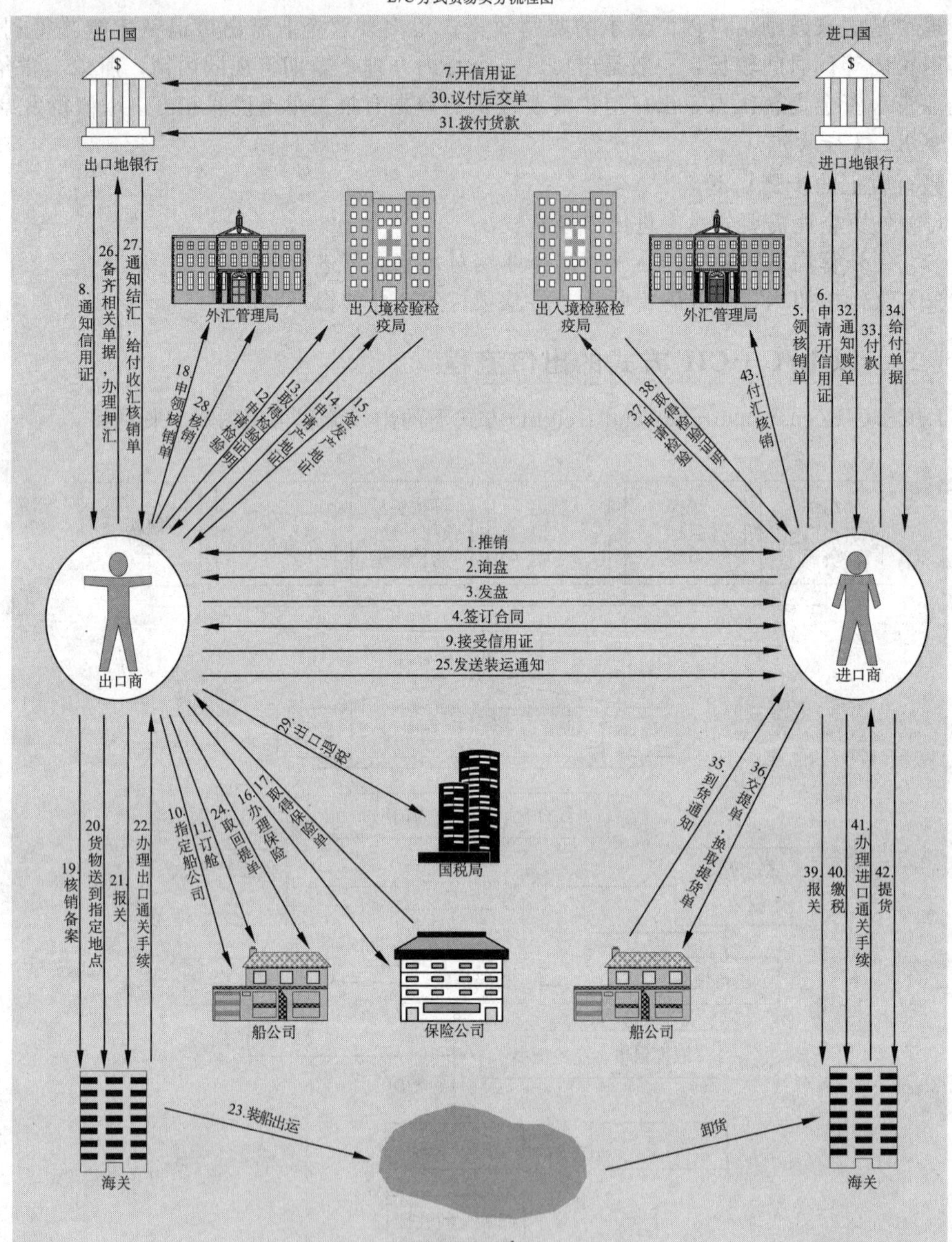

图 1-2　以 L/C+CIF 方式的出口详细步骤

任务二 其他方式下的履约流程

T/T(电汇)、L/C(信用证)、D/P(付款交单)、D/A(承兑交单)是国际贸易中最常用的四种结算方式，任务一中已经详细介绍了L/C方式下的履约流程，下面对其他三种结算方式的流程与L/C结算方式下履约的区别加以说明，缮制单据时只要增加或减少部分单据就可以了。

一、T/T与L/C结算方式下履约的区别

(1) 在T/T方式下，进口商不需向银行申请开立信用证，L/C+CIF流程中的有关信用证部分可省去。

(2) 出口商在办完报关等手续后，不再采用“押汇”方式向银行交付单据，而是直接将单据送进口商。

(3) 进口商收到单据可直接办理相关手续，直接付款或待销货收回资金后再付款给出口商。

(4) 进口商付款后，银行才能通知出口商结汇。

二、D/P与L/C结算方式下履约的区别

(1) 在D/P方式下，进口商不需向银行申请开立信用证，L/C+CIF流程中有关信用证部分可省去。

(2) 出口商在办完报关等手续后，不再采用“押汇”方式向银行交付单据，而是采用“托收”方式，出口地银行也不需垫付款项。

(3) 进口地银行同样不需垫付款项，可直接通知进口商前来付款赎单。

(4) 进口商付款后，银行才能通知出口商结汇。

三、D/A与L/C结算方式下履约的区别

(1) 在D/A方式下，进口商不需向银行申请开立信用证，L/C+CIF流程中有关信用证部分可省去。

(2) 出口商在办完报关等手续后，不再采用“押汇”方式向银行交付单据，而是采用“托收”方式，出口地银行也不需垫付款项。

(3) 进口地银行同样不需垫付款项，可直接通知进口商前来赎单。进口商赎单时不需付款，可先承兑，在汇票到期日前付款即可。

(4) 进口商付款后，银行才能通知出口商结汇。

任务三　公司业务简介

本书以常州亚峰进出口有限公司的一票进出口业务以例，详细介绍进出口业务的单证和实务操作。常州亚峰进出口有限公司的背景资料如下。

2016年广交会上，常州亚峰进出口有限公司出口部经理林峰先生接待前来洽谈生意的美国LOOKING(罗京)公司的John(约翰)先生，John先生对常州亚峰进出口有限公司的工艺品很感兴趣，经过初步洽谈，双方表示愿意建立贸易关系。广交会结束后，林峰经理向John先生发去了E-mail，详细介绍了公司的情况。

同年5月10日，John先生向林峰经理发出询盘，希望购买常州亚峰进出口有限公司的货号为ART. NO. CZ212和货号为ART. NO. CZ287的HOOK RUG(钩针地毯)，要求该公司报出该产品的一些规格的CIF SAN FRANCISCO价格。

林峰经理选定几个规格的货物，经过出口成本核算，申报公司领导批准后，在5月11日向John先生报价："Mr. John，5月10日函收悉，现报价如下：HOOK RUG ART. NO. CZ212规格2×3' 2000pcs USD17. 10 PER PC；ART. NO. CZ287规格3×5' 1000pcs USD18. 10 PER PC；ART. NO. CZ310规格2×3' 1000pcs USD19. 10 PER PC CIF SAN FRANCISCO。不可撤销的即期信用证支付。有效期为6月10日，请回复。"

5月16日，John先生发来还盘，示意能否降价10%。

5月18日，林峰经理表示降价不能接受。

6月9日，John来电表示接受原报价。

6月15日，双方正式签订书面合同。

此票出口业务的有关资料如下。

▶ 1. 买方

美国罗京手工艺品公司

THE LOOKING HANDCRAFT，INC

138 SAN MATEC AVENUE，SAN FRANCISCO

CA-94080-6501，U. S.

▶ 2. 卖方

中国常州亚峰进出口有限公司

CHANGZHOU YAFENG IMP. & EXP. CORP. LTD

3 GEHU MIDDLE ROAD，CHANGZHOU，JIANGSU，CHINA

Telex：0985

Fax：6332136

Tel：6332138

经营单位编码：3204367617

▶ 3. 合同号和合同签订日期

合同号：04F3-786

合同签订日期：2016 年 6 月 15 日

▶ 4. 商品

HOOK RUG，HS CODE：5702.4100，计量(总面积)：3 070m^2

▶ 5. 溢短装条款

卖方有权多装或少装 5%，唛头卖方(根据标准唛头)自制。

▶ 6. 保险

一切险、战争险加罢工险，投保加成 10%。

保险单编号：1046HKA

保险费率：0.27%

▶ 7. 运输方式

江海运输，装运港为上海，目的港为旧金山，装运日期为 7 月份。

▶ 8. 包装

包装为纸箱，详细规格如表 1-1 所示。

表 1-1 纸箱包装的详细规格

货号	规格	每箱数量/条	每箱净重/kg	每箱毛重/kg	每箱体积/cm^3
ART. NO. CZ212	2×3'	10	11.5	12	20×30×40
ART. NO. CZ287	3×5'	5	16	16.5	20×40×40
ART. NO. CZ310	2×3'	10	11.5	12	20×30×40

▶ 9. 提单

提单编号：RNSL060627

船名：HANJIN

航次：V.014E

提单日期：2016 年 7 月 14 日

运费：4 000 美元

▶ 10. 发票

发票号码：F93002897

发票日期：2016 年 7 月 5 日

▶ 11. 生产厂家

CHANGZHOU FEIYA RUG CORP，LTD.

常州飞亚地毯厂(也是发货单位，地处常州新北区)

经营单位编码：3204115870

▶ 12. 外汇核销单

外汇核销单编号：28/1555300

▶ 13. 贸易方式

贸易方式为一般贸易。

▶ 14. 出口信息

该货物于 2016 年 7 月 14 日出口，2016 年 7 月 12 日向上海海关申报，预录号为527695940。

▶ 15. 征免性质

一般征税，全免。

▶ 16. 许可证

许可证号：CN617032

▶ 17. 普惠制产地证

普惠制产地证(格式A)编号：CD5618，所有商品均产自中国。

▶ 18. 普通原产地证书

普通原产地证书编号：YFT0821

▶ 19. 商检证

商检证编号：224523

▶ 20. 其他

单位编码、报检单位登记号、生产单位注册号：62519577

检验检疫费：人民币1 200.00元

外币结算账号：THY6684

人民币结算账号：SAR8006

项目二 交易准备、磋商、签订合同

学习目标

1. 能独立完成询盘、发盘、还盘、接受函电；
2. 了解常见销售合同(确认书)的格式；
3. 能根据交易磋商的内容缮制合同(确认书)。

任务一 询盘、发盘、还盘、接受

一、询盘

▶ 1. 询盘的含义

询盘(enquiry)又称询价，是指交易的一方欲购买或售出某种商品，向对方询问买卖该种商品的各项交易条件(如商品的品质、规格、价格、装运等)。询盘实质上是邀请对方发盘(invitation of offers)，在商法上属于邀请要约。

▶ 2. 询盘的种类

询盘可以分成两种：一种只询问价格，索取商品目录或样品，称为一般询盘(general enquiries)；另一种则包括特定商品的各项交易条件，称为具体询盘(specific enquiries)。两种询盘没有具体的界限，视交易双方及交易的产品而定。

经过广交会的初步谈判和双方的E-mail往来，2016年5月10日，John先生向林峰经理发出询盘，希望购买常州亚峰进出口有限公司的货号为ART. NO. CZ212和货号为ART. NO. CZ287的HOOK RUG(钩针地毯)，现要求公司报出一些规格的该产品的CIF SAN FRANCISCO价格。以下是John先生发来的询盘信：

THE LOOKING HANDCRAFT，INC

138 SAN MATEC AVENUE，SAN FRANCISCO

CA-94080-6501，U. S.

May. 10，2016

Dear Mr. Lin，

We acknowledge with thanks the receipt of your E-mail of Arp. 17 that as exporters of HOOK RUG，you are interested in establishing business relations with us. It is also our wish.

At present，we are in the market for HOOK RUG，and shall be glad to receive your best quotations for these items，with indications of packing，for date of shipment，CIF SAN FRANCISCO PORT，including our commission of 2%.

We are looking forward to your specific inquiries.

Yours sincerely，

THE LOOKING HANDCRAFT，INC

John Smith

二、发盘

▶ 1. 发盘的含义

发盘(offers)是交易的一方为了销售或购买一批商品，向对方提出的交易条件，并表示愿意按这些条件达成交易，通常以广告、传单、信件或回应询盘的方式发出。

出口商通常会在两种情形下拟写发盘函：一是直接向客户发盘；二是在收到客户询盘后做出答复。由于场景不同，拟写的技巧也有所区别。前者要多多考虑发盘的完整性和吸引力；后者则要注重针对性，必须以对方感兴趣或符合对方要求的商品货号为中心，做到有的放矢。

▶ 2. 发盘函的内容

完整、准确地拟写发盘函可以避免争议，有利于缩短交易磋商的时间，尽快达成协议。一般而言，一封规范的发盘函应包括以下三个方面内容。

(1) 准确阐明各项主要交易条件(如品名、规格、价格、数量、包装、装运、付款、保险等)，可采用分条列项的形式写出，这样看起来醒目、清楚。

(2) 声明此发盘的有效期及其他约束条件。

(3) 鼓励对方订货并保证供货满意。

提示：如果是在收到对方询盘后进行发盘，通常需要在信的开头首先对对方的来函表示感谢，并针对询盘函中提出的其他问题做具体回复。

接到 John 先生的询盘后，常州亚峰进出口有限公司很重视，于次日(2016 年 5 月 11 日)做出发盘，以下是这次发盘的内容。

CHANGZHOU YAFENG IMP. & EXP. CORP. LTD

3 GEHU MIDDLE ROAD，CHANGZHOU，JIANGSU，CHINA

May. 11，2016

Dear Mr. Smith，

We have received your letter of May. 10，asking us to offer the HOOK RUG for shipment to SAN FRANCISCO and highly appreciate that you are interested in our product.

Comply with your kindly request, we are please to offer our best price as follows:

1. Commodity: HOOK RUG

2. Packing: EXPORTER CARTON

3. Specification:

ART NO	Spec	Quantity/PC	N. W/kg	G. W/kg	V/cm^3	Unit Price
ART. NO. CZ212	2×3'	10	11.5	12	20×30×40	USD17.1
ART. NO. CZ287	3×5'	5	16	16.5	20×40×40	USD18.1
ART. NO. CZ310	2×3'	10	11.5	12	20×30×40	USD19.1

4. Price: CIFC2% SAN FRANCISCO PORT

5. Payment: 100% by irrevocable L/C payable by draft at sight in our favor for the full sales contract value.

6. Shipment: in July, 2016.

PLS kindly pay attention to the fact that we have not much ready stock on hand. Therefore, it's very important that your L/C should be opened in an earlier date if our price meets with your approval.

Our offer remains effective until June. 10, 2016.

Yours faithfully,

CHANGZHOU YAFENG IMP. & EXP. CORP. LTD

Lin

三、还盘

还盘(counter-offer)是一方在接到另一方报盘以后，要求更改报盘内容的函电，包括降低价格、改变支付方式、改变交货期等，交易可以多次还盘与反还盘。

(一) 还盘的主要内容

价格可以说是进出口双方都密切关注的交易条件。出口方发盘后，进口方往往会就价格进行还盘。这时，出口方通常面临三种选择：一是完全接受对方的还价，合同即告成立；二是坚持原价，即拒绝对方的还价；三是针对对方的还价进行再还价，或是有条件地接受对方的还价。虽然这三种情形在具体语言运用上有所不同，但一般均需包含以下内容。

▶ 1. 确认对方来函

还价函是一封回信，因此，在信的开头，要礼节性地感谢对方的来函，通常还会简洁地表明我方对来函的总体态度。

▶ 2. 强调原价的合理性，并列明理由

无论最后是否接受对方的还价，我们一般都会坚持原报价的合理性，同时给出各种恰

当的理由，或认为报价符合市价，或强调产品品质超群，或言明利润已降至极限，或指出目前原料价格上涨、人工成本提升等。

▶ 3. 提出我方条件，并催促对方行动

这部分的写法非常灵活，并没什么定式可言，关键是要具有说服力，而且常常带有促销的性质，如以数量折扣吸引对方大批订购、以库存紧张激励对方早下订单等。即便是在拒绝还价、不做任何让步的情况下，我们一般也会推荐一些价格低廉的替代品，以寻求新的商机。

(二) 罗京公司的还盘

接到我方的发盘后，罗京公司虽然很满意，但仍想尝试还价。2016 年 5 月 16 日，John 先生发来还盘，询问能否降价 10%。以下是罗京公司发来的还盘函。

THE LOOKING HANDCRAFT，INC

138 SAN MATEC AVENUE，SAN FRANCISCO

CA-94080-6501，U. S.

May. 16，2016

Dear Mr. Lin，

We are very grateful of receiving your kindly offer of May. 11，2016.

While appreciating the good quality of your goods，we find your price is rather too high to be accepted by us. We also point out that very good quality HOOK RUG is available in our market from several European manufacturers，all of them are at prices from 5%—10% below yours. Such being the case，we have to ask you to consider if you can make a reduction in your price about 10%. You may think it worth while to make a concession.

Your earlier reply will be highly appreciated.

Yours sincerely，

THE LOOKING HANDCRAFT，INC

John Smith

(三) 常州亚峰进出口有限公司的还盘

由于我方报价在同行中已经很低，如果再降价 10%将无利可图，因此，我方婉言回绝了对方的要求，坚持不降价。以下是我方发出的还盘函。

CHANGZHOU YAFENG IMP. & EXP. CORP. LTD

3 GEHU MIDDLE ROAD，CHANGZHOU，JIANGSU，CHINA

May. 18，2016

Dear Mr. Smith，

We learn from your E-mail of May. 16 that our price is found to be on the high side. Much as we would like to cooperate with you in expanding sales，we are highly regret that we just cannot see our way clear to entertain your counter-offer，please kindly trust us that our price is quite realistic.

If you find any chance to do better，please let us know without any hesitation. On account of the raw material are esteemly scanty at present，we would kindly ask your esteemed company to act as quickly as possible.

Looking forward your earlier reply with highly eagerness.

Yours faithfully,

CHANGZHOU YAFENG IMP. & EXP. CORP. LTD

Lin

四、接受

接受(accept)是指受盘人无条件地同意发盘人在发盘中提出的各项交易条件，并同意按照这些条件订立合同的一种肯定表示，这在我国法律上称为承诺。

▶ 1. 有效接受的条件

根据《联合国国际货物销售合同公约》(以下简称《公约》)的规定，一项有效的接受必须具备下列条件。

(1) 接受必须由受盘人做出。

(2) 接受的内容必须与发盘相符。按照法律原则，接受是指无条件地同意发盘中交易条件。但根据《公约》精神，一些非实质性的变更，“除非发盘人在不过分迟延的时间内以口头或书面的通知反对”，仍构成有效接受。

(3) 接受必须以一定的方式表示出来。《公约》规定：“受盘人声明或做出其行为表示同意一项发盘，即为接受；沉默或不行为本身不等于接受。”

(4) 接受通知必须在发盘有效期内送达发盘人。在进口业务中，如果对方发盘中的条件比较合理，且对我方较为有利，就要在有效的期限内发出接受的通知，以便正式签订书面合同。补充一些接受构成条件逾期接受，接受撤回等问题。

▶ 2. 常州亚峰进出口有限公司的接受函

收到我方还盘函，外方经过几天综合考虑，还是认为常州亚峰进出口有限公司的报价最低，因此回信表示接受常州亚峰进出口有限公司先前的发盘。以下是外方发来的接收函。

THE LOOKING HANDCRAFT, INC

138 SAN MATEC AVENUE, SAN FRANCISCO

CA-94080-6501, U. S.

June. 9, 2016

We have received your E-mail of May. 18, 2016.

After the consideration, we have pleasure in confirming the following offer and accepting it:

1. Commodity: HOOK RUG

2. Packing: EXPORTER CARTON

3. Specification:

ART NO	Spec	Quantity/PC	N. W/kg	G. W/kg	V/cm³	Unit Price
ART. NO. CZ212	2×3’	10	11.5	12	20×30×40	USD17.1
ART. NO. CZ287	3×5’	5	16	16.5	20×40×40	USD18.1
ART. NO. CZ310	2×3’	10	11.5	12	20×30×40	USD19.1

4. Price：CIFC2% SAN FRANCISCO PORT

5. Payment：100% by irrevocable L/C payable by draft at sight in our favor for the full sales contract value.

6. Shipment：in July，2016.

Please send us a contract and thank you for your cooperation.

Yours sincerely，

THE LOOKING HANDCRAFT，INC

John Smith

任务二　签订外销合同和售货确认书

经过交易磋商，一方的发盘或还盘被对方有效地接受后，就算达成了交易，双方之间就建立了合同关系。《公约》及西方大多数国家的法律对买卖合同的形式，虽然原则上不加以限制，但在实际业务中，买卖双方的习惯做法依然是在达成协议之后，再签订一份书面合同，将各自的权利和义务用书面方式加以明确。

国际货物买卖合同一般金额大、内容繁杂、有效期长，因此，许多国家的法律要求采用书面形式。书面合同主要有两种形式，即正式合同(contract)和合同确认书(confirmation)，虽然其繁简不同，但具有同等法律效力，对买卖双方均有约束力。大宗商品或成交额较大的交易，多采用正式合同；而金额不大，批数较多的小土特产品或轻工产品，或者已订立代理、包销等长期协议的交易多采用合同确认书(也称简式合同)。

无论采取哪种形式，合同抬头应醒目注明 SALES CONTRACT 或 SALES CONFIRMATION(对销售合同或确认书而言)等字样。一般来说，出口合同的格式都是由我方(出口公司)事先印制好的，因此，有时在 SALES CONFIRMATION 之前加上出口公司名称或是公司的标志等(我国外贸公司进口时也习惯由我方印制进口合同)。交易成立后，寄交买方签署(countersign)，作为交易成立的书面凭据。

一、外销合同缮制要点

下面以一张下载好的销售合同模板为例，说明缮制每个栏目的内容时要注意的问题。

<table>
<tr><td colspan="4" align="center">销售合同(SALES CONTRACT)</td></tr>
<tr><td rowspan="3">卖方
SELLER:</td><td rowspan="3">合同卖方通常要尽可能详细，包括卖方名称、地址、电话、传真等</td><td>编号 NO.:</td><td>唯一的合同编号</td></tr>
<tr><td>日期 DATE:</td><td>英文日期格式</td></tr>
<tr><td>地点 SIGNED IN:</td><td>签约地点</td></tr>
<tr><td>买方
BUYER:</td><td colspan="3">要点同“卖方”</td></tr>
<tr><td colspan="4">买卖双方同意以下条款达成交易:
This contract is made by and agreed between the BUYER and SELLER, in accordance with the terms and conditions stipulated below.</td></tr>
<tr><td>1. 品名及规格
Commodity & Specification</td><td>2. 数量
Quantity</td><td>3. 单价及价格
Unit Price & Trade Terms</td><td>4. 金额
Amount</td></tr>
<tr><td colspan="4" align="center">此处要加上完整贸易术语(即术语后加港口名和国名)</td></tr>
<tr><td>如果不止一项，分别列出</td><td>数字＋数量单位</td><td>数字＋货币单位</td><td>数字＋货币单位</td></tr>
<tr><td>Total:</td><td>对数量求和</td><td>此处不填</td><td>对金额求和</td></tr>
<tr><td>允许 百分比
With</td><td colspan="3">溢短装，由卖方决定
More or less of shipment allowed at the sellers' option</td></tr>
<tr><td>5. 总值
Total Value</td><td colspan="3">总金额的大写，格式为:(SAY)＋货币名称＋具体金额大写＋ONLY</td></tr>
<tr><td>6. 包装
Packing</td><td colspan="3">具体的包装类型，如 WOODEN(木箱)、纸箱(CARTON)、桶装(DRUM/BARREL)、散装(BULK)、托盘(PALLET)、包(BALE)</td></tr>
<tr><td>7. 唛头
Shipping Mark</td><td colspan="3">如果没有唛头，填写 N/M，而不是空着</td></tr>
<tr><td>8. 装运期及运输方式
Time of Shipment & Means of Transportation</td><td colspan="3">装运期一般不能填具体的日期，Not Later Than**
运输方式:BY VESSEL(江海运输)、BY AIR(航空运输)等</td></tr>
<tr><td>9. 装运港及目的地
Port of Loading & Destination</td><td colspan="3">格式为“FORM** TO** ”
港口名称后面要加上国名(因不同国家可能会有相同名称的港口)</td></tr>
<tr><td>10. 保险
Insurance</td><td colspan="3">填具体保险的险别，一般以 FOB 价格出口，保险由买方办理，此时填 TO BE COVERD BY THE BUYER</td></tr>
<tr><td>11. 付款方式
Terms of Payment</td><td colspan="3">如 L/C(信用证)、D/P(付款交单)、D/A(承兑交单)、T/T(电汇)等，填时要具体</td></tr>
<tr><td>12. 备注
Remarks</td><td colspan="3">上述没有包括在内的其他谈判内容</td></tr>
<tr><td colspan="2" align="center">The Buyer</td><td colspan="2" align="center">The Seller</td></tr>
<tr><td colspan="2" align="center">(买方手签)</td><td colspan="2" align="center">(卖方手签)</td></tr>
<tr><td colspan="2" align="center">(signature)</td><td colspan="2" align="center">(signature)</td></tr>
</table>

▶ 1. SELLER

出口商公司抬头，须分别填写出口商的英文名称及地址。

▶ 2. BUYER

详细填列交易对象(即进口商)的名称及地址。

▶ 3. NO.

销货合同编号，由卖方自行编设，以便存储归档管理之用。

在 SimTrade 中，该编号已由卖方在起草合同时填入，单据中不能再更改。

▶ 4. DATE

填写销货合同制作日期。

例如：2016 年 2 月 18 日，可以有以下几种日期格式填法：

(1) 2016-02-18 或 02-18-2016

(2) 2016/02/18 或 02/18/2016

(3) 20160218(信用证电文上的日期格式)

(4) February 18，2016 或 Feb 18，2016

▶ 5. Commodity & Specification

品名及规格条款。此栏应详细填明各项商品的英文名称及规格，这是买卖双方进行交易的物质基础和前提。对商品的具体描述说明是合同的主要条款之一。如果卖方交付的货物不符合合同规定的品名或说明，则买方有权拒收货物、撤销合同并提出损害赔偿。

例如：CANNED SWEET CORN
3060Gx6TINS/CTN

▶ 6. Quantity

数量条款。本栏用于填写交易的货物数量，这是买卖双方交接货物及处理数量争议时的依据。如果不明确卖方应交付多少货物，不仅无法确定买方应该支付多少金额的货款，而且，不同的数量有时也会影响价格及其他的交易条件。

为便于装运并节省运费，通常以一个 20′或 40′集装箱的可装数量作为最低交易数量。

▶ 7. Unit Price & Trade Terms

单价及价格条款。这是买卖合同中必不可缺的重要组成部分，不仅直接关系到买卖双方的利益，而且与合同中的其他条款也有密切联系。在国际贸易中，通常由出口商根据成本通过往来函电报价给进口商，双方经过协商后确定此交易价格。

货物的价格通常指货物的单价(Unit Price)，是针对一个销售单位的货物而言。单价一般包括贸易术语、计价货币与单价金额等内容。

例如：CIF Toronto
USD 18.75

▶ 8. Amount

金额条款。列明币种及各项商品总金额(总金额＝单价×数量)。

注意：此栏应与每一项商品相对应。

▶ 9. Total Value

总值。以文字(大写)写出该笔交易的总金额，必须与货物总价数字表示的金额一致。

例如：U. S. DOLLARS EIGHTY NINE THOUSAND SIX HUNDRED ONLY。

▶ 10. Packing

包装条款。一般包括包装材料、包装方式和每件包装中所含物品的数量或重量等内容，是合同的必要组成部分。

▶ 11. Shipping Mark

运输标志，也称装运唛头，可以是图案、文字或号码。如果没有唛头，则应填“No Mark”或“N/M”。

例如：CHAB(货品名称)
ABU DHABI(进口商所在国家)
C/NO. 1-100(集装箱顺序号和总件数)
MADE IN CHINA(货物原产地)

▶ 12. Time of Shipment & Means of Transportation

装运条款。包括装运时间、装运港或装运地、目的港或目的地，以及分批装运和转运等内容，有的还规定卖方应交付的单据和有关装运通知的条款。

▶ 13. Port of Loading & Destination

填写启运港名称，应为中国港口之一。

填写目的港名称，通常已由买方在双方签订合约之前的往来磋商函电中告知卖方。

▶ 14. Insurance

保险条款。在 FOB、CFR 条件下，由买方投保，此栏可写“TO BE COVERD BY THE BUYER”。在 CIF 条件下，由卖方投保，应具体载明投保的险别、保险金额、保单类别、适用条款、索赔地点及币种等事项。

▶ 15. Terms of Payment

付款方式条款。它规定了货款及其从属费用的支付工具、支付方式等内容，与价格条款一样往往成为买卖双方在交易磋商时的焦点。

支付方式有许多种，其中四种最常用的方式为 L/C(信用证)、D/P(付款交单)、D/A(承兑交单)及 T/T(电汇)。请首先选择其中一种，再将支付条款的具体要求写在后面。

例如：By a prime bankers irrevocable sight letter of credit in sellers favor for 100% of invoice value.(全部凭银行所开发不可撤销即期信用状付款，以卖方为受益人。)

▶ 16. Remarks

备注。外贸公司多使用格式化的合同，难免有需要改动和补充之处，有特殊规定或其他条款可在此栏说明。

知识链接

唛　头

唛头又称运输标志，通常是由一个简单的几何图形和一些字母、数字及简单的文字组成，鉴于运输标志的内容差异较大，有的过于繁杂，不适应运输方式变革和电子计算机在运输与单据流转方面应用的需要，因此，在国际标准化组织和国际货物装卸协调协会的支持下，联合国欧洲经济委员会简化国际贸易程序工作组制定了一项标准运输标志向各国推荐使用。该标准运输标志包括：①收货人或买方名称的英文缩写字母或简称；②参考号，如运单号、订单号或发票号；③目的地；④件号。

由于某种需要而在运输包装上刷写的其他内容，如许可证号等，则不作为运输标志必要的组成部分。

二、本项目的参考合同

收到外方的接收函后，我方将正式合同缮制好后电传给外方，并得到外方的签字确认。以下是我方缮制好的销售合同样本。

<table>
<tr><td colspan="6">销售合同(SALES CONTRACT)</td></tr>
<tr><td rowspan="3">卖方
SELLER:</td><td colspan="2" rowspan="3">CHANGZHOU YAFENG IMP. & EXP. CORP. LTD
3 GEHU MIDDLE ROAD, CHANGZHOU, JIANGSU, CHINA
Telex: 0985 Fax: 6332136 Tel: 6332138</td><td colspan="2">编号 NO.:</td><td>04F3-786</td></tr>
<tr><td colspan="2">日期 DATE:</td><td>Jun. 15, 2016</td></tr>
<tr><td colspan="2">地点 SIGNED IN:</td><td>CHANGZHOU, CHINA</td></tr>
<tr><td>买方
BUYER:</td><td colspan="5">THE LOOKING HANDCRAFT, INC
138 SAN MATEC AVENUE, SAN FRANCISCO
CA-94080-6501, U. S.</td></tr>
<tr><td colspan="6">买卖双方同意以下条款达成交易：
This contract is made by and agreed between the BUYER and SELLER, in accordance with the terms and conditions stipulated below.</td></tr>
<tr><td colspan="3">1. 品名及规格
Commodity & Specification</td><td>2. 数量
Quantity</td><td>3. 单价及价格条款
Unit Price & Trade Terms</td><td>4. 金额
Amount</td></tr>
<tr><td colspan="6">CIF SAN FRANCISCO</td></tr>
<tr><td colspan="3">ART. NO. CZ212
ART. NO. CZ287
ART. NO. CZ310</td><td>2 000 PCS
1 000 PCS
1 000 PCS</td><td>USD 17.1 PER PC
USD 18.1 PER PC
USD 19.1 PER PC</td><td>USD 34 200.00
USD 18 100.00
USD 19 100.00</td></tr>
<tr><td colspan="3">Total:</td><td>4 000 PCS</td><td></td><td>USD 71 400.00</td></tr>
<tr><td>允许
With</td><td>5%</td><td colspan="4">溢短装，由卖方决定
More or less of shipment allowed at the sellers' option</td></tr>
<tr><td>5. 总值
Total Value</td><td colspan="5">SAY U. S. DOLLARS SEVENTY ONE THOUSAND FOUR HUNDRED ONLY</td></tr>
<tr><td>6. 包装
Packing</td><td colspan="5">CARTON</td></tr>
<tr><td>7. 唛头
Shipping Mark</td><td colspan="5">N/M</td></tr>
</table>

续表

8. 装运期及运输方式 Time of Shipment & Means of Transportation	DURING JULY，2016 BY VESSEL
9. 装运港及目的地 Port of Loading & Destination	FROM ANY PORT IN CHINA TO SAN FRANCISCO PORT U. S.
10. 保险 Insurance	TO BE COVERED BY THE SELLERS FOR 110% OF FULL INVOICE VALUE AGANST ALL RISKS UP TO SAN FRANCISCO，AS PER CHINA INSURANCE CLAUSE.
11. 付款方式 Terms of Payment	L/C AT SIGHT
12. 备注 Remarks	INSPECTION：THE CERTIFICATE OF QUALITY，QUANTITY/WEIGHT ISSUED BY CHINA COMMODITY INSECTION AND QURANTIME BUREAU SHALL BE TAKEN AS THE BASIS OF DELIVERY.
The Buyer	The Seller
John Smith	林 合同专用章 常州亚峰进出口有限公司
(signature)	(signature)

提示：一般来说，我方主动发出的单据，并且单据内容是中英文参照的话，按照惯例，应先是中文，然后是英文。

三、售货确认书

售货确认书(sales confirmation)也是合同的一种，称简易合同。售货确认书经过签字后，也具有销售合同同等效力。售货确认书的内容一般包括商品名称、规格、包装、数量、单价、交货期、装运港和目的港、付款方式、运输标志、商品检验等项条款。这种格式的合同适用于金额不大、批数较多的小土特产品和轻工产品，或者已订有代理、包销等长期协议的交易。

一般来说，售货确认书的格式都是由我方(出口公司)事先印制好的，因此，有时在SALES CONFIRMATION之前加上出口公司名称或是公司的标志等。

售货确认书条款及其缮制方法与正式外销合同大同小异，这里不做赘述。要注意的是如果我方不是缮制销售合同，而是缮制售货确认书，则经双方签字后具有同等的法律效力。本项目的参考售货确认书如下。

SALES CONFIRMATION

卖方 Seller：CHANGZHOU YAFENG IMP. & EXP. CORP. LTD 3 GEHU MIDDLE ROAD，CHANGZHOU，JIANGSU，CHINA Telex：0985 Fax：6332136 Tel：6332138	NO.：　04F3-786 DATE：　JUN. 15，2016 SIGNED IN：　CHANGZHOU，CHINA

续表

买方
Buyer: THE LOOKING HANDCRAFT, INC
138 SAN MATEC AVENUE, SAN FRANCISCO
CA-94080-6501, U. S.

经买卖双方同意成交下列商品，订立条款如下：
This contract is made by and agreed between the BUYER and SELLER, in accordance with the terms and conditions stipulated below.

唛头 **Marks and Numbers**	名称及规格 **Description of goods**	数量 **Quantity**	单价 **Unit Price**	金额 **Amount** **(USD)**
N/M	ART. NO. CZ212 ART. NO. CZ287 ART. NO. CZ310	2 000 PCS 1 000 PCS 1 000 PCS	17.1 18.1 19.1	34 200.00 18 100.00 19 100.00
总值 Total:		4 000 PCS		USD 71 400.00

Transshipment(转运):	☑ Allowed(允许)	□not allowed(不允许)
Partial shipments(分运):	□Allowed(允许)	☑ not allowed(不允许)

Shipment date(装运期): DURING JULY, 2007

Insurance(保险):
由 卖方 按发票金额 110%投保________险，另加保________险至________为止。
to be covered by the Seller FOR 110% of the invoice value covering ________ All Risks additional ________ from ________ to ________.

Terms of payment(付款条件):

□ 买方不迟于________年____月____日前将 100%的货款用即期汇票/电汇送抵卖方
The buyers shall pay 100% of the sales proceeds through sight(demand)draft/by T/T remittance to the sellers not later than ________.

□ 买方须于________年____月____日前通过________银行开出以卖方为受益人的不可撤销________天期信用证，并注明在上述装运日期后________天内在中国议付有效，信用证须注明合同编号。
The buyers shall issue an irrevocable L/C at ________ sight through ________ in favor of the sellers prior to ________ indicating L/C shall be valid in China through negotiation within ________ day after the shipment effected, the L/C must mention the Contract Number.

□ 付款交单：买方应对卖方开具的以买方为付款人的见票后________天付款跟单汇票，付款时交单。
Documents against payment:(D/P)
The buyers shall duly make the payment against documentary draft made out to the buyers at ________ sight by the sellers.

□ 承兑交单：买方应对卖方开具的以买方为付款人的见票后________天承兑跟单汇票，承兑交单。
Documents against acceptance:(D/A)
The buyers shall duly accept the documentary draft made out to the buyers at ________ days by the sellers.

续表

Documents required(单据): 卖方应将下列单据提交银行议付/托收。 The sellers shall present the following documents required for negotiation/collection to the banks. □ 整套正本清洁提单。 Full set of clean on Board Ocean Bills of Lading. □ 商业发票一式________份。 Signed commercial invoice in ________ copies. □ 装箱单或重量单一式________份。 Packing list/weight memo in ________ copies. □ 由________签发的质量与数量证明书一式________份。 Certificate of quantity and quality in ________ copies issued by ________. □ 保险单一式________份。 Insurance policy in ________ copies. □ 由________签发的产地证一式________份。 Certificate of Origin in ________ copies issued by ________.
Shipping advice(装运通知): 一旦装运完毕，卖方应即电告买方合同号、商品号、已装载数量、发票总金额、毛重、运输工具名称及启运日期等。 The sellers shall immediately, upon the completion of the loading of the goods, advise the buyers of the Contract No, names of commodity, loaded quantity, invoice values, gross weight, names of vessel and shipment date by TLX/FAX.
Inspection and Claims(检验与索赔): 1. 卖方在发货前由常州市检验检疫局检验机构对货物的品质、规格和数量进行检验，并出具检验证明书。 The buyers shall have the qualities, specifications, quantities of the goods carefully inspected by the ________ Inspection Authority, which shall issue Inspection Certificate before shipment. 2. 货物到达目的口岸后，买方可委托当地的商品检验机构对货物进行复检。如果发现货物有损坏、残缺，或者规格、数量与合同规定不符，买方须于货到目的口岸的________天内凭________检验机构出具的检验证明书向卖方索赔。 The buyers have right to have the goods inspected by the local commodity inspection authority after the arrival of the goods at the port of destination if the goods are found damaged/short/their specifications and quantities not in compliance with that specified in the contract, the buyers shall lodge claims against the sellers based on the Inspection Certificate issued by the Commodity ________ Inspection Authority within ________ days after the goods arrival at the destination. 3. 如买方提出索赔，凡属品质异议须于货到目的口岸之日起________天内提出；凡属数量异议须于货到目的口岸之日起________天内提出。对所货物所提任何异议应由保险公司、运输公司或邮递机构负责的，卖方不负任何责任。 The claims, if any regarding to the quality of the goods, shall be lodged within ________ days after arrival of the goods at the destination, if any regarding to the quantities of the goods, shall be lodged within ________ days after arrival of the goods at the destination. The sellers shall not take any responsibility if any claims ________ concerning the shipping goods is up to the responsibility of Insurance Company/Transportation ________ Company/Post Office.

续表

Force Majeure(人力不可抗拒): 如因人力不可抗拒的原因造成本合同全部或部分不能履约，卖方概不负责但卖方应将上述发生的情况及时通知买方。 The sellers shall not hold any responsibility for partial or total non-performance of this contract due to Force Majeure. But the sellers advise the buyers on time of such occurrence.
Disputes settlement(争议之解决方式): 凡因执行本合约或有关本合约所发生的一切争执，双方应协商解决。如果协商不能得到解决，应提交仲裁。仲裁地点在被告方所在国内，或者在双方同意的第三国。仲裁裁决是终局的，对双方都有约束力，仲裁费用由败诉方承担。 All disputes in connection with this contract of the execution thereof shall be amicably settled through ________ negotiation. In case no amicable settlement can be reached between the two parties, the case under dispute shall be submitted to arbitration, which shall be held in the country where the defendant resides, or in third country agreed by both parties. The decision of the arbitration shall be accepted as final and binding upon both parties. The Arbitration Fees shall be borne by the losing party.
Law application(法律适用): 本合同之签订地，或发生争议时货物所在地在中华人民共和国境内或被诉人为中国法人的，适用中华人民共和国法律，除此规定外，适用《联合国国际货物销售公约》。 It will be governed by the law of the People's Republic of China under the circumstances that the contract is signed or the ________ goods while the disputes arising are in the People's Republic of China or the defendant is Chinese legal person, otherwise it is governed by Untied Nations Convention on Contract for the International Sale of Goods. 本合同使用的价格术语基于国际商会《INCOTERMS 1990》。 The terms in the contract based on INCOTERMS 1990 of the International Chamber of Commerce.
Versions(文字): 本合同中、英两种文字具有同等法律效力，在文字解释上，若有异议，以中文解释为准。 This contract is made out in both Chinese and English of which version is equally effective. Conflicts between these two languages arising therefrom, if any, shall be subject to Chinese version.
本合同共________份，自双方代表签字(盖章)之日起生效。 This contract is in copies, effective since being singed/sealed by both parties. 常州亚峰进出口有限公司 CHANGZHOU YAFENG I/E CO.,LTD.

The Buyer	The Seller
John Smith	[signature]

任务三 缮制形式发票

形式发票(proforma invoice，PI)也称预开发票或估价发票，“proforma”是拉丁文，意思是“纯为形式的”，所以单从字面来理解，proforma invoice 是指纯形式的、无实际意义的发票。形式发票本来是卖方在推销货物时，为了供买方估计进口成本，假定交易已经成立所签发的一种发票，实际上并没有发出货物的事实，正因为如此，在日本这种发票也被称为“试算发票”。在货物未成交前，买方要求出口商卖方将拟出售成交的商品按照名称、单价、规格等条件开立的一份参考性发票。卖方凭此预先让卖方知晓如果双方将来以某数量成交之后，卖方要开给买方的商业发票大致的形式及内容。这是一种试算性质的货运清单。

形式发票在某些国家可以供买方作为申请进口许可证或申请外汇额度的证件，也作为买方向银行申请向卖方支付货款、开立信用证等的依据。出口商有时应进口商的要求，发出一份列有出售货物的名称、规格、单价等非正式的参考性发票，供进口商向其本国贸易管理当局或外汇管理当局等申请进口许可证、批准给予外汇或者作为开立信用证的指导等事项之用。在许多实际业务中，客户要求我方开出发形式发票，我方先做出来形式发票传真给客户。很多公司通常也把销售合同或售货确认书发给客户。

提示：形式发票不是正式的发票，它是进口商为了取得进口许可证的一种证明。也就是说，进口商在海关取得进口许可证时需拿此证来证明他们已经与国外有贸易往来，并且有产品报价。其内容与发票内容一样，正式发票可以代替形式发票。

归纳一下，形式发票的作用如下：

(1) 作为数量化的报价；

(2) 作为销售确认；

(3) 让买方凭以申请输入许可、外汇许可、开立信用证等。

一、形式发票的内容及缮制方法

<table>
<tr><td colspan="4" align="center">常州亚峰进出口有限公司
CHANGZHOU YAFENG IMP. & EXP. CORP. LTD
3 GEHU MIDDLE ROAD，CHANGZHOU，JIANGSU，CHINA
Telex：0985 Fax：6332136 Tel：6332138
PROFORMA INVOICE</td></tr>
<tr><td rowspan="4">TO：</td><td rowspan="4">形式发票的接受人，一般填进口商名称、详细地址及电话、传真等</td><td>INVOICE NO.：</td><td>形式发票编码</td></tr>
<tr><td>INVOICE DATE：</td><td>形式发票开票日期</td></tr>
<tr><td>S/C NO.：</td><td>合同号码</td></tr>
<tr><td>S/C DATE：</td><td>合同签发日期</td></tr>
</table>

续表

<table>
<tr><td>TERM OF PAYMENT：</td><td colspan="4">付款方式，如 L/C、T/T、D/A、D/P 等，填时要具体</td></tr>
<tr><td>PORT TO LOADING：</td><td colspan="4">装运港，填具体港口名称。如…PORT，CHINA</td></tr>
<tr><td>PORT OF DESTINATION：</td><td colspan="4">目的港，要求同上</td></tr>
<tr><td>TIME OF DELIVERY：</td><td colspan="4">出运日期，填最迟装运日，不能太具体。一般格式为 BEFORE…，NOT LATER THAN…</td></tr>
<tr><td>INSURANCE：</td><td colspan="4">保险，出口商办理时，填保险险别，若进口商办理，填写 TO BE COVERED BY THE BUYER</td></tr>
<tr><td>VALIDITY：</td><td colspan="4">有效期限，买方开具信用证的有效期限。一般为 21 DAYS AFTER THE DATE OF B/L</td></tr>
<tr><td>Marks and Numbers</td><td>Number and kind of package
Description of goods</td><td>Quantity</td><td>Unit Price</td><td>Amount</td></tr>
<tr><td colspan="5">填写贸易术语</td></tr>
<tr><td>运输标志，也称唛码。如果没有此标志，则填 N/M，而不是空白</td><td>货物包装种类和件数、货物描述</td><td>数量，通常填最小包装单位</td><td>单价</td><td>总价</td></tr>
<tr><td></td><td>Total Amount：</td><td colspan="3">如果上述货物多于一种，则此处求和</td></tr>
<tr><td>SAY TOTAL：</td><td colspan="4">金额大写，格式："SAY"＋货币种类(如 U. S. DOLLARS)＋具体金额＋"ONLY"</td></tr>
<tr><td>BENEFICIARY：</td><td colspan="4">受益人，一般为出口商，包括名称、详细地址、电话、传真等内容</td></tr>
<tr><td>ADVISING BANK：</td><td colspan="4">通知行，进口商所在地银行，一般为中国银行(信用证部分有详述)</td></tr>
<tr><td>NEGOTIATING BANK：</td><td colspan="4">议付行，根据开证行在信用证中的授权，买进受益人提交的汇票和单据的银行。通常就是通知行本身</td></tr>
</table>

提示：1. TERM OF PAYMENT 一栏填写时尽量具体，如 L/C AT SIGHT；

2. TIME OF DELIVERY 一栏时间不能具体到特定某天，在实际中经常不可避免会遇到一些临时影响因素，如果单据中是具体日期则要及时修改；

3. 与其他单据一样，PROFORMA INVOICE 没有固定的格式，内容一般由进口商说明。

二、本项目的参考形式发票

应进口商的要求，我方需发出一份列有出售货物的名称、规格、单价等非正式的参考性发票，供其向贸易管理当局或外汇管理当局等申请进口许可证、批准给予外汇或者作为开立信用证的指导等事项之用。我方收到这个要求后，即做出形式发票传真给进口商。以下是我方电传给外方的形式发票。

<table>
<tr><td colspan="5">常州亚峰进出口有限公司
CHANGZHOU YAFENG IMP. & EXP. CORP. LTD
3 GEHU MIDDLE ROAD，CHANGZHOU，JIANGSU，CHINA
Telex：0985 Fax：6332136 Tel：6332138
PROFORMA INVOICE</td></tr>
<tr><td rowspan="4">**TO：**</td><td rowspan="4" colspan="2">THE LOOKING HANDCRAFT，INC
138 SAN MATEC AVENUE，SAN FRANCISCO
CA-94080-6501，U. S.</td><td>**INVOICE NO.：**</td><td>F93002897</td></tr>
<tr><td>**INVOICE DATE：**</td><td>JUN. 16，2016</td></tr>
<tr><td>**S/C NO.：**</td><td>04F3-786</td></tr>
<tr><td>**S/C DATE：**</td><td>JUN. 15，2016</td></tr>
<tr><td>**TERM OF PAYMENT：**</td><td colspan="4">L/C AT SIGHT</td></tr>
<tr><td>**PORT TO LOADING：**</td><td colspan="4">SHANGHAI PORT，CHINA</td></tr>
<tr><td>**PORT OF DESTINATION：**</td><td colspan="4">SAN FRANCISCO PORT U. S.</td></tr>
<tr><td>**TIME OF DELIVERY：**</td><td colspan="4">NOT LATER THAN JULY. 30，2016</td></tr>
<tr><td>**INSURANCE：**</td><td colspan="4">FOR 110 PCT INVOICE VALVE，COVERING ALL RISKS</td></tr>
<tr><td>**VALIDITY：**</td><td colspan="4">21 DAYS AFTER THE DATE OF B/L</td></tr>
<tr><td>**Marks and Numbers**</td><td>**Number and kind of package**
Description of goods</td><td>**Quantity**</td><td>**Unit Price**
USD</td><td>**Amount**
USD</td></tr>
<tr><td colspan="5">CIF SAN FRANCISCO</td></tr>
<tr><td>N/M</td><td>ART. NO. CZ212
ART. NO. CZ287
ART. NO. CZ310</td><td>2 000 PCS
1 000 PCS
1 000 PCS</td><td>17.1
18.1
19.1</td><td>34 200.00
18 100.00
19 100.00</td></tr>
<tr><td colspan="2">**Total Amount：**</td><td>**4 000 PCS**</td><td></td><td>**71 400.00**</td></tr>
<tr><td>**SAY TOTAL：**</td><td colspan="4">SAY U. S. DOLLARS SEVENTY ONE THOUSAND FOURHAND ONLY</td></tr>
<tr><td>**BENEFICIARY：**</td><td colspan="4">CHANGZHOU YAFENG IMP. & EXP.
CORP. LTD
3 GEHU MIDDLE ROAD，CHANGZHOU，
JIANGSU，CHINA
Telex：0985 Fax：6332136 Tel：6332138
常州亚峰进出口有限公司
CHANGZHOU YAFENG I/E CO.,LTD.</td></tr>
<tr><td>**ADVISING BANK：**</td><td colspan="4">BANK OF CHINA</td></tr>
<tr><td>**NEGOTIATING BANK：**</td><td colspan="4">BANK OF CHINA</td></tr>
</table>

项目练习

一、名词解释

发盘　接受　逾期接受　一般交易条件

二、单选题

1. 我国某出口公司于某年5月5日以电报对德商发盘，限8日复到有效。对方于7日以电报发出接受通知，由于电讯部门的延误，出口公司于11日才收到德商的接受通知，事后该出口商公司亦未表态。此时，(　　)。

   A. 除非发盘人及时提出异议，否则该逾期接受仍具有接受效力，合同成立

   B. 不管我方是否及时提出异议，合同不成立

   C. 只有发盘人毫不延迟地表示接受，该通知才具有接受效力，否则合同不成立

   D. 由电讯部门承担责任

2. 某公司向欧洲某客户出口一批食品，该公司于3月16日发盘，限3月30日复到有效，3月18日接到对方来电称："你方16日来电接受，希望5月装船。"我方未提出异议。于是，(　　)。

   A. 这笔交易达成　　B. 需经该公司确认后交易才达成

   C. 属于还盘，交易未达成　　D. 属于有条件的接受，交易未达成

3. 根据《公约》的规定，发盘和接受的生效采取(　　)。

   A. 投邮生效原则　　B. 签订书面合同原则

   C. 口头协商原则　　D. 到达生效原则

4. 英国某商人3月15日向国外某客商用口头发盘，若英商与国外客商无特别约定，国外客商(　　)。

   A. 任何时间表示接受都可使合同成立　　B. 应立即表示接受方可使合同成立

   C. 当天表示接受即可使合同成立　　D. 在两三天内表示接受可使合同成立

5. A公司5月18日向B公司发盘，限5月25日复到有效。A公司向B公司发盘的第二天，便收到B公司5月17日发出的、内容与A公司发盘内容完全相同的交叉发盘，此时，(　　)。

   A. 合同即告成立

   B. 合同无效

   C. A公司向B公司或B公司向A公司表示接受，当接受通知到达对方时，合同成立

   D. 必须是A公司向B公司表示接受，当接受通知到达对方时，合同成立

6. 下列条件中，(　　)不是构成发盘的必备条件。

   A. 发盘内容必须十分确定　　B. 主要交易条件必须十分完整齐全

   C. 向一个或一个以上特定的人发出　　D. 表明发盘人承受约束的旨意

7. 我方6月10日向国外某客商发盘，限6月15日复到有效，6月13日接到对方复电称："你10日电接受，以获得进口许可证为准。"该接受(　　)。

   A. 相当于还盘　　B. 在我方缄默的情况下，则视为有效发盘

   C. 属于有效的接受　D. 属于一份非实质性改变发盘条件的接受

8. 按照《公约》的规定，一项发盘在尚未送达受盘人之前，是可以阻止其生效的，这叫发盘的(　　)。

   A. 撤回　　B. 撤销　　C. 还盘　　D. 接受

9. 我公司星期一对外发盘，限该发盘星期五复到有效，客户于星期二回电还盘并邀我方电复。此时，国际市场价格上涨，故我方未予答复。客户又于星期三来电表

示接受我方星期一的发盘，在上述情况下，(　　)。

A. 接受有效　　B. 接受无效

C. 如我方未提出异议，则合同成立　　D. 属于有条件的接受

三、多选题

1. 促使发盘终止的原因主要有(　　)。

A. 发盘的有效期届满

B. 发盘被发盘人依法撤回或撤销

C. 受盘人对发盘的拒绝或还盘

D. 发盘人发盘后发生了不可抗力或当事人丧失行为能力

2. 在国际贸易中，合同生效的时间主要有(　　)。

A. 接受送达发盘时

B. 依约签订正式书面合同时

C. 依国家法律或行政法规的规定，合同获得批准时

D. 口头合同被当即接受时

3. 在国际贸易中，合同成立的有效条件是(　　)。

A. 当事人必须具有签订合同的行为能力

B. 合同必须有对价或约因

C. 合同的形式和内容必须符合法律的要求

D. 合同当事人的意思表示必须真实

4. 交易磋商程序中必不可少的两个法律环节是(　　)。

A. 询盘　　B. 发盘　　C. 还盘　　D. 接受

5. 构成一项发盘应具备的条件是(　　)。

A. 向一个或一个以上特定的人发出　　B. 发盘内容十分确定

C. 表明发盘人承受约束的意旨　　D. 发盘必须规定有效期

6. 构成一项接受应具备的条件是(　　)。

A. 接受由特定的受盘人做出　　B. 接受的内定必须与发盘相符

C. 必须在有效期内表示接受　　D. 接受方式必须符合发盘的要求

7. 在实际的进出口业务中，接受的形式有(　　)。

A. 用口头或书面的形式表示　　B. 用缄默表示

C. 用广告表示　　D. 用行动表示

8. 某公司 15 日向日商发盘，限 20 日复到有效，日商于 19 日用电报表示接受我方 15 日电，我方于 21 日中午才收到对方的接受通知，此时(　　)。

A. 合同已成立

B. 若我方毫不迟延地表示接受，合同成立

C. 若我方于 21 日才收到接受通知是由于电讯部门的延误，则我方缄默，合同成立

D. 若我方于 21 日才收到接受通知是由于电讯部门的延误，则合同一定成立

四、判断题

1. 还盘一经做出，原发盘即告失效。　　(　　)

2. 如发盘未规定有效期，则受盘人可在任何时间内表示接受。　　(　　)

3. 根据《公约》的解释，接受必须用声明或行动表示出来，沉默或不行动本身不等于接受。（ ）
4. 根据《公约》的规定，如果撤回通知于接受应生效之前或同时送达发盘人，接受得予撤回。（ ）
5. 交易磋商的内容必须包括 11 种交易条件，在此基础上合同才能成立。（ ）
6. 邀请发盘对双方具有约束力。（ ）
7. 一项发盘，即使是不可撤销的，也是可以撤回的，只要撤回的通知在发盘送达受盘人之前或同时到达受盘人。（ ）
8. 根据《公约》的解释，一项发盘，在受盘人发出接受通知之前可以撤销，但有两种例外情况。（ ）
9. 根据《公约》的解释，一项发盘，即使是不可撤销的，于拒绝通知到达发盘人时终止。（ ）

五、案例分析题

1. 我 A 公司向国外 B 公司发盘，报谷物 300 公吨（1 公吨＝1000 千克），每公吨 250 美元，发盘有效期为 10 天。3 天后，B 公司复电称，对该批货物感兴趣，但要求进一步考虑。2 天后，B 公司两次来电，要求将货物数量增至 600 公吨，价格降至 230 美元/公吨，3 天后我公司将这批谷物卖给另一外商，并在第 10 天复电 B 公司，通知货已售出。但外商坚持要我方交货，否则以我方擅自撤约为由，要求赔偿。试问：我方是否应赔偿，为什么？
2. 我某公司与某外商洽谈进口交易一宗，经往来电传磋商，就合同的主要条件全部达成协议，但在最后一次我方所发的表示接受的传真中列有“以签订确认书为准”。事后对方拟合同草稿要我方确认，但由于对某些条款的措辞尚待进一步研究，故未及时给予答复。不久，该商品的国际市场价格下跌，外商催我方开立信用证，我方以合同尚未有效成立为由拒绝开证。试分析，我方的做法是否有理，为什么？
3. 我国某技术贸易公司就某项技术贸易的进口事宜与国外某客户进行洽谈，经过双方多次的函电往来，最终使交易得以达成，但未订立正式的书面合同。双方的函电往来表明，对方应于 2017 年 12 月前向我方提供一项技术贸易的出口，而时至 2018 年 1 月，对方仍未向我方提供该项技术贸易。我方曾多次要求对方履行合同，对方却以未订立正式书面合同为由否认合约已达成。问：①双方的交易是否已达成？为什么？②就此案例，我方应如何处理？

六、制作形式发票

Dear Helen,

Documents of 220 rolls recd today，thanks.

Pls note our new order：

PVC Strips

1. 200mm×2mm×50m transparent normal-120 rolls
2. 200mm×2mm×50m transparent normal ribbed-10 rolls
3. 200mm×3mm×50m transparent normal-20 rolls
4. 300mm×3mm×50m transparent normal-30 rolls

5. 300mm×3mm×50m transparent normal ribbed-20 rolls

Pls send proforma invoice so that we can send money
Best Regards
Nishith

资料：

1. The seller：SHANGHAI LUCKY SAFETY SCREENS CO.，LTD
   UNIT C 2/F JINGMAO TOWER
   SHANGHAI. CHINA.
2. The buyer：RAM PLASTICS
   201，HAUZ RANI，MALVIYA NAGAR，
   NEW DELHI 110017. INDIA
3. Proforma invoice No. LU80518
4. Proforma invoice date：May 18，2008
5. S/CNO. LU0805
6. Port of loading and destination：From Shanghai China to Nhava Sheva India
7. Terms of payment：Advanced T/T
8. Shipping Mark：按标准的唛头式样
9. Unit price：
   USD86. 00/roll CIF Nhava Sheva for 200mm×2mm×50m transparent normal
   USD98. 00/roll CIF Nhava Sheva for 200mm×2nun×50m transparent normal ribbed USD92. 00/roll CIF Nhava Sheva for 200mm×3mm×50m transparent normal
   USD108. 00/roll CIF Nhava Sheva for 300mm×3mm×50m transparent normal
   USD116. 00/roll CIF Nhava Sheva for 300mm×3mm×50m transparent normal ribbed
10. DETAILS OF THE SELLERS BANK：
    BANK OF CHINA，SHANGHAI BRANCH，
    NO. 4 Zhongshan road，Shanghai
    SWIFT CODE：BKCHCNBJ530，

BENEFICIARY：SHANGHAI LUCKY SAFETY SCREENS CO.，LTD
ACCOUNT NO：1281 2242012 7091 015
ADDRESS：UNIT C 2/F JINGMAO TOWER
SHANGHAI. CHINA

(1)

PROFORMA INVOICE

INVOICE NO.: (3)

TO: (2) **INVOICE DATE:** (4)

S/C NO: (5)

TERMS OF PAYMENT: (6)

TRANSPORT DETAILS: (7)

Marks and Numbers	Number and kind of package **Description of goods**	**Quantity**	**Unit Price**	**Amount**
(8)	(9)	(10)	(11)	(12)

SAY TOTAL: (13)

SHANGHAI LUCKY SAFETY SCREENS CO., LTD
张 力

项目三 落实信用证

学习目标

1. 了解信用证的基本内容和流转过程；
2. 掌握跟单信用证的特点及作用、审证项目、信用证修改的程序；
3. 掌握审证技巧、改证规定和撰写方法；
4. 掌握信用证业务的本质及在实践应用中的利弊。

任务一 进口商缮制开证申请书

进口是出口的反向操作，多数进口单据与出口单据的区别不大。在信用证付款方式下，准确填写制作开证申请书的相关内容是进口方(申请人)必须掌握的一种技能。申请书是申请人与开证行之间明确彼此权利义务关系的契约，通常一式三份(银行两份，客户一份)，许多银行已开展了网上开证业务。

一、申请开立信用证的基本要求

(1) 提供准确的开证路线(L/C Guidance)。开证路线由受益人在签订合同后向申请人提供，通常包括 Payee's Name、Address and A/C No.(收款人名、地址和账号)、Name and address of Payee's Bank(收款行名、地址)等内容。

(2) 开证资料。首次到银行办理进口开证手续的企业应提交营业执照副本、企业有权从事外贸经营活动的文件原件、法人代表授权书、被授权人的签样、外汇局备案表等资料。

(3) 手续。递交有关合同的副本及附件、填写开证申请书(有的银行称开证承诺书)、缴纳保证金、支付手续费等。

(4) 按时开证。如果合同规定开证日期，则进口方应在规定期限内开立信用证；如果合同只规定了装运期的起止日，则应保证受益人在装运期开始前收到信用证；如果合同只规定最迟装运日期，则应在合理时间内开证，以使卖方有足够时间备妥货物并予出运，通常掌握在交货期前一个月至一个半月。

(5) 信用证的条件应单据化。进口方在申请开证时，应将合同的有关规定转化成单据。比如，合同以 CFR/CIF 条件成交，信用证应要求受益人在提交的清洁已装船提单上注明“运费已付”字样等。

(6) 银行单证中心的开证人员对开证申请人提交有关文件进行审核，确认资料完整、符合规定后，通常按 SWIFT 规定的 MT700 格式将信用证开出。

(7) 各银行事先印制的固定格式申请书中凡涉及需要选择的项目，一律在有关项目前打“×” 表示选中。

(8) 除非有特殊要求和规定，信用证申请书原则上应以英文开立。

二、开证申请书的填制

IRREVOCABLE DOCUMENTARY CREDIT APPLICATION

<table>
<tr><td colspan="3">TO：开证行　　　　　　Date：申请开证日期</td></tr>
<tr><td colspan="2">(　　)Issue by airmail
(　　)With brief advice by teletransmission
(　　)Issue by express delivery
(　　)Issue by teletransmission
(which shall be the operative instrument)</td><td>Credit No.
(由开证银行填写)
Date and place of expiry　信用证有效期和到期地点(受益人所在国家)</td></tr>
<tr><td colspan="2">Applicant
开证申请人名称及地址</td><td>Beneficiary(Full name and address)
受益人全称和详细地址</td></tr>
<tr><td colspan="2">Advising Bank
通知行名称和地址(议付行、卖方所在地银行)</td><td>Amount
信用证金额</td></tr>
<tr><td>Partial shipments 分批规定
(　　)allowed
(　　)not allowed</td><td>Transshipment 转运规定
(　　)allowed
(　　)not allowed</td><td rowspan="3">Credit available with
议付行

By
(　　)sight payment　(　　)acceptance
(　　)negotiation
(　　)deferred payment at
against the documents detailed herein
☒and beneficiary's draft(s) for 100% of invoice value
At ________ sight
drawn on 开证行</td></tr>
<tr><td colspan="2">Loading on board/dispatch/taking in charge at/from
装运港
not later than　　　最迟装运期
For transportation to　目的港</td></tr>
<tr><td colspan="2">(　　)FOB　(　　)CFR　(　　)CIF 价格条款
☐or other terms</td></tr>
</table>

续表

Documents required: (marked with ×)
1. (   )Signed commercial invoice in ________ copies
2. (   )Full set of clean on board Bills of Lading made out to order and blank endorsed, marked "freight to collect / [ ] prepaid [ ] showing freight amount" FOB 运费到付
CFR CIF 运费预付
notifying ____.
(   ) Airway bills/cargo receipt/copy of railway bills issued by ______________________ showing "freight [ ] to collect/[ ] prepaid [ ] indicating freight amount" and consigned to ______________________.
3. (   )Insurance Policy/Certificate in ________ copies for ________% of the invoice value showing claims payable in 赔付地点(买方所在地) in currency
FOB:买方租船订舱、买方投保
CFR:卖方租船订舱、买方投保
CIF:卖方租船订舱、卖方投保
of the draft, blank endorsed, covering All Risks, War Risks and ______________________
4. (   )Packing List/Weight Memo in ________ MONTREAL ________ copies
5. (   )Certificate of Quantity/Weight in ________ copies issued by ________________.
6. (   )Certificate of Quality in ________ copies issued by [ ] manufacturer/[ ] public recognized surveyor ________________.
7. (   )Certificate of Origin in ________ copies .
8. (   )Beneficiary's certified copy of fax 装船通知 / telex dispatched to the applicant within ________ days after shipment advising L/C No. , name of vessel, date of shipment, name, quantity, weight and value of goods.
Other documents, if any
其他单据
EXPORT LICENCE
Certificate of Origin FORM A
Description of goods:
货物描述
QUANTITY 数量 2550PREGES
PRICE TERM:
Additional instructions:
1. (   )All banking charges outside the opening bank are for beneficiary's account.
2. (   )Documents must be presented within ________ days after date of issuance of the transport documents but within the validity of this credit.
3. (   )Third party as shipper is not acceptable, Short Form/Blank back B/L is not acceptable.
4. (   )Both quantity and credit amount ________% more or less are allowed.
5. (   )All documents must be sent to issuing bank by courier/speed post in two lots.
(   )Other terms, if any
ALL DOCUMENTS MUST ADVISE L/C NO. AND DATE
不符点

▶ 1. TO

开证行名称。

▶ 2. Date

申请开证日期。

▶ 3. Issue by airmail

以信开的形式开立信用证。选择此种方式，开证行通过航邮的方式将信用证寄给通知行。

▶ 4. With brief advice by teletransmission

以简电开的形式开立信用证。选择此种方式，开证行将信用证的主要内容发电预先通知受益人，银行承担必须使其生效的责任，但简电本身并非信用证的有效文本，不能凭以议付或付款，银行随后寄出的“证实书”才是正式的信用证。

▶ 5. Issue by express delivery

以信开的形式开立信用证。选择此种方式，开证行以快递(如：DHL)将信用证寄给通知行。

▶ 6. Issue by teletransmission(which shall be the operative instrument)

以全电开的形式开立信用证。选择此种方式，开证行将信用证的全部内容加注密押后发出，该电讯文本为有效的信用证正本。如今大多用“全电开证”的方式开立信用证。

▶ 7. Credit No.

信用证号码，由开证银行填写。

▶ 8. Date and place of expiry

信用证有效期和到期地点，地点填受益人所在国家，如 050815 IN THE BENEFICIARY'S COUNTRY。

▶ 9. Applicant

开证申请人名称及地址。开证申请人(applicant)又称开证人(opener)，是指向银行提出申请开立信用证的人，一般为进口人，即买卖合同的买方。开证申请人为信用证交易的发起人。

▶ 10. Beneficiary(Full name and address)

受益人全称和详细地址。受益人指信用证上所指定的有权使用该信用证的人，一般为出口人，也就是买卖合同的卖方。

▶ 11. Advising Bank

通知行名称和地址。如果该信用证需要通过收报行以外的另一家银行转递、通知或加具保兑后给受益人，则栏内填写该银行。

▶ 12. Amount

信用证金额，分别填写数字小写金额和文字大写金额。小写输入时须包括币种与金额。

例如：USD89600

U. S. DOLLARS EIGHTY NINE THOUSAND SIX HUNDRED ONLY。

▶ 13. Parital shipments

分批装运条款。填写跟单信用证项下是否允许分批装运。

▶ 14. Transhipment

转运条款。填写跟单信用证项下是否允许货物转运。

▶ 15. Loading on board/dispatch/taking in charge at/from

装运港。

▶ 16. not later than

最迟装运期。

▶ 17. For transportation to

目的港。

▶ 18. 价格条款

根据合同内容选择或填写价格条款。

▶ 19. Credit available with

押汇银行(出口地银行)名称，即填写此信用证可由银行即期付款、承兑、议付、延期付款。

如果该信用证为自由议付信用证，银行可用“ANY BANK IN…(地名/国名)”表示。

如果该信用证为自由议付信用证，而且对议付地点也无限制时，可用“ANY BANK”表示。

1) sight payment

勾选此项，表示开具即期付款信用证。

即期付款信用证是指受益人(出口商)根据开证行的指示开立即期汇票，或无须汇票仅凭运输单据即可向指定银行提示请求付款的信用证。

2) acceptance

勾选此项，表示开具承兑信用证。

承兑信用证是指信用证规定开证行对受益人开立以开证行为付款人，或以其他银行为付款人的远期汇票，在审单无误后，应承担承兑汇票并于到期日付款的信用证。

3) negotiation

勾选此项，表示开具议付信用证。

议付信用证是指开证行承诺延伸至第三当事人，即议付行，其拥有议付或购买受益人提交信用证规定的汇票/单据权利行为的信用证。如果信用证不限制某银行议付，可由受益人(出口商)选择任何愿意议付的银行，提交汇票、单据给所选银行请求议付的信用证称为自由议付信用证；反之，为限制性议付信用证。

4) deferred payment at

勾选此项，表示开具延期付款信用证。

如果开具这类信用证，需要写明延期多少天付款，例如，at 60 days from payment confirmation(60 天承兑付款)、at 60 days from B/L date(提单日期后 60 天付款)等。

延期付款信用证指不需汇票，仅凭受益人交来单据，审核相符，指定银行承担延期付款责任起，延长直至到期日付款。该信用证能够为欧洲地区进口商避免向政府缴纳印花税而免开具汇票外，其他都类似于远期信用证。

▶ 20. against the documents detailed herein

and beneficiary's draft(s)for __% of invoice value

at sight drawn on

受益人按发票金额百分比，限制天数，付款人做成汇票。注意延期付款信用证不需要选择连同此单据。

“at __ sight”为付款期限。如果是即期，需要在“at __ sight”之间填“ **** ”或“----”，不能留空。远期有几种情况：at ×× days after date(出票后××天)，at ×× days after sight(见票后××天)或 at ×× days after date of B/L(提单日后××天)等。如果是远期，要注意两种表达方式的不同：一种是见票后××天(at ×× days after sight)，一种是提单日后××天(at ×× days after B/L date)。这两种表达方式在付款时间上是不同的，“见单后××天”是指银行见到申请人提示的单据时间算起，而“提单日后××天”是指从提单上的出具日开始计算的××天，所以如果能尽量争取到以“见单后××天”的条件成交，等于又争取了几天迟付款的时间。

“drawn on”为指定付款人。注意汇票的付款人应为开证行或指定的付款行。

如：against the documents detailed herein

and beneficiary's draft(s)for 100 % of invoice value

at **** sight

drawn on THE CHARTERED BANK

▶ 21. Documents required：(marked with ×)

信用证需要提交的单据(用“×”标明)。

根据国际商会 UCP500《跟单信用证统一惯例》，信用证业务是纯单据业务，与实际货物无关，所以信用证申请书上应按合同要求明确写出所应出具的单据，包括单据的种类，每种单据所表示的内容，正、副本的份数，出单人等。一般要求提示的单据有提单(或空运单、收货单)、发票、箱单、重量证明、保险单、数量证明、质量证明、产地证、装船通知、商检证明等，以及其他申请人要求的证明等。

注意：如果是以 CFR 或 CIF 成交，就要要求对方出具的提单为“运费已付”(Freight Prepaid)；如果是以 FOB 成交，就要要求对方出具的提单为“运费到付”(Freight Collect)。如果按 CIF 成交，申请人应要求受益人提供保险单，且注意保险险别，赔付地应要求在到货港，以便及时解决问题。汇票的付款人应为开证行或指定的付款行，不可规定为开证申请人，否则会被视作额外单据。

▶ 22. Other documents，if any

其他单据。

▶ 23. Description of goods

货物描述。

例如：01005 CANNED SWEET CORN，3060Gx6TINS/CTN

QUANTITY：800 CARTON

PRICE：USD14/CTN

▶ 24. Additional instructions

附加条款，是对以上各条款未涉及情况的补充和说明，包括对银行的要求等。

▶ 25. Other terms，if any

其他条款。

任务二 出口地银行通知信用证

对于国外银行开来的信用证，其受理与通知是办理出口信用证业务的第一步。

通知行(出口商当地银行)受理国外来证后，应在1～2个工作日内将信用证审核完毕并通知出口商，以便出口商提前备货，在信用证效期内完成规定工作。

信用证的通知方式则因开证形式而异。对于信开信用证，通知行一般以正本通知出口商，将副本存档；对于全电本，通知行将其复制后以复制本通知出口商，原件存档。电开信用证或修改(包括修改通知)中的密押(SWIFT信用证无密押)需涂抹后再行通知。

如果信用证的受益人不同意接受信用证，则应在收到《信用证通知书》的三日内以书面形式告知通知行，并说明拒受理由。

一、信用证通知书内容及缮制方法

中国银行 BANK OF CHINA		信用证通知书 NOTIFICATION OF DOCUMENTARY CREDIT	
TO 致		WHEN CORRESPONDING PLEASE QUOTE OUT REF NO. 代理行业务编号	
ISSUING BANK 开证行		TRANSMITTED TO US THROUGH 转递行	
L/C NO. 信用证号	DATED 开证日期	AMOUNT 金额	EXPIRY PLACE 有效地点
EXPIRY DATE 有效期限	TENOR 付款期限	CHARGE 未付费用	CHARGE BY 费用承担人
RECEIVED VIA 来证方式	AVAILABLE 是否生效	TEST/SIGN 印押是否相符	CONFIRM 我行是否保兑

DEAR SIRS:

WE HAVE PLEASURE IN ADVISING YOU THAT WE HAVE RECEIVED FROM THE A/M BANK A(N) LETTER OF CREDIT, CONTENTS OF WHICH ARE AS PER ATTACHED SHEET(S). THIS ADVICE AND THE ATTACHED SHEET(S) MUST ACCOMPANY THE RELATIVE DOCUMENTS WHEN PRESENTED FOR NEGOTIATION. 兹通知贵公司，我行收自上述银行信用证一份，现随附通知。贵司交单时，请将本通知书及信用证一并提示。REMARK 备注：PLEASE NOTE THAT THIS ADVICE DOES NOT CONSTITUTE OUR CONFIRMATION OF THE ABOVE L/C NOR DOES IT CONVEY ANY ENGAGEMENT OR OBLIGATION ON OUT PART.

This L/C consists of sheet('s), including the covering letter and attachment(s). 本信用正连同面函及附件共________张纸。

If you find any terms and conditions in the L/C which you are unable to comply with and or any error(s), it is suggested that you contact applicant directly for necessary amendments(s)

如本信用证中有无法办到的条款或错误，请与开证申请人联系进行必要的修改。

Your faithfully,
For BANK OF CHINA CHANGZHOU BRANCH

▶ 1. 上方空白栏

信用证的通知行中英文名称下面填写英文地址与传真号。出口方一般选择自己的账户行作为通知行，以便业务联络及解决将来可能发生的贸易融资需求。

例如：中国商业银行江苏省分行

COMMERCIAL BANK OF CHINA JIANGSU BRANCH

Zhongshan North Road 1#，Nanjing 210005，P. R. China

FAX：86-25-84217837

▶ 2. TO

受益人名称及地址。信用证上指定的有权使用信用证的人，一般为出口方。

▶ 3. WHEN CORRESPONDING PLEASE QUOTE OUT REF NO.

代理行业务编号，开证行将信用证寄给出口方所在地的代理银行(通知行)，出口商收到国外开来的信用证后，应仔细审核通知行的签章、业务编号及通知日期。

▶ 4. ISSUING BANK

开证行。受开证人之托开具信用证、保证付款的银行名称及地址，一般在进口方所在地银行。

▶ 5. TRANSMITTED TO US THROUGH

转递行。转递行负责将开证行开给出口方的信用证原件递交给出口方。信开信用证才有转递行，电开信用证无转递行。

▶ 6. L/C NO.

信用证号。信用证的证号是开证行的银行编号，在与开证行的业务联系中必须引用该编号。信用证的证号必须清楚、没有变字等错误。

如果信用证的证号在信用证中多次出现，应注意前后是否一致，否则当电洽修改。

▶ 7. DATED

开证日期。信用证上必须注明开证日期，如果没有，则视开证行的发电日期(电开信用证)或抬头日期(信开信用证)为开证日期。

由于有些日期需要根据开证日期来计算或判断，而且开证日期还表明进口方是否按照合同规定期限开出信用证，因此，开证日期非常重要，应清楚明了。

▶ 8. AMOUNT

金额。信用证中规定的币别、金额应该与合同中签订的一致。币别应是国际间可自由兑换的币种，货币符号为国际间普遍使用的世界各国货币标准代码；金额采用国际间通用的写法，若有大小写两种金额，应注意大小写保持一致。

▶ 9. EXPIRY PLACE

有效地点。有效地点指受益人在有效期以内向银行提交单据的地点。国外来证一般规定有效地点在我国境内，但如果规定有效地点在国外，则应提前交单以便银行有合理时间将单据寄到有效地的银行，这一点应特别注意。

▶ 10. EXPIRY DATE

有效期限。信用证的有效期限是受益人向银行提交单据的最后期限，受益人应在有效期限日期之前或当天将单据提交指定地点的指定银行。

一般情况下，开证行和开证申请人(进口方)规定装运期限后 10 天、15 天或 21 天为交单的最后期限。如果信用证没有规定该期限，按照国际惯例，银行将拒绝受理于装运日期后 21 天提交的单据。

▶ 11. TENOR

付款期限。根据付款期限不同，信用证可分为即期信用证和远期信用证。

▶ 12. CHARGE

未付费用。受益人尚未支付给通知行的费用，如没有请填“CNY 0.00”。

▶ 13. CHARGE BY

费用承担人。信用证中规定的各相关银行的银行费用等由谁来承担。

▶ 14. RECEIVED VIA

来证方式。开立信用证可以采用信开和电开方式，通常为“SWIFT”。

信开信用证由开证行加盖信用证专用章和经办人名章并加编密押，寄送通知行；电开信用证由开证行加编密押，以电传方式发送通知行。

▶ 15. AVAILABLE

是否生效。通常为“VALID”，有些信用证在一定条件下才正式生效，一般通知行在通知此类信用证时会在正本信用证上加注“暂不生效”字样。因此在此种情况下，受益人应在接到通知行的正式生效通知后再办理发货。

▶ 16. TEST/SIGN

印押是否相符。收到国外开来的信用证后，应仔细审核印押是否相符，请填“YES”或“NO”。

信开信用证要注意其签章，确认有无印鉴核符签章；电开信用证应注意其密押，确认有无密押核符签章(SWIFT L/C 因随机自动核押，无此章)。

在一般情况下，通知行在通知信用证前会预先审查一下，确认其有无不利条款，并在信用证上注明，受益人若发现此类注明，应多加注意或及时反馈给开证人，便于修改信用证。

▶ 17. CONFIRM

我行是否保兑。根据信用证内容，请填“YES”或“NO”。保兑行是指接受开证行的委托要求，对开证行开出的信用证的付款责任以本银行的名义实行保付的银行。保兑行在信用证上加具保兑后，即对信用证独立负责，承担必须付款或议付的责任。汇票或单据一经保兑行付款或议付，即使开证行倒闭或无理拒付，保兑行也无权向出口商追索票款。

保兑行通常是通知行，也可是其他第三者银行。

二、本项目的参考信用证通知书

<table>
<tr><td colspan="2" rowspan="2">中国银行
BANK OF CHINA</td><td colspan="2">信用证通知书
NOTIFICATION OF DOCUMENTARY CREDIT</td></tr>
<tr><td colspan="2">JUL. 2，2016</td></tr>
<tr><td colspan="2">TO 致：
CHANGZHOU YAFENG IMP. & EXP. CORP. LTD
3 GEHU MIDDLE ROAD，CHANGZHOU，JIANGSU，CHINA
Telex：0985 Fax：6332136 Tel：6332138</td><td colspan="2">WHEN CORRESPONDING
PLEASE QUOTE OUT REF NO.
C-89657</td></tr>
<tr><td colspan="2">ISSUING BANK 开证行
DOMINION BANK LTD.，SAN FRANCISCO</td><td colspan="2">TRANSMITTED TO US THROUGH 转递行</td></tr>
<tr><td>L/C NO. 信用证号</td><td>DATED 开证日期</td><td>AMOUNT 金额</td><td>EXPIRY PLACE 有效地点</td></tr>
<tr><td>0419049</td><td>070619</td><td>USD 71 400.00</td><td>CHANGZHOU，CHINA</td></tr>
<tr><td>EXPIRY DATE 有效期限</td><td>TENOR 付款期限</td><td>CHARGE 未付费用</td><td>CHARGE BY 费用承担人</td></tr>
<tr><td>2017/07/30</td><td>SIGHT</td><td>CNY0.00</td><td>BENE</td></tr>
<tr><td>RECEIVED VIA 来证方式</td><td>AVAILABLE 是否生效</td><td>TEST/SIGN 印押是否相符</td><td>CONFIRM 我行是否保兑</td></tr>
<tr><td>SWIFT</td><td>VALID</td><td>YES</td><td>NO</td></tr>
<tr><td colspan="4">DEAR SIRS：
WE HAVE PLEASURE IN ADVISING YOU THAT WE HAVE RECEIVED FROM THE A/M BANK A(N) LETTER OF CREDIT，CONTENTS OF WHICH ARE AS PER ATTACHED SHEET(S). THIS ADVICE AND THE ATTACHED SHEET(S) MUST ACCOMPANY THE RELATIVE DOCUMENTS WHEN PRESENTED FOR NEGOTIATION. 兹通知贵公司，我行收自上述银行信用证一份，现随附通知。贵司交单时，请将本通知书及信用证一并提示。REMARK 备注：PLEASE NOTE THAT THIS ADVICE DOES NOT CONSTITUTE OUR CONFIRMATION OF THE ABOVE L/C NOR DOES IT CONVEY ANY ENGAGEMENT OR OBLIGATION ON OUT PART.</td></tr>
</table>

This L/C consists of sheet，including the covering letter and attachment(s). 本信用证连同面函及附件共________张纸。

If you find any terms and conditions in the L/C which you are unable to comply with and or any error(s)，it is suggested that you contact applicant directly for necessary amendments(s).

如本信用证中有无法办到的条款或错误，请与开证申请人联系进行必要的修改。

Your faithfully,

For BANK OF CHINA CHANGZHOU BRANCH

任务三 出口商接收、审核信用证

信用证(Letter of Credit，L/C)是指一项不可撤销的安排，无论其名称或描述如何，该项安排构成开证行对相符交单予以交付的确定承诺(UCP600 第二条)。

具体而言，信用证是银行(即开证行)依照进口商(即开证申请人)的要求和指示，对出口商(即受益人)发出的、授权出口商签发以银行或进口商为付款人的汇票，保证在交来符合信用证条款规定的汇票和单据时，必定承兑和付款的保证文件。

信用证这种支付方式是随着国际贸易的发展、银行参与国际贸易结算的过程中逐步形成的。由于货款的支付以取得符合信用证规定的货运单据为条件，避免了预付货款的风险，因此信用证支付方式在很大程度上解决了进、出口双方的互不信任问题，以及在付款和交货问题上的矛盾。它已成为国际贸易中的主要付款方式之一。

一、信用证的开证和开证格式

(一) 信用证使用流程

采用信用证方式结算，从进出口商向银行申请开立信用证，一直到其向银行赎单，期间经过许多环节，需要办理各种手续。信用证使用流程如图 3-1 所示。

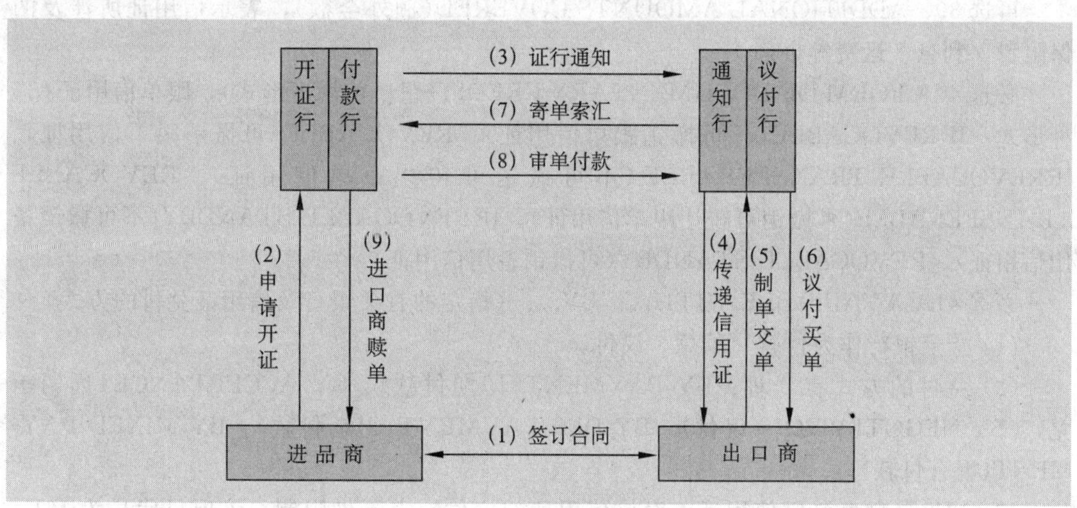

图 3-1 信用证使用流程

简述如下：

(1) 签订合同：进出口商双方在合同中规定支付方式为信用证；

(2) 申请开证：进出口商向当地银行申请开证并填写开证申请书；

(3) 证行通知：开证行开立信用证并寄交通知行；

(4) 传递信用证：通知行核对印签后交给出口商；

(5) 制单交单：出口商按信用证规定备货、装运、制单、交议付行议付；

(6) 议付买单：议付行审单后买下单据；

(7) 寄单索汇：议付行将单据寄给开证行索汇；

(8) 审单付款：开证行审查后偿付款项；

(9) 进口商赎单：进口商向进口地银行付款赎单据，凭单据到运输公司提取货物。

(二) SWIFT 信用证中常见项目表示方式——跟单信用证开证(MT700)

必选 20 DOCUMENTARY CREDIT NUMBER(信用证号码)。

可选 23 REFERENCE TO PRE-ADVICE(预先通知号码)，如果信用证是采取预先通知的方式，该项目内应该填入"PREADV/"，再加上预先通知的编号或日期。

必选 27 SEQUENCE OF TOTAL(电文页次)。

可选 31C DATE OF ISSUE(开证日期)，如果这项没有填，则开证日期为电文的发送日期。

必选 31D DATE AND PLACE OF EXPIRY(信用证有效期和有效地点)，该日期为最后交单的日期。

必选 32B CURRENCY CODE，AMOUNT(信用证结算的货币和金额)。

可选 39A PERCENTAGE CREDIT AMOUNT TOLERANCE(信用证金额上下浮动允许的最大范围)，该项目的表示方法较为特殊，数值表示百分比的数值，如 5/5 表示上下浮动最大为 5%。

可选 39B MAXIMUM CREDIT AMOUNT(信用证最大限制金额)，39B 与 39A 不能同时出现。

可选 39C ADDITIONAL AMOUNTS COVERED(额外金额)，表示信用证所涉及的保险费、利息、运费等金额。

必选 40A FORM OF DOCUMENTARY CREDIT(跟单信用证形式)，跟单信用证有 6 种形式：IRREVOCABLE(不可撤销跟单信用证)、REVOCABLE(可撤销跟单信用证)、IRREVOCABLE TRANSFERABLE(不可撤销可转让跟单信用证)、REVOCABLE TRANSFERABLE(可撤销可转让跟单信用证)、IRREVOCABLE STANDBY(不可撤销备用信用证)、REVOCABLE STANDBY(可撤销备用信用证)。

必选 41A AVAILABLE WITH... BY... (指定的有关银行及信用证兑付的方式)。

(1) 指定银行作为付款、承兑、议付。

(2) 兑付的方式有 5 种：BY PAYMENT(即期付款)、BY ACCEPTANCE(远期承兑)、BY NEGOTIATION(议付)、BY DEF PAYMENT(迟期付款)、BY MIXED PAYMENT(混合付款)。

(3) 如果是自由议付信用证，对该信用证的议付地点不做限制，该项目代号为 41D，内容为 ANY BANK IN...

可选 42A DRAWEE(汇票付款人)，必须与 42C 同时出现。

可选 42C DRAFTS AT... (汇票付款日期)，必须与 42A 同时出现。

可选 42M MIXED PAYMENT DETAILS(混合付款条款)。

可选 42P DEFERRED PAYMENT DETAILS(迟期付款条款)。

可选 43P PARTIAL SHIPMENTS(分装条款)，表示该信用证的货物是否可以分批装运。

可选 43T TRANSSHIPMENT(转运条款)，表示该信用证是直接到达，还是通过转运到达。

可选 44A LOADING ON BOARD/DISPATCH/TAKING IN CHARGE AT/FORM(装船、发运和接收监管的地点)。

可选 44B FOR TRANSPORTATION TO... (货物发运的最终地)。

可选 44C LATEST DATE OF SHIPMENT(最后装船期)，装船的最迟的日期。44C与44D不能同时出现。

可选 44D SHIPMENT PERIOD(船期)，44C与44D不能同时出现。

可选 45A DESCRIPTION OF GOODS AND/OR SERVICES(货物描述)，货物的情况、价格条款。

可选 46A DOCUMENTS REQUIRED(单据要求)，各种单据的要求。

可选 47A ADDITIONAL CONDITIONS(特别条款)。

可选 48 PERIOD FOR PRESENTATION(交单期限)，表明开立运输单据后多少天内交单。

必选 49 CONFIRMATION INSTRUCTIONS(保兑指示)，其中，CONFIRM：要求保兑行保兑该信用证；MAY ADD：收报行可以对该信用证加具保兑；WITHOUT：不要求收报行保兑该信用证。

必选 50 APPLICANT(信用证开证申请人)，一般为进口商。

可选 51A APPLICANT BANK(信用证开证的银行)。

可选 53A REIMBURSEMENT BANK(偿付行)。

可选 57A "ADVISE THROUGH" BANK(通知行)。

必选 59 BENEFICIARY(信用证的受益人)，一般为出口商。

可选 71B CHARGES(费用情况)，表明费用是否有受益人(出口商)出，如果没有这一条，表示除了议付费、转让费以外，其他各种费用由开出信用证的申请人(进口商)支付。

可选 72 SENDER TO RECEIVER INFORMATION(附言)。

可选 78 INSTRUCTION TO THE PAYING/ACCEPTING/NEGOTIATING BANK(给付款行、承兑行、议付行的指示)。

(三) SWIFT 信用证中常见项目表示方式——信用证修改(MT707)

必选 20 SENDER'S REFERENCE(信用证号码)。

必选 21 RECEIVER'S REFERENCE(收报行编号)，发电文的银行不知道收报行的编号，填写"NONREF"。

可选 23 ISSUING BANK'S REFERENCE(开证行的号码)。

可选 26E NUMBER OF AMENDMENT(修改次数)，该信用证修改的次数，要求按顺序排列。

可选 30 DATE OF AMENDMENT(修改日期)，如果信用证修改时没有填写此项，修改日期就是发报日期。

可选 31C DATE OF ISSUE(开证日期)，如果没有填写此项，则开证日期为电文的发送日期。

可选 31E NEW DATE OF EXPIRY(信用证新的有效期)，信用证修改的有效期。

可选 32B INCREASE OF DOCUMENTARY CREDIT AMOUNT(信用证金额的增加)。

可选 33B DECREASE OF DOCUMENTARY CREDIT AMOUNT(信用证金额的减少)。

可选 34B NEW DOCUMENTARY CREDIT AMOUNT AFTER AMENDMENT(信用证修改后的金额)。

可选 39 APERCENTAGE CREDIT AMOUNT TOLERANCE(信用证金额上下浮动允许的最大范围的修改)，该项目的表示方法较为特殊，数值表示百分比的数值，如 5/5 表示上下浮动最大为 5%。39B 与 39A 不能同时出现。

可选 39B MAXIMUM CREDIT AMOUNT(信用证最大限制金额的修改)，39B 与 39A 不能同时出现。

可选 39C ADDITIONAL AMOUNTS COVERED(额外金额的修改)，表示信用证所涉及的保险费、利息、运费等金额的修改。

可选 44A LOADING ON BOARD/DISPATCH/TAKING IN CHARGE AT/FORM (装船、发运和接收监管的地点的修改)。

可选 44B FOR TRANSPORTATION TO...(货物发运的最终地的修改)。

可选 44C LATEST DATE OF SHIPMENT(最后装船期的修改)，修改装船的最迟日期。44C 与 44D 不能同时出现。

可选 44D SHIPMENT PERIOD(装船期的修改)，44C 与 44D 不能同时出现。

可选 52a APPLICANT BANK(信用证开证的银行)。

必选 59 BENEFICIARY BEFORE THIS AMENDMENT(信用证的受益人)，该项目为原信用证的受益人，如果要修改信用证的受益人则需要在 79 NARRATIVE(修改详述)中写明。

可选 72 SENDER TO RECEIVER INFORMATION(附言)。

- /BENCON/：要求收报行通知发报行受益人是否接受该信用证的修改。
- /PHONBEN/：请电话通知受益人(列出受益人的电话号码)。
- /TELEBEN/：用快捷有效的电讯方式通知受益人。
- 可选 78 NARRATIVE(修改详述)详细的修改内容。

知识链接

SWIFT 信用证

SWIFT(Society for Worldwide Interbank Financial Telecommunication)又称环球同业银行金融电讯协会，是国际银行同业间的国际合作组织，成立于 1973 年，目前全球大多数国家大多数银行已使用 SWIFT 系统。SWIFT 的使用给银行的结算提供了安全、可靠、快捷、标准化、自动化的通信业务，从而大大提高了银行的结算速度。由于 SWIFT 的格式标准化，目前信用证的格式主要都是用 SWIFT 电文。

1. SWIFT 的特点

(1) SWIFT 需要会员资格。我国的大多数专业银行都是其成员。

(2) SWIFT 的费用较低。同样多的内容，SWIFT 的费用只有 TELEX(电传)的 18%

左右，只有 CABLE(电报)的 2.5%左右。

(3) SWIFT 的安全性较高。SWIFT 的密押比电传的密押可靠性强、保密性高，且具有较高的自动化。

(4) SWIFT 的格式标准化。对于 SWIFT 电文，SWIFT 组织有着统一的要求和格式。

2. SWIFT 电文的表示方式

(1) 项目表示方式。SWIFT 由项目(FIELD)组成，例如，59 BENEFICIARY(受益人)就是一个项目，59 是项目的代号，可以由两位数字表示，也可以由两位数字加上字母表示，如 51a APPLICANT(申请人)。不同的代号表示不同的含义。项目还规定了一定的格式，各种 SWIFT 电文都必须按照这种格式表示。

在 SWIFT 电文中，一些项目是必选项目(MANDATORY FIELD)，一些项目是可选项目(OPTIONAL FIELD)，必选项目是必须要具备的，如 31D DATE AND PLACE OF EXPIRY(信用证有效期)，可选项目是另外增加的项目，并不一定每个信用证都有，如 39B MAXIMUM CREDIT AMOUNT(信用证最大限制金额)。

(2) 日期表示方式。SWIFT 电文的日期表示为 YYMMDD。例如：1999 年 5 月 12 日，表示为 990512；2000 年 3 月 15 日，表示为 000315；2001 年 12 月 9 日，表示为 011209。

(3) 数字表示方式。在 SWIFT 电文中，数字不使用分格号，小数点用逗号“,”来表示。例如：5 152 286.36 表示为 5152286，36；4/5 表示为 0，8；5% 表示为 5 PERCENT。

(4) 货币表示方式。澳大利亚元：AUD；奥地利元：ATS；比利时法郎：BEF；加拿大元：CAD；人民币元：CNY；丹麦克朗：DKK；德国马克：DEM；荷兰盾：NLG；芬兰马克：FIM；法国法郎：FRF；美元：USD；港元：HKD；意大利里拉：ITL；日元：JPY；挪威克朗：NOK；英镑：GBP；瑞典克朗：SEK。

二、信用证的主要内容及注意事项

▶ 1. 信用证开证行(Issuing Bank)

信用证的开证行是应开证申请人(进口商)的要求开立信用证的银行。

信用证是开证行的有条件的付款保证。信用证开立后，开证行负有第一性的付款责任。因此，开证行的资信和付款能力等成为关键性的问题。所以，要了解开证行的资信。

▶ 2. 信用证开证日期(Issuing Date)

开证日期是开证行开立信用证的日期。

信用证中必须明确表明开证日期。如果信用证中没有开证日期字样，则视开证行的发电日期(电开信用证)或抬头日期(信开信用证)为开证日期。

信用证的开证日期应当明确、清楚、完整。

确定信用证的开证日期非常重要，特别是需要使用开证日期计算其他时间或根据开证日期判断提单日期是否在开证日期之后等情况时更为重要。同时，开证日期还表明进口商是否是根据商务合同规定的开证期限开立的信用证。

▶ 3. 信用证有效期限(Expiry Date)和有效地点(Expiry Place)

信用证的有效期限是受益人向银行提交单据的最后日期。受益人应在有效期限日期之前或当天向银行提交信用证单据。《UCP600》第三条规定："信用证必须规定提示单据的有效期限。规定的用于兑付或者议付的有效期限将被认为是提示单据的有效期限。"

在实际业务中，对信用证到期日的规定通常都较为明确、具体，例如"×月×日前有效"。但也有些信用证的到期日规定得不够明确，如信用证有效期为"一个月""六个月"等不具体的规定，则应注明起算日期，以确定信用证的到期日。《UCP600》第 29 条规定，到期日如遇法定节假日，可以顺延。

有效地点是受益人在有效期限内向银行提交单据的地点。国外开来的信用证一般规定有效地点在我国国内，如果有效地点在国外，受益人(出口商)要特别注意，一定要在有效期限之前提前交单(中国香港、中国澳门、新加坡、马来西亚等近洋国家或地区提前 7 天左右；远洋国家或地区提前 10～15 天)，以便银行在有效期限之内将单据寄到有效地点的银行。

如果有效地点在国外，最好建议将其修改为国内。

如果信用证未列明有效地点，则应立即要求开证行进行确认。如果开证行始终不予答复，则应视同有效地点在我国国内。

▶ 4. 信用证申请人(Applicant)

信用证的申请人是根据商务合同的规定向银行(开证行)申请开立信用证的人，即进口商。

信用证的申请人包括名称和地址等内容，必须完整、清楚。

▶ 5. 信用证受益人(Beneficiary)

信用证的受益人是信用证上指定的有权使用信用证的人，即出口商。

信用证的受益人包括名称和地址等内容，应完整、清楚，如果有错误或遗漏等，应立即电洽开证行确认或要求开证申请人修改。

▶ 6. 信用证号码(Documentary Credit Number)

信用证的证号是开证行的银行编号，在与开证行的业务联系中必须引用该编号。信用证的证号必须清楚，没有变字等错误。

如果信用证的证号在信用证中前后出现多次，应特别注意其间是否一致，否则应电洽其修改。

▶ 7. 信用证币别和金额(Currency Code Amount)

信用证金额的币别应是国际间可自由兑换的币种。如果信用证的币别是国际间非自由兑换货币，则受益人可考虑是否能接受。

货币符号应是国际间所普遍使用的世界各国货币标准代码。

信用证的金额一般采用国际间通常的写法，例如，一百万美元写成 USD 1 000 000.00。

如果信用证中有大写和小写两种金额的写法，大写和小写应保持一致。

如果信用证中多处出现信用证金额，则其相互之间应保持一致。

▶ 8. 信用证货物描述(Description of goods and/or services)

信用证的货物描述是信用证对货物的名称、数量、型号或规格等的叙述。根据国际惯例，信用证中对货物的描述不宜烦琐，如果货物描述过于烦琐，应建议受益人洽开证申请人修改信用证的该部分内容。因为，烦琐的货物描述给受益人制单带来麻烦，货物的描述应准确、明确和完整。

一般情况下，信用证的货物描述的基本内容包括货物的名称、数量、型号或规格等。

▶ 9. 信用证单据条款(Documents Requied Clause)

信用证的单据条款是开证行在信用证中列明的受益人必须提交的交易所的种类、份数、签发条件等内容。

信用证的单据条款之间保持一致，不应有相互矛盾的地方。

▶ 10. 信用证价格条款(Price Terms)

信用证的价格条款是申请人(进口商)和受益人(出口商)在商务合同中规定的货物成交价格，一般按国际标价方法，常用的价格条款有离岸价(F. O. B.)和到岸价(C. I. F. 或C. N. F.)。应当特别注意的是，价格条款的后面应注有"地点"。

▶ 11. 信用证装运期限(Shipment Date)

信用证的装运期限是受益人(出口商)装船发货的最后期限。受益人应在最后装运日期之前或当天(装船)发货。

信用证的装运期限应在有效期限内。

信用证的装运日期和有效期限之间应有一定的时间间隔，该时间间隔不宜太长，也不宜太短。间隔太长时，特别容易造成受益人迟迟不交单，而货已到港，进口商拿不到货运单据无法提货以致压港压仓等。间隔太短时，受益人从(装船)发货取得单据到向银行提交单据的时间就短，有可能造成交单时间上的紧张，或在有效期限内无法交单。因此，应根据具体情况审核信用证的装运期限和有效期限，必要时应建议或要求受益人洽开证申请人修改。

一般情况下，信用证的装运日期和有效日期之间的间隔为 10～15 天，除非信用证有特别规定。

▶ 12. 信用证交单期限(Period for Presentation of Documents)

信用证的交单期限是除了有效期限以外，每个要求出具运输单据的信用证还应规定的一个在装运日期后的一定时间内向银行交单的期限。如果没有规定该期限，根据国际惯例，银行将拒绝受理迟于装运日期后 21 天提交的单据，但无论如何，单据必须不迟于信用证的有效日期内提交。

一般情况下，开证行和开证申请人经常规定装运日期后 10 天、15 天或 20 天为交单的最后期限，但是，如果信用证有特殊规定，交单期限也可以超过 21 天。

▶ 13. 信用证偿付行(Reimbursing Bank)

偿付行是开证行在信用证中指定的向付款行、保兑行或议付行进行偿付款的银行。它可以是开证行自己的一家分支行，也可以是第三国的另一家银行(一般为账户行)。偿付行受开证行的委托代开证行付款，不负责审单，只凭开证行的授权(Authorization)和议付或付款行的"索汇指示"(Reimbursement Claim)、"明白证明书"(Certificate of Compliance)而付款(目前"明白证明书"一般不需要了)。

偿付行的付款不是终局性的付款，即如果开证行收到单据并审单后发现单据存在不符点，开证行或偿付行有权利向议付行索回货款。

▶ 14. 信用证偿付条款(Reimbursement Clause)

信用证的偿付条款是开证行在信用证中规定的如何向付款行、承兑行、保兑行或议付行偿付信用证款项的条款。信用证的偿付条款直接涉及收汇问题，因此必须保证偿付条款的正确与合理。对于偿付条款复杂、偿付路线迂回曲折的情况，应尽量要求开证行修改。

▶ 15. 信用证银行费用条款(Banking Charges Clause)

信用证中一般规定有证行的银行费用或通知行、议付行等的银行费用由受益人来承担。

如果信用证规定所有银行费用均由受益人承担，受益人应注意费用条款是否合理，以便及时修改，减少受益人不合理的费用支出。

▶ 16. 信用证生效性条款(Valid Conditions Clause)

有些信用证在一定条件下才正式生效，对于此种有条件生效的信用证，应审核该条件是否苛刻，受益人要注意，审证时应在信用证正本上加注"暂不生效"字样，建议受益人接到银行的正式生效通知后再办理货物的发运。

▶ 17. 信用证特别条款(Special Conditions)

信用证中有时附有对受益人、通知行、付款行、承兑行、保兑行或议付行的特别条款，对于不能接受的条款应立即洽开证行或开证申请人修改。

三、本项目出口商接收到的信用证

经过我方的催证后，进口商于 2016 年 7 月 2 日开来信用证，内容如下：

LETTER OF CREDIT

Issue of a Documentary Credit：DOMINION BANK LTD.，SAN FRANCISCO

:27　SEQUENCE OF TOTAL：1/1

:40A：FORM OF DOC. CREDIT：　REVOCABLE

:20：　DOC. CREDIT NUMBER：　0419049

:31C：DATE OF ISSUE：160702

:31D：EXPIRY：　DATE JUL. 30，2016 AT OUR COUNTER

:50：　APPLICANT：　THE LOOKING HANDCRAFT，INC.
138 SAN MATEC AVENUE，SAN FRANCISCO
CA-94080-6501，U. S.

:59：　BENEFICIARY：CHANZHOU YAFENG IMP. & EXP. CORP. LTD
3 GEHU MIDDLE ROAD，CHANGZHOU，JIANGSU，CHINA
Telex：0985 Fax：6332136 Tel：6332138

:32B：CURRENCY CODE AMOUNT：USD 71 400.00

:41D：AVAILABLE WITH/BY：BANK OF CHINA，CHANGZHOU BRANCH BY NEGOTIATION

:42C：DRAFTS AT：DRAFTS AT 90 DAYS SIGHT FOR FULL INVOICE VALUE AT SIGHT

:42A：DRAWEE：DOMINION BANK LTD.，SAN FRANCISCO

:43P：PARTIAL SHIPMENTS：PROHIBITED

:43T：TRANSSHIPMENT：ALLOWED

:44A：LOADING IN CHARGE：ANY CHINESE PORT

:44B: FOR TRANSPORT TO: SAN FRANCISCO
:44C: LATEST DATE OF SHIP: 160730
:45A: DESCRIPT. OF GOODS: 4 000 PCS HOOK RUG AS PER S/C NO. 04F3-780
ART. NO. CZ212 2×3' 2 000 PCS @ USD17. 10 PER PC
ART. NO. CZ287 3×5' 1 000 PCS @ USD18. 10 PER PC
ART. NO. CZ310 2×3' 1 000 PCS @ USD19. 10 PER PC
:46A: DOCUMENTS REQUIRED: 1) FULL SET 3/3 CLEAN ON BOARD BILL OF LADING MADE OUT TO ORDER OF SHIPPER, ENDORSED IN BLANK, MARKED "FREIGHT PREPAID" AND NOTIFY APPLICANT.
2) MANUALLY SIGNED COMMERCIAL INVOICE IN SEX TUPLICATE.
3) INSURANCE POLICY/CERTIFICATE FOR 115PCT OF INVOICE VALUE, BLANK ENDORSED, COVERING ALL RISKS AND WAR RISKS AS PER PICC DATED 1. 1. 81, UP TO SAN FRANCISCO, IF INCURRED, CLAIMS, IF ANY, PAYABLE IN U. S.
4) WEIGHT/PACKING LIST IN 3 FOLD INDICATING DETAILED PACKING OF EACH CARTON.
5) ORIGINAL CERTIFICATE OF ORIGIN PLUS ONE COPY ISSUED BY A RELEVANT AUTHORITY SHOWING B/L NOTIFY PARTY AS CONSIGNEE.
6) CERTIFICATE OF ORIGIN IN TWO COPIES INDICATING THAT GOODS ARE OF CHINESE ORIGIN ISSUED BY A RELEVANT AUTHORITY.
7) SHIPMENT ADVICE WITH FULL DETAILS INCLUDING SHIPPING MARKS, CTN NUMBERS, VESSEL'S NAME, B/L NUMBER, VALUE AND QUANTITY OF GOODS MUST BE SENT ON THE DATE AFTER SHIPMENT TO US.
8) BENEFICIARY'S CERTIFICATE EVIDENCING THAT TWO COPIES OF NON-NEGOTIABLE B/L WILL BE DESPATCHED TO APPLICANT WITHIN TWO DAYS AFTER SHIPMENT.
:47A: ADDITIONAL COND.: 1) ONE SET OF N/N DOCUMENTS MUST BE AIR-

MAILED TO OPENER PRIOR TO DATE OF SHIPMENT AND POST EVIDENCE TO THIS EFFECT IS REQUIRED.

2) ALL INVOICES MUST INDICATE LICENCE NO. CN617032.

3) EXCEPT SO FAR AS OTHERWISE EXPRESSLY STATE, THIS DOCUMENTARY CREDIT IS SUBJECT TO UNIFORM CUSTOMS AND PRACTICE FOR DOCUMENTARY CREDIT ICC PUBLICATION NO. 600.

:71B: DETAILS OF CHARGES: ALL BANKING CHARGES OUTSIDE U. S. INCLUDING REIMBURSEMENT COMMISSION ARE FOR ACCOUNT OF BENEFICIARY.

:48: PERIOD FOR PRESENTATION: DOCUMENTS WILL BE DULY HONORED PRESENTATION WITHIN 5 DAYS AFTER THE DATE OF SHIPMENT BUT WHTHIN THE LIFE OF THIS CREDIT.

:49: CONFIRMATION INSTRUCTIONS: CONFIRM.

:78: INSTRUCTIONS: THE NEGOTIATION BANK MUST FORWARD THE DRAFTS AND ALL DOCUMENTS BY REGISTERED AIRMAIL DIRECT TO US IN TWO CONSECUTIVE LOTS, UPON RECEIPT OF THE DRAFTS AND DOCUMENTS IN ORDER, WE WILL REMIT THE PROCEEDS AN INSTRUCTED BY THE NEGOTIATION BANK.

本信用证的参考翻译：

信用证

开证行：DOMINION 银行，旧金山

跟单信用证类别：可撤销

跟单信用证编号：0419049

开证日期：2016 年 7 月 2 日

到期日期和地点：2016 年 7 月 30 日

开证申请人：罗京手工艺品有限公司

SAN MATEC AVENUE，SAN FRANCISCO

CA-94080-6501，U. S.

受益人：常州亚峰进出口有限公司

常州滆湖中路 3 号

金额：71 400.00 美元

押汇方式：中国银行常州分行议付

汇票期限：见票后 90 天付款，汇票金额为发票的全部金额

汇票付款人：DOMINION 银行 旧金山

分批装运：禁止

转运：允许

装运港：任何中国港口

装运至：旧金山

最后装运日：2016 年 7 月 30 日

货物描述：4 000 条钩针地毯　合同号：04F3-780

ART. NO. CZ212 2×3’　2 000 条 单价每条 17.10 美元。

ART. NO. CZ287 3×5’　1 000 条 单价每条 18.10 美元。

ART. NO. CZ310 2×3’　2 000 条 单价每条 19.10 美元。

应具备单据：

1)全套 3/3 清洁的已装船的提单，凭托运人指示抬头，空白背书，需显示“运费预付”和开证人为通知人。

2)手签的商业发票 6 份。

3)保险单/凭证，投保金额为发票金额的 115%，空白抬头，根据中国人民保险 1981 年 1 月 1 日的条款投保至旧金山的一切险和战争险，假如遇险，在美国赔付。

4)重量/装箱单 3 份，应显示每一纸箱的包装情况。

5)正本普通原产地证书加一份副本，由有关授权机构出具，并把提单中的通知人作为收货人填入。

6)相关当局出具的产地证明书 2 份，证明货物原产地为中国。

7)装运通知应列明包括运输标志、箱号、船名、提单号、货物金额和数量在内的详细情况，并在货物发运次日寄开证行。

8)受益人证明显示 2 份非议付的海运提单副本，在货物装船两天内送给申请人。

附加条件：

1) 一套非议付单据必须在装运日前航空邮寄给开证人，并且需要相应的邮寄凭证。

2) 所有的发票必须显示许可证号：CN617032。

3) 除非另有规定，本跟单信用证以国际商会的跟单信用证统一惯例《UCP600》为准。

费用详述：所有美国以外的、包括汇款的费用都由受益人承担。

交单期限：单证应该及时在装运日期后的 5 天内，并在信用证的有效期内提交。

保兑：保兑。

提示：议付行必须以航空挂号的形式分两批把汇票和所有的单证直接寄给我们，一旦按规定收到汇票和单证，我们将会按照议付行的指示汇款。

四、审证、改证

(一) 信用证的审核要点

出口方在审核信用证后，如发现有不符合买卖合同或有不利于出口方安全收汇的条款，应及时联系进口商通过开证银行对信用证进行修改。修改信用证的要求应尽可能一次性具体明确地提出，以避免或减少往返改证，延误时间。

《UCP600》规定："……，未经开证行、保兑行(如有的话)及受益人同意，信用证既不得修改，也不得撤销"；"对同一修改的内容不允许部分接受，部分接受将被视为拒绝修改的通知"。

拿到信用证后第一步是要看懂，第二步就是审核了，确认是否能顺利执行。有做不到的条款，及时通过银行拒绝接受信用证，并通知客户更改。46A 和 47A 条款要逐字审核，最好把所需单证的类别、份数和要求专门列表以便操作。

此外，信用证中容易被忽视和常出问题的几个地方要特别注意。

▶ 1. 确认受益人的名称地址是否完整、无误

不能有错别字，否则付款到账有麻烦，而且会因为与印鉴不符合，无法制作出口单证。

▶ 2. 确认货物品名描述是否过于简单

客户常在信用证中简略品名，有时候过于笼统，会影响到相关商检单证的出具。

▶ 3. 核对货物数量和总金额是否相符

实务中常有部分预付款、部分信用证结算的操作，这时候往往出现货物足额但只显示部分金额的情况。

▶ 4. 交货期是否赶得上，交单期是否合理

常见的交单期一般给 15 天以上，不过中国香港或日、韩、东南亚国家的信用证有时候只给 12 天甚至更短的交单期，要考虑清楚。特别是客户指定货代或货代与你不在同一城市的情形，提单容易延误，要预留时间。此外，有时候信用证会规定"境外到期"，这一点尽量不要接受，因为我们很难控制文件传递到国外的时间。还有一个特别需要注意的地方，就是要求客户修改交货期或交单期的时候，一定要相应修改信用证有效期。比如规定 10 月 10 日的船期，12 天交单期，信用证有效期是 10 月 22 日。现在更改交单期为 15 天，却忘记相应更改信用证有效期的话，就会导致"虽然在交单期内交单，却仍逾过信用证有效期"的后果。

▶ 5. 费用分摊是否合理

71B 条款是专门规定信用证操作手续费用分摊的。一般公平些的做法是"申请人境外的费用由受益人承担"，但目前有些苛刻的客户会要求"除开证费外所有费用均由受益人承担"。这将给我们带来几十美元甚至两三百美元的额外支出。要事先跟客户约定这一点，或者可能的话在售价中悄悄加上一些。根据信用证制单，宁愿与实际情况略有出入，也要保证单据字面上与信用证的完全一致。信用证一旦确认以后，就要完全依照执行，即使其中有错别字，也不得不硬着头皮将错就错，以期单证相符。也就是说，只要不符合信用证的填制要求，就算不符点，轻者罚款，重则拒付。其中的罚款指的是按不符点扣款，一般每一个不符点扣罚 50 美元最为常见。

(二) 信用证的修改

一般而言，在信用证中要多加留意的地方有信用证的开证行、信用证的形式、信用证的通知行、信用证的有效期和有效地点、开证日期、信用证的申请人、受益人、信用证号、币别和金额、信用证的出票条款、信用证的装运期限、种类、信用证的偿付行、偿付条件、货物描述、交单期限、保兑条款、单据条款、价格条款、银行费用条款、生效性条

款、特别条款、保付条款、《UCP600》条款和信用证的有效性条款等。

▶ 1. 信用证的类型(Types of L/C)

按《UCP600》规定，一般信用证是不可撤销的，即使信用证中对此未做指示也是如此，所以只要合同中没特地规定开立"可撤销"(Recovable)信用证，进出口所出具的信用证一定要是"不可撤销"(Inrecovable)的。

▶ 2. 开证行(Issuing Bank)的资信状况

开证银行本身的资信应与其所承担的信用证付款责任相符。特别对于实行外汇管制、国际支付能力薄弱或国内金融秩序混乱的国家的银行开出的信用证，更应重视审核该银行的资信状况。在我国，由我方银行作为通知行时，除核对信用证签名的真实性外，还承担审核开证行资信的道义上的责任。

▶ 3. 信用证的金额(Amount)

信用证的金额应与合同一致。若合同上订有溢短装条款，则信用证金额也应有相应的机动条款。

▶ 4. 装运期(Shipment Date)、交单期(Period for Presentation of Documents)和到期日(Expiry Date)、到期地点(Expiry Place)

信用证中规定的最迟装运日期应与合同中的装运条款相一致，运输单据的出单日期或上面加注的装船或启运日期，不得迟于最迟装运日期。若信用证未规定装运期，则最迟装运日期即信用证的到期日。

信用证还应规定一个在货物装运后必须向银行交单要求付款或承兑或议付的日期，即交单期。所规定的交单期应为受益人装运后制单留有充分的时间，如信用证未规定交单期，则理解为应在实际装运日(运输单据出单日期)之后 21 天内必须交单。受益人必须在交单期内交单，但无论如何，不得迟于信用证到期日。

信用证还必须规定一个到期日和到期地点，即受益人必须在规定的到期日，在到期地点向银行交单要求议付、承兑或付款。没有规定到期日的信用证为无效信用证。实务中，到期日应与最迟装运日期有一个合理的间隔，以便受益人有充分时间制单，通常为 7～15 天；到期地点应在议付地，即在出口地到期，否则由于银行审单和邮递过程，受益人将难以把握及时交单。

▶ 5. 信用证有无限制性或保留条款，即"软条款"

信用证中的这类条款有合理的，也有不合理的。合理的条款如信用证中规定"待进口许可证才能生效"或"本证仅在受益人开具回头信用证并经本证申请人同意接受后才生效"，对于这类信用证，受益人必须等到所附条件满足并取得有关文件后，即信用证生效后才能交货。还有一类条款则是不合理的，带有明显的欺诈性。例如，规定受益人提交的单据中要包括"由买方签发的提货证明"或"检验证书应由申请人授权的签字人签字"。这类信用证实际受申请人或其代理人控制，受益人收款没有保障，故不应接受。

知识链接

实际进出口业务改证程序

发现信用证有不符的地方，一般直接给客户发邮件要求更改，只要客户同意改，将修改申请提交银行就可以。关于费用，要看是谁的责任导致修改信用证，则费用由谁承担。

五、本项目信用证审核结果

收到出口商开来的信用证后，我方单证人员做了认真的审核，发现信用证里有很多条款有损我方的利益，因而向外方提出修改意见，以下是我方在信用证修改过程中发现的一些不相符问题。

（1）修改信用证种类“RECOVABLE”为“IRRECOVABLE”；

（2）受益人名称拼写有误，改“CHANZHOU”为“CHANGZHOU”；

（3）汇票的付款期限有误，改“DRAFT AT 90 DAY SIGHT”为“AT SIGHT”；

（4）保险金额有误，改“115PCT”为“110PCT”；

（5）附加条款中寄非议付单据的日期我方不能办到，改“PRIOR TO DATE OF SHIPMENT”为“3 DAYS AFTER SHIPPMENT”；

（6）保兑条款不符，改“CONFIRM”为“NOT CONFIRM”。

我方将改证意见发送给进口商后，进口商会开来一个新的信用证，如果我方认为没什么问题，就可以进行备货了。当然，如果生产时间长或交货期限较短、一时难以备齐的也可以中止交易，但要考虑如果交易中止带来的损失。

项目练习

一、单选题

1. 所谓“信用证严格相符”的原则，是指受益人必须做到（　　）。

A. 信用证和合同相符　　B. 信用证和货物相符

C. 信用证和单据相符

2. 信用证的基础是买卖合同，当使用证与买卖合同规定不一致时，受益人应要求（　　）。

A. 开证行修改　　B. 开证申请人修改

C. 通知行修改

3. 在信用证业务中，银行的责任是（　　）。

A. 只看单据，不看货物　　B. 既看单据，又看货物

C. 只管货物，不看单据

4. 信用证上如未明确付款人，则制作汇票时，受票人应为（　　）。

A. 开始申请人　　B. 开证银行　　C. 议付行　　D. 任何人

5. 根据国际商会《跟单信用统一惯例》的规定，如果信用上未注明“不可撤销”的字样，该信用证应视为（　　）。

A. 可撤销信用证　　B. 不可撤销信用证

C. 远期信用证　　D. 由受益人决定可撤销或不可撤销

6. 在合同规定的有效期，（　　）负有开立信用证的义务。

A. 卖方　　B. 买方　　C. 开证行　　D. 议付行

7. 在交易金额较大，对开证行的资信有不了解时，为保证货款的及时收回，买方最好选择(　　)。

A. 可撤销信用证　B. 远期信用证　C. 承兑交单　D. 保兑信用证

8. 关于信用证的有效期，除特殊规定外，银行将拒绝接受迟于运输单据出单日期(　　)天后提交的单据。

A. 20　B. 30　C. 25　D. 21

9. 按照《跟单信用证统一惯例》的解释，在信用证中如未注明是可以撤销，则该证为(　)。

A. 可撤销信用证　B. 不可撤销信用证

C. 由双方协商决定

10. 某外贸公司的工作人员因为在审证过程中粗心大意，未能发现合同发票上的公司名称与公司印章的名称不一致，合同发票上标注的是 ABC Corporation，而印章上则是 ABC，仅一词之差，此时又恰逢国际市场价格有变，在这种情况下，(　　)。

A. 外商有权拒绝付款　B. 责任在外商

C. 外商应按规定如期付款

二、多选题

1. 根据《UCP600》的规定，信用证单据审核的原则有(　　)。

A. 银行只负责审核单据表面上的一致性

B. 银行对任何单据的形式、完整性、正确性、真实性、伪造或法律效力、单据上规定的或附加的一般及特别条款，不负任何责任

C. 在任何情况下，银行都不能接受日期早于信用证开证日期的单据

D. 银行对于单据所代表的货物的描述、数目、重量、品质、状况、包装、交货、价格或存在等不负任何责任

E. 银行应审核单据，保证单据与合同规定相符

2. 信用证保兑行的付款是(　　)。

A. 有追索权的　B. 无追索权的　C. 终局性的　D. 非终局性的

E. 开证行具有第一性的付款责任，保兑行具有第二性的付款责任

3. 根据《跟单信用证同一惯例》，下列选项中正确的有(　　)。

A. 银行只对单据表面真实性做形式上的审查，对单据的真实性、有效性不做实质性审查

B. 银行对单据中货物的描述、价值及存在情况负责

C. 银行对买卖双方的履约情况概不负责

D. 信用证开出后，对于买卖合同的内容的变更、修改或撤销，除非通知银行，否则银行概不负责

E. 信用证是独立于合同之外的文件，信用证条款与买卖合同内容不符时，受益人无权提出异议

4. 在信用证业务的有关当事人之间，一定存在契约关系的有(　　)。

A. 开证申请人与开证行　B. 开证申请人与受益人

C. 开证行与受益人(信用证)　　D. 开证申请人与通知行

E. 开证行与议付行

5. 下列说法中，正确的有(　　)。

A. 根据《UCP600》规定，信用证如未规定有效期，则该证可视为无效

B. 国外开来信用证规定货物数量为 3 000 箱，6/7/8 月，每月均匀装运。我出口公司于 6 月份装运 1 000 箱，并收妥款项。7 月份由于货未备妥，未能装运。8 月份装运 2 000 箱。根据《UCP600》规定，银行不得拒付

C. 在信用证支付方式下，受益人只要在信用证规定的有效期内向银行提交符合信用证规定的全部单据，银行就必须履行付款义务(必须满足单单相符、单证相符)

D. 假如受益人要求开证申请人将信用证的有效期延长一个月，在信用证未规定装运期的情况下，同一信用证上的装运期也可顺延一个月

E. 备用信用证与跟单信用证的开证行所承担的付款义务都是第一性的

6. 下列关于可转让信用证的表述中，正确的有(　　)。

A. 只有信用证上明确注明可转让字样，受益人才有权要求银行将信用证的全部或一部分一次转让给一个或者数个本国或者外国的第三者，由第二受益人在其所在地交单议付

B. 信用证转让时，只能按原条款转让，但其中的金额、单价可以降低，有效期和装货期可以缩短，保险加保比例可以增加

C. 信用证转让后，第一受益人仍应对交货承担合同义务

D. 信用证的修改必须得到第一受益人与第二受益人的同意

7. 对背信用证主要用于(　　)。

A. 中间商转售他人货物　　B. 转口贸易

C. 一般贸易　　D. 进料加工

8. 对开信用证经常用于(　　)。

A. 易货贸易　　B. 一般贸易　　C. 加工贸易　　D. 进料加工

9. 某公司分别以 D/P at 90 days after sight 和 D/A at 90 days after sight 两种支付条件对外出口了两批，这两笔业务具有的特点有(　　)。

A. 前者是进口商在到期日付清货款才可以取得货运单据，后者是进口商在见票时承兑后即可取得货运单据

B. 前者没有遭进口商拒付的风险，而后者存在这种风险

C. 前者的风险比后者大

D. 后者的风险比前者大

10. 在下列有关可转让信用证的说明中，正确的有(　　)。

A. 该证的第一受益人可将信用证转让给一个或一个以上的人使用

B. 该证的第二受益人不得再次转让

C. 该证转让后由第二受益人对合同履行责任

D. 可以分成若干部分分别转让

三、判断题

1. 国外来证规定汇票付款人为开证申请人，货物装船后受益人已获得已装船清洁提单，但尚未送银行议付，获悉开证申请人破产倒闭，受益人无法从开证银行得到货款。 （ ）
2. 买卖合同规定买方需开立“可转让信用证”，卖方在收到的信用证中虽无“可转让”字样，仍可视为可转让信用证。 （ ）
3. 只要在 L/C 有效期内，不论受益人何时向银行提交符合 L/C 要求的单据，开证行一律不得拒收单据和拒付货款。 （ ）
4. 《信用证统一惯例》规定，凡信用证上未注明可撤销字样，则视为不可撤销。 （ ）
5. 在背对背信用证中，原通知行成为新证的开证行，承担付款责任。原信用证的开信行亦对新证承担付款责任。 （ ）
6. 在使用可转让信用证时，受益人有权要求银行将信用证的全部或部分转让给第二受益人，但第二受益人不得再将原信用证上的全部或部分权力转让给第三人。 （ ）
7. 在信用证业务中，信用证的开立是以买卖合同为基础的，因此，信用证条款与买卖合同条款严格相符是开证行向受益人承担付款责任的条件。 （ ）
8. 《跟单信用证统一惯例》规定，信用证的修改通知书有多项内容时，受益人可只接受同意的内容，而对不同意的内容予以拒绝。 （ ）

四、案例分析

1. 我国某公司向国外 A 进口商出口货物一批。A 进口商按时开来不可撤销即期议付信用证，该证由设在我国境内的外资 B 银行通知并加保兑，我公司在货物装运后，将全套合格单据送交 B 银行议付，收妥货款。但 B 银行向开证索赔时，得知开证行因经营不善已宣布破产。于是，B 银行要求我公司将议付的货款退还，并建议我方可委托其向 A 进口商直接索取货款。对此，请分析我公司应如何处理？为什么？
2. 2017 年 1 月 10 日，芝加哥 F 银行向 A 银行开立了一笔金额为 15 783 美元的即期信用证。该证装船期分别为 2 月 25 日和 3 月 8 日，受益人为 B 市某外贸公司，货物名称为铁钉。2 月 12 日，A 银行收到该信用证项下第一次修改，要求将装船期分别提前至 2 月 15 日和 2 月 24 日，并修改货物描述等内容。A 银行立即与受益人联系，请求答复。受益人于 2 月 19 日向 A 银行发出书面确认，拒绝修改，A 银行即向 F 行发出同样内容的电报。3 月 13 日，A 银行收到 F 银行电报，称该单据迟装并超过有效期，以此拒付并准备退单。经查，此笔单据的装船日为 2 月 25 日，交单日为 3 月 3 日，完全符合修改前信用证的要求。请说明开证行是否有权拒绝付款，如何解释信用证修改书的效力。

五、根据下列资料填写开证申请书

进口商：杭州常秀化妆品贸易公司
HANGZHOU EVER-BEAUTY
COSMETICS TRADE COMPANY

168 HUSHU ROAD，HANGZHOU
CHINA
法人代表：陈秋
电话：23452345
账号：31-45-89120912
出口商：日本岩谷株式会社
IWATANI CORPERATION
1-3-6 HOMMACHI，OSAKA
JAPAN
进口产品：贝齿清凉薄荷漱口水
PLAX FRESHMINT MOUTHWASH
规格：250ml/Bottle，净重 300 克(G)/Bottle
贸易术语：CIF SHANGHAI 每瓶 1.88 美元
总数量：40 320 瓶
总金额：75 801.60 美元
装运港：大阪(OSAKA)
卸货港：上海(SHANGHAI)
运输要求：不允许分批，不允许转运，一个 20 尺集装箱装运
最迟装运日：2017 年 3 月 15 日
支付方式：即期议付信用证，汇票金额为发票金额的百分之百
开证日期：2017 年 2 月 5 日
开证银行：中国银行杭州分行
开证方式：SWIFT
信用证有效期：2017 年 3 月 30 日
到期地点：日本大阪
单证要求：发票一式三份，显示合同号码和信用证号码
装箱单一式三份
清洁已装船提单一套，做成“凭指示”，空白背书，通知开证申请人
保险单一式两份，空白背书，承保中国人民保险公司的一切险，加一成，赔付地点为中国，赔付币制与汇票币制一致
有关当局签署的产地证一份
官方机构签署的质量检验证一份
其他要求：交单期是提单日期后 15 天内但又必须在信用证有效期内
第三方单证不接受，简式提单不接受
中国以外的银行费用由受益人承担
合同号码：TT090120

IRREVOCABLE DOCUMENTARY CREDIT APPLICATION

To: **Date:**

<table>
<tr><td colspan="2">( )Issue by airmail
( )With brief advice by tele-transmission
( )Issue by SWIFT</td><td>Credit No.
Date and place of expiry
30 MARCH 2017 IN OSAKA JAPAN</td></tr>
<tr><td colspan="2">Applicant
HANGZHOU EVER-BEAUTY
COSMETICS TRADE COMPANY
168 HUSHU ROAD, HANGZHOU
CHINA</td><td>Beneficiary
IWATANI CORPERATION
1-3-6 HOMMACHI, OSAKA
JAPAN</td></tr>
<tr><td colspan="2">Advising bank</td><td>Amount(figure and words) USD 75 801. 60 SAY
U. S. DOLLARS SEVENTY FIVE THOUSAND EIGHT HUNDRED AND ONE AND POINT SIXTY ONLY</td></tr>
<tr><td>Partial shipment
( )allowed
(×)not allowed</td><td>Transshipment
( )allowed
(×)not allowed</td><td rowspan="3">Credit available with NY BANK
by
( )sight payment
( )acceptance
(×)negotiation
( )deferred payment at ______ days after against the documents detailed herein and
( )beneficiary's drafts for 100 % of invoice value
at ______ SIGHT
drawn on BANK OF CHINA, HANGZHOU BRANCH</td></tr>
<tr><td colspan="2">Port of Loading:
OSAKA
not later than 15 MARCH 2017
Port of discharge: SHANGHAI</td></tr>
<tr><td colspan="2">( )FOB ( )CFR ( )CIF
( )Other terms</td></tr>
<tr><td colspan="3">Documents required: (marked with ×)
1. ( )Signed commercial invoice in 3 copies indicating L/C No. and contract No. TT090120.
2. ( )Full set of clean on board Bill of Lading made out to order and blank endorsed marked freight(×) prepaid /( )collect notify APPLICANT .
( )Air Waybill / cargo receipt / copy of railway bill issued by ______ showing freight prepaid( )/( )collect indicating freight amount and consigned to ______ .
3. ( )Insurance Policy / Certificate in DUPLICATE for 110 % of invoice value showing claims payable in CHINA in the currency of the drafts, blank endorsed, covering All risks.
4. ( )Packing List in 3 copies.
5. ( )Certificate of Quantity / weight in ______ copies issued by ______ .
6. ( )Certificate of Quality in 1 copies issued by( )manufacturer /(×)public recognized surveyor /( ).
7. ( )Certificate of Origin in 1 copies issued by COMPETENT AUTHORITIES .
8. ( )Beneficiary's certified copy of fax / telex dispatched to the applicant within ______ hours after the shipment advising L/C No., name of vessel, date of shipment, name, quantity, weight and value of goods.</td></tr>
</table>

续表

Other documents, if any

Description of goods:
40 320 BOTTLES OF PLAX FRESHMINT MOUTHWASH
250ml(N. W. : 300G)PER BOTTLE
CIF SHANGHAI USD1. 88 PER BOTTLE
SHIPMENT BY ONE 20 FEET CONTAINER LOAD

Additional instructions:

1. ( )All banking charges outside China are for the account of beneficiary.
2. ( )Documents must be presented within 15 days after the date of issuance of the transport documents but within the validity of this credit.
3. ( )Third party documents is not acceptable, short form / blank back B/L is not acceptable.
4. ( )Both quantity and amount ______% more or less are allowed.
5. ( )All documents must be forwarded in ______.

Other terms, if any

STAMP OF APPLICANT 杭州常秀化妆品贸易公司 陈秋(章)
电话：23452345
账号：31-45-89120912

六、信用证审核

根据合同审核信用证，提出修改意见，买卖双方签订的合同如下。

托普纺织品进出口公司

TOP TEXTILES IMP AND EXP CORPORATION

127 Zhongshan Road East One, Shanghai P. R. of China

No. 28CA1006

Date: 20080306

销售确认书

SALES CONFIRMATION

Messrs: THOMSON TEXTILES INC.
3384 VINCENT ST.
DOWNS VIEW, ONTARIO
M3J, 2J4, CANADA

Article No. Commodity and Specification Quantity Unit Price Amount

77111 DYED JEAN FABRIC, COTTON 70% POLYESTER 30%
112/114CM WIDTH, 40M CUT LENGTH CIF TORONTO

Colour	Quantity(M)	USD/M	USD
RED	4 000	1.56	6 240.00
SILVER	4 000	1.32	5 280.00
DK NAVY	4 200	1.62	6 804.00
WINE	2 800	1.62	4 536.00
DK BLUE	4 800	1.44	6 912.00
BLACK	4 200	1.62	6 804.00
TOTAL 24 000M			USD 36 576.00

10% MORE OR LESS BOTH IN AMOUNT AND QUANTITY ALLOWED

PACKING: FULL WIDTH ROLLER ON TUBES OF 1.5 INCHES IN DIAMETER IN CARTONS

SHIPMENT: ON OR BEFORE APR. 30 2008

DELIVERY: FROM SHANGHAI TO TORONTO PARTIAL SHIPMENT AND TRANS-SHIPMENT ALLOWED

INSURANCE: TO BE EFFECTED BY THE SELLER COVERING ICC(A)DATED 01/01/1982 FOR 110%
OF THE INVOICE VALUE W/W CLAUSE INCLUDED

PAYMENT: BY 100 PCT IRREVOCABLE L/C AVAILABLE BY DRAFT AT SIGHT TO BE
OPENED IN SELLERS FAVOUR 30 DAYS BEFORE THE DATE OF THE
SHIPMENT AND TO REMAIN VALID IN CHINA FOR NEGOTIATION UNTIL
THE 15 DAYS AFTER THE DATE OF SHIPMENT

Buyer Signature **Seller Signature**

CharlesBrown 李 明

进口国开来的信用证如下：

ZCZC AHS302 CPUA520 S9203261058120RN025414394

P3 SHSOCICRA

TO 10306 26BKCHCNBJASH102514

FM 15005 25CIBCCATTFXXX05905

CIBBCCATTFXXX

* CANADIAN IMPERIAL BANK OF COMMERCE

* TORONTO

MT 701 02
27 SEQUENCE OF TOTAL: 1/1
40A FORM OF DOC. CREDIT: IRREVOCABLE
20 DOC. CREDIT NUMBER: T-017641
31C DATE OF ISSUE: 20080305
31D DATE PLACE OF EXPIRY: 20080505 CANADA
50 APPLICANT: THOMSON TEXTILES INC.
3384 VINCENT ST
DOWNS VIEW, ONTARIO
M3J. 2J4 CANADA
59 BENEFICIARY: TOP TEXTILES IMP AND EXP COMPANY
127 ZHONGSHAN ROAD EAST ONE
SHANGHAI P. R. OF CHINA
32B AMOUNT CURRENCY: USD43, 891, 20
39A POS/NEG TOL(%): 10/10
41D AVAILABLE WITH/BY: AVAILABLE WITH ANY BANK IN CHINA
BY NEGOTIATION
42C DRAFTS AT: 30 DAYS AFTER SIGHT
42D DRAWEE: CIBE, TORONTO TRADE FINANCE CENTRE TORONTO
43P PARTIAL SHIPMENTS: ALLOWED
43T TRANSSHIPMENT: ALLOWED
44E PORT OF LOADING: SHANGHAI
44F PORT OF DISCHARGE: TORONTO
44C LATEST DATE OF SHIP: 20080510
45A SHIPMENT OF GOODS: DYED JEAN FABRIC, AS PER S/CNO. 82CA1006
CIF TORONTO
46A DOCUMENTS REQUIRED:
+COMMERCIAL INVOICE IN QUADRUPLICATE
+CERTIFICATE OF ORIGIN FOR TEXTILES
+FULL SET CLEAN ON BOARD BILLS OF LADING MADE OUT TO SHIPPERS ORDER BLANK ENDORSED MARKED FREIGHT PREPAID NOTIFY APPLICANT
+INSURANCE POLICY OR CERTIFICATE ISSUED BY PEOPLES INSURANCE COMPANY OF CHINA INCORPORATING THEIR OCEAN MARINE CARGO CLAUSES ALL RISKS AND WAR RISKS FOR 110 PERCENT OF CIF INVOICE VALUE WITH CLAIMS PAYABLE IN CANADA
+DETAILED PACKING LIST IN TRIPLICATE
47A: ADDITIONAL CONDITIONS:
THE NUMBER AND THE DATE OF THIS CREDIT AND THE NAME OF OUR

BANK
MUST BE QUOTED ON ALL DRAFTS REQUIRED
AN ADDITIONAL FEE OF USD 80.00 OR EQUIVALENT WILL BE DEDUCTED FROM
THE PROCEEDS PAID UNDER ANY DRAWING WHERE DOCUMENTS PRESENTED
ARE FOUND NOT TO BE IN STRICT CONFORMITY WITH THE TERMS OF THIS CREDIT

71B：DETAILS OF CHARGES：
ALL BANKING CHARGES OUTSIDE CANADA ARE FOR THE BENEFICIARY'S ACCOUNT AND MUST BE CLAIMED AT THE TIME OF ADVISING

48：PRESENTATION PERIOD：
WITHIN 5 DAYS AFTER THE DATE OF ISSUANCE OF THE SHIPPING DOCUMENTS
BUT WITHIN THE VALIDITY OF THE CREDIT

49：CONFIRMATION：WITHOUT

78：INSTRUCTIONS：
UPON OUR RECEIPT OF DOCUMENTS IN ORDER WE WILL REMIT IN ACCORD－ANCE WITH NEGOTIATING BANK'S INSTRUCTIONS AT MATURITY

MAC/OBTDE84E
DLM
SAM

经审核，信用证中的错误有如下10处：

1. ______________________________

____

2. ______________________________

____

3. ______________________________

____

4. ______________________________

____

5. ______________________________

____

6. ______________________________

____

7. ____

____

8. ____

____

9. ____

____

10. ____

____

项目四 缮制商业发票和装箱单

学习目标

1. 掌握发票的作用；
2. 熟悉发票和装箱单的种类；
3. 熟悉 UCP600 和 ISBP681 中关于发票的条款；
4. 能够根据信用证和相关出货资料正确缮制发票和装箱单。

出口公司作为卖方，在与买方签订买卖合同之后的第一步就是根据合同和信用证的规定按时、按质、按量地准备好应交的货物(许多情况下备货与催证之间并无严格的时间界限)。本项目中，收到修改过的信用证后，常州亚峰进出口有限公司立即与早已联系好的地毯加工厂无锡飞亚地毯有限公司签订购销合同，指定产品的规格。

任务一 出口商与工厂签订国内购销合同

大型有出口经营权的企业，企业集团内一般设有自己的生产企业、车间。这种企业出口备货，一般由出口部门向生产加工及仓储部门下达出口生产加工通知即整装备货通知单。我国许多进出口公司没有生产加工实体，主要通过与国内生产企业即厂家签订国内购销合同落实备货。对外贸企业来讲，国内购销合同是约定它与国内生产厂家之间权利和义务的法律文件，是它完成与落实出口合同货物的基础和证明。

工厂交货前，外贸公司应提前做好准备，包括确定进货的存放地点、堆码垛型、保管方法、进货所需要的各种材料、必要的检验工具，并预先熟悉拟进商品资料。工厂交货时，公司应认真核对承运单位的货运记录、供货单位提供的产品质量合格证明、发票，购销合同对货物实体进行严格的感官甚至理化鉴定，严把进货质量，保证出口货源的数量准确、质量完好。商品验收合格即可填写商品购进入库单，办理商品入库手续。

一、内销合同内容及缮制

国内购销合同用中文填写，填写内容、方法与国际货物买卖合同大致相同。一般内销合同包括以下条款：

(1) 产品名称、型号、数量、金额；

(2) 技术指标；

(3) 包装要求；

(4) 保修期；

(5) 货款结算方式；

(6) 货款结算日期；

(7) 违约所负责任和解决纠纷方式。

以上内容可由国内供需方协商签订。

二、本项目的参考内销合同

销 售 合 同

合同号：BF-1564

供方：无锡飞亚地毯有限公司

需方：常州亚峰进出口有限公司

一、产品名称、型号、数量、金额

产品名称	型号	数量	报价(元)	折扣(元)	总成交价(元)
外销地毯	ART. NO. CZ212	2 000 件	80.00	0.00	160 000.00
	ART. NO. CZ287	1 000 件	90.00	0.00	90 000.00
	ART. NO. CZ310	1 000 件	100.00	0.00	100 000.00
		4 000 件			**370 000.00**
合计人民币金额(大写)：叁拾柒万圆整					

二、技术指标

以原厂技术参数为标准

三、包装要求

原厂包装

四、保修期

生产厂家标准，12 个月内免费维修，负责终身维修

五、贷款结算方式

转账支票或者现金

六、贷款结算日期： 2016 年 8 月

七、违约所负责任和解决纠纷方式

1. 如有任何一方违约，应承担违约部分 50%的违约金。

2. 仲裁：一切因执行本合同或与本合同有关的争执，应由双方通过友好的方式协商解决。如经协商不能得到解决时，应提交仲裁委员会或合同签订地所在法院解决。

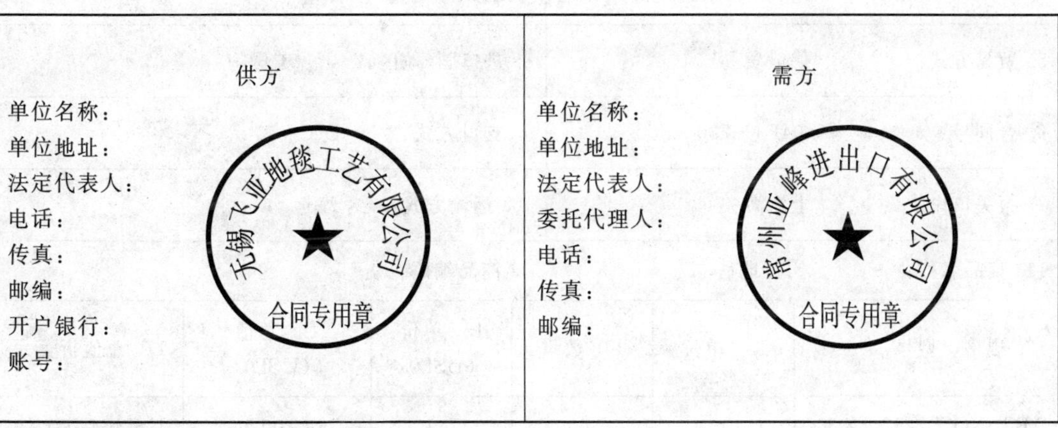

供方	需方
单位名称：	单位名称：
单位地址：	单位地址：
法定代表人：	法定代表人：
电话：	委托代理人：
传真：	电话：
邮编：	传真：
开户银行：	邮编：
账号：	

有效期：2016 年 6 月 15 日 至 2016 年 7 月 2 日

签约地：江苏，无锡

任务二 出口商申请出口许可证

《出口许可证管理规定》第一条指出："出口许可证管理是出口管理的重要手段。为了合理配置资源，规范出口经营秩序，营造公平的贸易环境；履行我国承诺的国际公约和条约，维护国家经济利益和安全；根据《中华人民共和国对外贸易法》和《中华人民共和国货物进出口管理条例》，制定本规定。"

第二条指出："对下列情况之一，国家可以实行出口配额许可证或出口许可证管理：

（1）为维护国家安全或者社会公共利益，需要限制出口的；

（2）国内供应短缺或者为有效保护可能用竭的国内资源，需要限制出口的；

（3）对任何形式的农业、牧业、渔业产品有必要限制出口的；

（4）根据中华人民共和国所缔结或者参加的国际条约、协定的规定，需要限制出口的。"

因此，凡属法定需申领出口许可证的货物都应填写《中华人民共和国出口货物许可证申请表》，如表 4-1 所示，向各地外经贸局申领出口许可证。

表 4-1　中华人民共和国出口货物许可证申请表

<table>
<tr><td colspan="3">1. 出口商：
常州亚峰进出口有限公司
电话：　　　　联系人：</td><td colspan="3">3. 出口许可证号：</td></tr>
<tr><td colspan="3">2. 发货单位：
无锡工艺地毯厂
电话：　　　　联系人：</td><td colspan="3">4. 许可证有效截止期：
至 2016 年 8 月 30 日止</td></tr>
<tr><td colspan="3">5. 贸易方式：　一般贸易</td><td colspan="3">8. 进口国(地区)：　美国</td></tr>
<tr><td colspan="3">6. 合同号：　04F3—780</td><td colspan="3">9. 支付方式：　L/C</td></tr>
<tr><td colspan="3">7. 报关口岸：　上海海关</td><td colspan="3">10. 运输方式：　海运</td></tr>
<tr><td colspan="6">11. 商品名称：　钩针地毯　　　　商品编码：</td></tr>
<tr><td>12. 规格、型号</td><td>13. 单位</td><td>14. 数量</td><td>15. 单价
(USD)</td><td>16. 总值
(USD)</td><td>17. 总值折美元</td></tr>
<tr><td>ART. NO. CZ212 2×3’</td><td>条</td><td>2 000</td><td>17.10</td><td>34 200.00</td><td>USD 34 200.00</td></tr>
<tr><td>ART. NO. CZ287 3×5’</td><td>条</td><td>1 000</td><td>18.10</td><td>18 100.00</td><td>USD 18 100.00</td></tr>
<tr><td>ART. NO. CZ310 2×3’</td><td>条</td><td>1 000</td><td>19.10</td><td>19 100.00</td><td>USD 19 100.00</td></tr>
<tr><td></td><td></td><td></td><td></td><td></td><td></td></tr>
<tr><td></td><td></td><td></td><td></td><td></td><td></td></tr>
<tr><td></td><td></td><td></td><td></td><td></td><td></td></tr>
<tr><td></td><td></td><td></td><td></td><td></td><td></td></tr>
<tr><td></td><td></td><td></td><td></td><td></td><td></td></tr>
<tr><td>18. 总计</td><td>条</td><td>4 000</td><td></td><td>USD 71 400.00</td><td>USD 71 400.00</td></tr>
<tr><td colspan="3" rowspan="2">19. 备　注

(申请单位盖章)　常州亚峰进出口有限公司 合同专用章

申领日期：</td><td colspan="3">20. 签证机构审批(初审)：

经办人：</td></tr>
<tr><td colspan="3">终审：</td></tr>
</table>

填表说明：1. 本表应用正楷逐项填写清楚，不得涂改、遗漏，否则无效；

2. 本表内容需打印多份许可证的，请在备注栏内注明。

知识链接

申请条件

(1) 获得对外贸易经营许可；

(2) 已获得出口配额或出口招标商品配额；

(3) 有特殊要求的出口许可证管理商品需相关部门批件或有出口资质生产企业授权证明可以通过网上申请和书面申请两种方式办理出口许可证。出口许可证办理流程如图 4-1 所示。

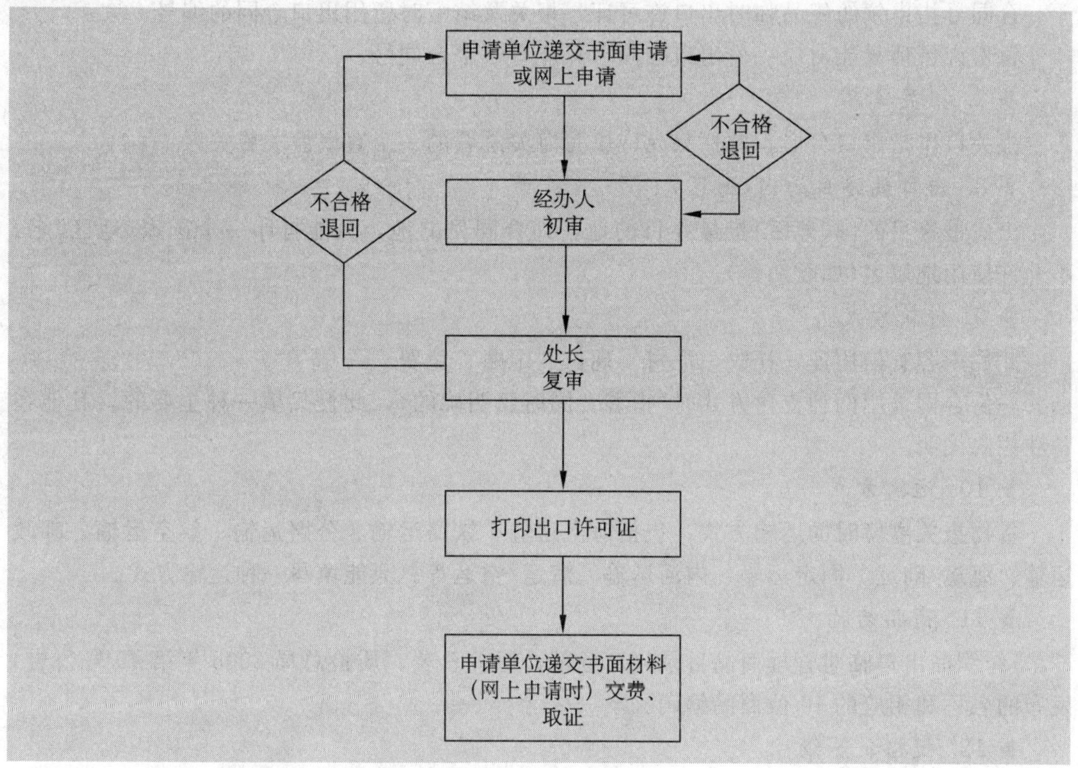

图 4-1 出口许可证办理流程

一、出口许可证内容及缮制

▶ 1. 出口商

进行过对外贸易经营者备案登记的经营者(出口商)名称。

进出口企业代码即对外贸易经营者备案登记证上编定的 13 位代码。

▶ 2. 发货人

发货人指具体执行合同发货报关的单位，应与出口商一致。

▶ 3. 纺织品临时出口许可证号

纺织品临时出口许可证号结构为：××－××－××××××

① ② ③

①两位数字表示年份。

②两位数字或字母表示签发纺织品临时出口许可证的机构代码。

③由一个字母和五位数字组成，计算机自动顺序编排。

▶ 4. 纺织品临时出口许可证有效截止日期

纺织品临时出口许可证有效期自发证之日起设定为 6 个月。

▶ 5. 贸易方式

此栏内容有一般贸易、易货贸易、来料加工、补偿贸易、进料加工、外资企业出口、边境贸易、其他贸易等。

▶ 6. 合同号

合同号指申领纺织品临时出口许可证、报关及结汇时所用出口合同的编号。

每份许可证只能对应一份出口合同，只能有一个合同号。

▶ 7. 报关口岸

报关口岸指出口口岸，此栏只允许填写海关总署的一个直属海关或关区。

▶ 8. 出口最终目的国(地区)

出口最终目的国(地区)指最终目的地，即合同目的地，只能打印一个国家(地区)名，不允许使用地域名(如欧洲等)。

▶ 9. 付款方式

此栏内容有信用证、托收、汇付、现付、记账、免费。

一份合同采用两种支付方式时(指签合同时已明确的)，此栏只填一种主要的，其他在备注栏内注明。

▶ 10. 运输方式

货物报关离境时的运输方式，包括海上运输、铁路运输、公路运输、航空运输、邮政运输、海运/陆运、固定运输、内河运输、海运/空运等。只能填写一种运输方式。

▶ 11. 商品名称

《纺织品出口临时管理商品目录》(商务部、海关总署、质检总局 2005 年第 45 号公告)发布的名称和相应的 10 位商品编码。

▶ 12. 规格、等级

经营商品及具体品种规格、等级。同一编码商品规格型号超过四种时，应另行打印许可证。

▶ 13. 单位

单位指计量单位，由计算机自动录入。

各商品使用的计量单位统一按程序设定的名称打印，不得任意变动。

合同中使用的计量单位与程序设定名称不一致时，应换算成程序设定的计量单位。

▶ 14. 数量、单价及总值

数量表示该证允许出口货物的多少。数量总量必须与对应的输欧盟纺织品出口许可证、输欧盟纺织品产地证一致。

单价是指与计量单位相一致的单位价格。

总值由计算机自动折算并打印。金额总值必须与对应的输欧盟纺织品出口许可证、输欧盟纺织品产地证一致。

▶ 15. 备注

输欧盟或输美许可证号：填写与已申领的输欧盟或输美纺织品许可证相对应的许可证号码(如 CN50123456)。

类别号：填写与已申领的输欧盟或输美纺织品出口许可证相对应的许可证中显示的纺织品类别号(如输欧 2 类)。

二、本项目的参考出口许可证

因为本次出口产品属于配额管理，我公司通过竞标得到配额，所以公司备好货后立即向商务部许可证局申请出口许可证。以下是我公司申请到的出口货物许可证。

中华人民共和国出口货物许可证

EXPORT LICENCE THE PEOPLE'S REPUBLIC OF CHINA　A 类

<table>
<tr><td colspan="3">申领许可证单位 Exporter
常州亚峰进出口有限公司
编码 3204367617</td><td colspan="3">出口许可证编号
License No.　CN617032</td></tr>
<tr><td colspan="3">发货单位 Consignce
无锡工艺地毯厂
3309115870</td><td colspan="3">许可证有效期 Validity
2016 年 8 月 30 日</td></tr>
<tr><td colspan="3">贸易方式　一般贸易
Terms of trade</td><td colspan="3">输往国家(地区)　美国
Country of destination</td></tr>
<tr><td colspan="3">合同号　04F3—780
Contract No.</td><td colspan="3">收款方式　L/C
Terms of payment</td></tr>
<tr><td colspan="3">出运口岸　上海
Port of shipment</td><td colspan="3">运输方式　海运
Means of transport</td></tr>
<tr><td colspan="4">唛头 —— 包装件数
Marks & numbers—number of packages</td><td colspan="2">N/M</td></tr>
<tr><td colspan="4">商品名称　　钩针地毯
Description of commodity</td><td colspan="2">商品编码　5702. 4100
Commodity No.</td></tr>
<tr><td>商品规格、型号
Specification</td><td>单位
Unit</td><td>数量
Quantity</td><td>单价(　　)
Unit price</td><td>总值(　　)
Amount</td><td>总值折美元
Amount in USD</td></tr>
<tr><td>ART. NO. CZ212 2×3'</td><td>条</td><td>2 000</td><td>USD 17. 10</td><td>USD 34 200. 00</td><td>USD 34 200. 00</td></tr>
</table>

续表

ART. NO. CZ287 3×5'	条	1 000	USD 18.10	USD 18 100.00	USD 18 100.00
ART. NO. CZ310 2×3'	条	1 000	USD 19.10	USD 19 100.00	USD 19 100.00
总计 Total	条	4 000		USD 71 400.00	USD 71 400.00
备注 Supplementary details			发证机关盖章 Issuing Authority's Stamp 发证日期　　2016 年 7 月 5 日 Signature Dete		

商务部监制　　　　本证不得涂改，不得转让

任务三　出口商缮制商业发票和装箱单

一、商业发票

商业发票，即记账单据，简称发票，是出口商向进口商开立的发货价目清单，也是卖方凭以向买方索取所提供的货物或服务的价款的依据。商业发票是全套单据的中心，是出口贸易结算单据中最重要的单据之一，所有其他单据都应以它为中心来缮制。因此，在制单顺序上，往往首先缮制商业发票。商业发票是卖方对装运货物的全面情况(包括品质、数量、价格，有时还有包装)详细列述的一种货款价目的清单，它常常是卖方陈述、申明、证明和提示某些事宜的书面文件。另外，商业发票也是作为进口国确定征收进口关税的基本资料。

一般来说，发票无正副本之分。来证要求几份，制单时在此基础之上多制一份供议付行使用。如需正本，则标注“ORIGIN”。

不同发票的名称表示不同用途，要严格根据信用证的规定制作发票名称。一般发票都印有“INVOICE”字样，前面不加修饰语，如信用证规定用“COMMERCIAL INVOICE”

"SHIPPING INVOICE""TRADE INVOICE"或"INVOICE"，均可当作商业发票理解。信用证如规定"DETAILED INVOICE"详细发票，则应标注"DETAILED INVOICE"字样，而且发票内容中的货物名称、规格、数量、单价、价格条件、总值等应一一详细列出。来证如要求"CERTIFIED INVOICE"证实发票，则发票名称为"CERTIFIED INVOICE"，同时，在发票内注明"We hereby certify that the contents of invoice herein are true & correct"。当然，发票下端通常印就的"E. &. O. E."(有错当查)应去掉。来证如要求"MANUFACTURE'S INVOICE"厂商发票，则可在发票内加注"We hereby certify that we are actual manufacturer of the goods invoice"。同时，要用人民币表示国内市场价，此价应低于出口 FOB 价。此外，又有"RECEIPT INVOICE"(钱货两讫发票)、"SAMPLE INVOICE"(样品发票)、"CONSIGNMENT INVOICE"(寄售发票)等。

<table>
<tr><td colspan="2">ISSUER</td><td colspan="4">商业发票
COMMERCIAL INVOICE</td></tr>
<tr><td colspan="2">TO</td><td colspan="2">NO.</td><td colspan="2">DATE</td></tr>
<tr><td colspan="2">TRANSPORT DETAILS</td><td colspan="2">S/C NO.</td><td colspan="2">L/C NO.</td></tr>
<tr><td colspan="2"></td><td colspan="4">TERMS OF PAYMENT</td></tr>
<tr><td>Marks and Numbers</td><td>Number and kind of package
Description of goods</td><td>Quantity</td><td>Unit Price</td><td colspan="2">Amount</td></tr>
<tr><td></td><td></td><td></td><td></td><td colspan="2"></td></tr>
<tr><td colspan="2">SAY TOTAL:</td><td colspan="4">TOTAL:</td></tr>
</table>

(一) 商业发票内容及缮制方法

发票没有统一的格式，其内容应符合合同规定，在以信用证方式结算时，还应与信用证的规定严格相符。发票是全套货运单据的中心，其他单据均参照发票内容缮制，因而制作不仅要求正确无误，还应排列规范、整洁美观。

<table>
<tr><td>Issuer
发票出票人的名称和地址，应与信用证受益人的名称和地址相一致，一般为出口商</td><td colspan="2">常州亚峰进出口有限公司
商　业　发　票
COMMERCIAL INVOICE</td></tr>
<tr><td>To
发票抬头人名称与地址，发票必须做成以信用证申请人名称为抬头</td><td>No.
发票号码，由出口公司根据实际情况自行编制</td><td>Date
发票日期</td></tr>
<tr><td rowspan="2">Transport Details
运输资料，填写应与货物的实际起运港(地)、目的港(地)及运输方式，如果货物需经转运，应注明转运港的名称，如 Shipment from Shanghai to Hamburg with transshipment at Hongkong by vessel(装运自上海到汉堡，在香港转运)</td><td>S/C No.
合同号，如果不止一个，应全部列明</td><td>L/C No.
信用证号，非信用证支付时不填</td></tr>
<tr><td colspan="2">Terms of Payment
支付方式，应填写该笔业务的付款方式，是 T/T、托收或者信用证结算方式等</td></tr>
</table>

<table>
<tr><th>Marks and Numbers</th><th>Description of Goods</th><th>Quantity</th><th>Unit Price</th><th>Amount</th></tr>
<tr><td rowspan="2">唛头及件数编号，如果无唛头或者为裸装货、散装货等，则应填写 N/M</td><td colspan="4">价格术语(TRADE TERMS)须根据信用证或合同的规定打印，不能遗漏</td></tr>
<tr><td>商品描述，应先注明货物名称和总数量，然后根据信用证或合同的规定注明详细规格、单位及有关订单或合约号码等</td><td>商品的件数，填写应与实际装运的数量，与其他单据相一致</td><td>单价须显示计价货币、计量单位、单位金额</td><td>总值，一般不能超过信用证规定的最高金额</td></tr>
<tr><td colspan="5">Total：</td></tr>
<tr><td colspan="5">Say Total：金额大写</td></tr>
</table>

声明文句(Statement)

此项是根据不同(国家)地区及不同信用证的要求缮打的。声明文句中词语要求内容确切、通顺、简洁。信用证有的条款不能原文照抄，而要视具体情况重新组织。常用的声明文字有：

We certify that the goods named above have been supplied in conformity with Order No. 12345.(兹证明本发票所列货物与合同号 12345 相符。)

We hereby certify that the above mentioned goods are of Chinese origin.(兹证明上述产品在中国制造。)

We hereby certify that the abovementioned particulars and figures are true and correct.(我们仅此证明发票所述详细内容真实无误。)

This is to certify that two copies of Invoice、Packing List and N/N Bill of Lading have been airmailed direct to applicant immediately after shipment effected.(兹证明发票、箱单和提单各两份副本，已于装运后立即直接航空快邮寄开证人。)

出票人签章

发票的出票人即受益人、出口商，其名称必须与信用证规定的受益人名称和地址相一致。根据《UCP600》规定，发票可无须签字，但仍应表示出具人。如果信用证有"SIGNED COMMERCIAL INVOICE"字样，则此发票必须签字；若信用证中有"MANUALLY SIGNED INVOICE"字样，则必须要有出票人的手签

▶ 1. 出票人(Issuer)

填写出票人(即出口商)的英文名称和地址，在信用证支付方式下，应与信用证受益人的名称和地址保持一致。

一般来说，出票人名称和地址是相对固定的，因此有许多出口商在印刷空白发票时就印刷上这一内容。但当公司更名或搬迁后，应及时印刷新的发票，以免造成单证不符。当来证规定用公司新名称、地址时，采用新发票；而当来证规定用公司旧名称、地址时，应用旧发票。

▶ 2. 受票人(To)

受票人也称抬头人，此项必须与信用证中所规定的严格一致。多数情况下应填写进口商的名称和地址，且与信用证开证申请人的名称和地址一致。如信用证无规定，即将信用证的申请人或收货人的名称、地址填入此项；如信用证中无申请人名字则用汇票付款人。在其他支付方式下，可以按合同规定列入买方名址。

▶ 3. 发票号(No.)

一般由出口企业自行编制。发票号码可以代表整套单据的号码，如出口报关单的申报单位编号、汇票的号码、托运单的号码、箱单及其他一系列同笔合同项下的单据编号都可用发票号码代替，因此发票号码尤其重要。有时，有些地区为使结汇不致混乱，也使用银行编制的统一编号。

应注意的是，每一张发票的号码应与同一批货物的出口报关单的号码一致。

▶ 4. 发票日期(Date)

在全套单据中，发票是签发日最早的单据。它只要不早于合同的签订日期，不迟于提单的签发日期即可。一般都是在信用证开证日期之后、信用证有效期之前。

注：日期格式参照合同日期。

▶ 5. 运输说明(Transport Details)

填写运输工具或运输方式，一般还应加上运输工具的名称；运输航线要严格与信用证一致。如果在中途转运，在信用证允许的条件下，应表示转运及其地点。

例如：From Shanghai to Liverpool on July 1，2017 By Vessel.(所有货物于2017年7月1日通过海运，从上海港运往利物浦港。)

▶ 6. 合同号(S/C No.)

发票的出具都有买卖合同作为依据，但买卖合同不都以“S/C”为名称，有时出现“order”“P. O.”“contract”等。因此，当合同的名称不是“S/C”时，应将本项的名称修改后，再填写该合同的号码。

▶ 7. 信用证号(L/C No.)

信用证方式下的发票需填列信用证号码，作为出具该发票的依据。若不是信用证方式付款，本项留空。

▶ 8. 支付条款(Term of Payment)

填写合同支付方式和期限，格式为“支付方式＋期限”。

例如：

T/T 30% in advance and 70% within 30days after shipment date

L/C at sight

D/P at sight

D/A at 30 days after sight

▶ 9. 唛头及件数编号(Marks and Numbers)

此栏参照合同中的"Shipping Mark"填写。唛头即运输标志，既要与实际货物一致，还应与提单一致，并符合信用证的规定。如信用证没有规定，可按买卖双方和厂商订的方案或由受益人自定。无唛头时，应注"N/M"或"No Mark"，如为裸装货，则注明"NAKED"或散装"In Bulk"，如来证规定唛头文字过长，用"/"将独立意思的文字彼此隔开，可以向下错行。即使无线相隔，也可酌情错开。

件数有两种表示方法：一是直接写出××件；二是在发票中记载诸如"We hereby declare that the number of shipping marks on each packages is 1～10, but we actually shipped 10 cases of goods"(兹申明，每件货物的唛头号码是从1～10，实际装运货物为10箱)之类的文句。

▶ 10. 货物描述(Description of Goods)

这是发票的主要部分，此栏应详细填明各项商品的英文名称及规格。品名规格应该严格按照信用证的规定或描述填写。货物的数量应该与实际装运货物相符，同时符合信用证的要求，如信用证没有详细的规定，必要时可以按照合同注明货物数量，但不能与来证内容有抵触。

例如：CANNED SWEET CORN

3060Gx6TINS/CTN

▶ 11. 数量(Quantity)

货物的销售数量，与计量单位连用，如500PCS(注意单位的单复数)。注意该数量和计量单位既要与实际装运货物情况一致，又要与信用证要求一致。

▶ 12. 单价(Unit Price)

单价由四个部分组成：计价货币、计量单位、单位数额和价格术语。如果信用证有规定，应与信用证保持一致；若信用证没规定，则应与合同保持一致。

例如：CPT HAMBURG, GERMANY

USD50/PC

▶ 13. 金额小计(Amount)

列明币种及各项商品总金额(总金额＝单价×数量)。除非信用证上另有规定，货物总值不能超过信用证金额。若信用证没规定，则应与合同保持一致。

实际制单时，若来证要求在发票中扣除佣金，则必须扣除。折扣与佣金的处理方法相同。有时证内无扣除佣金规定，但金额正好是减佣后的金额，发票应显示减佣，否则发票金额超证。有时合同规定佣金，但来证金额内未扣除，而且证内也未提及佣金事宜，则发票不宜显示，待货款收回后另行汇给买方。另外，在CFR和CIF价格条件下，佣金一般应按扣除运费和保险费之后的FOB价计算。

▶ 14. 总计(Total)

货物总计，分别填入所有货物累计的总数量和总金额(包括相应的计量单位与币种)。

注意：一笔合同中可以同时交易同一商品属类的多种商品，如果这些商品的销售单位不同，合计中单位栏应填“packages”。

▶ 15. 金融大写(Say Total)

以大写文字写明发票总金额，必须与数字表示的货物总金额一致，大写金额必须与合同完全一致，建议复制合同中的相应文字。

例如：USD EIGHTY NINE THOUSAND SIX HUNDRED ONLY。

▶ 16. 声明文句(Statement)

在相当多的信用证中，都出现在发票中证明某些事项的条款，譬如发票内容正确、真实、货物产地等证明，均应参照信用证要求办理。

提示：(1)与“发票”相关的单据有“商业发票”“形式发票”“海关发票”“领事发票”等，但只有商业发票简称发票；

(2) 发票的总值不能超过信用证规定的最高金额。但“有约”或“大约”用于信用证金额或信用证规定的数量或单价时，应解释为允许有关金额或数量或单价有不超过10%的增减幅度。

知识链接

商业发票的制作要求

商业发票是出口商向进口方提供的一种所供货物及其价格的清单，是各种出口票据的核心单据。制作发票时应注意以下几点。

(1) 发票要与信用证或合同相符。在采取信用证付款方式时，发票描述要与信用证规定严格相符，特别是名称、规格、数量、单价、包装等，不能有任何遗漏或差异。如果是托收方式，发票制作应按合同要求和实际装运填列。

(2) 发货人要填写正确。除非信用证另有规定，收货人均应填写申请人。如属于托收方式，则收货人一般为合同买方。

(3) 信用证上列明的特别要求要注明。如果信用证上规定在发票上注明包括运输船名、货物原产地、信用证号、进口许可证号，以及其他证实条款，如“非议付单据快递条款”“传真副本单据”等，均应照办。

(4) 对佣金、折扣等用词要正确。如果信用证或合同规定的单价含有“佣金”，发票绝不可以“折扣”代替。如果信用证规定为“现金折扣”，则也不能只写“折扣”或“贸易折扣”。总之，此类项目一个字都不能错也不能省。

(5) 发票金额不能超过信用证允许金额。

(6) 注意发票与其他单据表面有关内容一致。

(7) “有错当查”和“证实发票”。为了在发生错误或遗漏时可以更正或更换，有的要求在发票下端注明“E. &. O. E”(有错当查)字样。另外，有些国家的进口商按国家的法令和商业习惯，要求在发票上加注“证明所列内容真实无误”字样或“货款已收讫”字样，一般情况下都可以照办。但后一种被称为“证实发票”的，则不能有“E. &. O. E”字样。

(二) 本项目的参考商业发票

在货物备好后，常州亚峰进出口有限公司在准备将货物的出运交给货代公司的同时着手缮制商业发票，以下是公司单证人员缮制好的正本商业发票。

<table>
<tr><td colspan="2">Issuer
CHANGZHOU YAFENG IMP. & EXP. CORP. LTD
3 GEHU MIDDLE ROAD，CHANGZHOU，JIANGSU，
CHINA Telex：0985 Fax：6332136 Tel：6332138</td><td colspan="3">常州亚峰进出口有限公司
商 业 发 票
COMMERCIAL INVOICE</td></tr>
<tr><td colspan="2" rowspan="2">To
THE LOOKING HANDCRAFT，INC
138 SAN MATEC AVENUE，SAN FRANCISCO
CA-94080-6501，U. S.</td><td colspan="3">ORIGINAL</td></tr>
<tr><td colspan="2">No.
F93002897</td><td>Date
JUL，03. 2016</td></tr>
<tr><td colspan="2" rowspan="2">Transport Details
FROM SHANGHAI TO SAN FRANCISCO BY SEA</td><td colspan="2">S/C No.
04F3-786</td><td>L/C No.
0419049</td></tr>
<tr><td colspan="3">Terms of Payment
L/C AT SIGHT</td></tr>
<tr><td>Marks and Numbers</td><td>Description of Goods</td><td>Quantity</td><td>Unit Price</td><td>Amount</td></tr>
<tr><td rowspan="2">N/M</td><td colspan="4">CIF SAN FRANCISCO</td></tr>
<tr><td>50CTNS
ART. NO. CZ212 2×3’
ART. NO. CZ287 3×5’
ART. NO. CZ310 2×3’</td><td>2 000PCS
1 000PCS
1 000PCS</td><td>USD 17. 1
USD 18. 1
USD 19. 1</td><td>USD 34 200. 00
USD 18 100. 00
USD 19 100. 00</td></tr>
<tr><td colspan="2">Total：</td><td>4 000PCS</td><td></td><td>USD 71 400. 00</td></tr>
<tr><td colspan="5">Say Total：SAY U. S. DOLLARS SEVENTY ONE THOUSAND FOUR HUNDRED ONLY</td></tr>
<tr><td colspan="5">We certify that the goods named above have been supplied in conformity with order No. 04F3-786 and the goods named herein are of Chinese Origin.
常州亚峰进出口有限公司
CHANGZHOU YAFENG I/E CO.,LTD.</td></tr>
</table>

二、装箱单

(一) 装箱单内容及缮制方法

装箱单又称包装单、码单，是用于说明货物包装细节的清单。装箱单的作用主要是补充发票内容，详细记载包装方式、包装材料、包装件数、货物规格、数量、重量等内容，便于进口商或海关等有关部门对货物的核准。通常可以将其有关内容加列在商业发票上，但是在信用证有明确要求时，就必须严格按信用证约定制作。类似的单据还有重量单、规格单、尺码单等。其中，重量单用来列明每件货物的毛、净重；规格单用来列明包装的规格；尺码单用来列明货物每件尺码和总尺码或用来列明每批货物的逐件花色搭配。

装箱单名称应按照信用证规定使用，通常使用“PACKING LIST”“PACKING SPECIFICATION”或“DETAILED PACKING LIST”。如果来证要求用“中性包装单”(NEUTRAL PACKING)，则包装单名称打印“PACKING LIST”，但包装单内不打印卖方名称，不能签章。

装箱单所列的各项数据和内容必须与提单等单据的相关内容一致，还要与货物实际情况相符。装箱单无统一格式，但各出口企业的装箱单大致相同，其主要内容和缮制方法如下。

<table>
<tr><td colspan="3">ISSUER
出票人：出口企业的名称、地址应与发票同项内容一致</td><td colspan="4">常州亚峰进出口有限公司
装箱单
PACKING LIST</td></tr>
<tr><td colspan="3">TO
受票人：进口企业的名称、地址应与发票同项内容一致</td><td colspan="2">INVOICE NO.
发票号码</td><td colspan="2">DATE
装箱单缮制日期</td></tr>
<tr><td>Marks and Numbers</td><td>Number and kind of package Description of goods</td><td>Quantity</td><td>Package</td><td>G. W.</td><td>N. W.</td><td>Meas.</td></tr>
<tr><td>唛头，方法同前</td><td>总包装数量、种类
货物的描述</td><td>数量</td><td>包装</td><td>GROSS WEIGHT
毛重</td><td>NET WEIGHT
净重</td><td>体积</td></tr>
<tr><td colspan="7">TOTAL: 合计
SAY TOTAL: 总包装数量大写

附加信息

签章(Signature)
出单人签章应与商业发票相符，如果信用证规定中性包装，此栏可不填。</td></tr>
</table>

▶ 1. 出票人

出票人的名称与地址应与发票的出票人相同。在信用证支付方式下，此栏应与信用证受益人的名称和地址一致。

▶ 2. 受票人

受票人的名称与地址与发票的受票人相同，多数情况下填写进口商的名称和地址，并与信用证开证申请人的名称和地址保持一致。在某些情况下也可不填，或填写“To whom it may concern”(致有关人)。

▶ 3. 装箱单号

装箱单号码，在表头上方显示。

▶ 4. 发票号码

与真实发票号码一致。

▶ 5. 日期

装箱单缮制日期应与发票日期一致，不能迟于信用证的有效期及提单日期。

▶ 6. 唛头及件数编号

与发票一致，有的注明实际唛头，有时也可以只注“as per invoice No. ×××”。

▶ 7. 包装种类和件数、货物描述

要求与发票一致。

货名如有总称，应先注总称，然后逐项列明每一包装件的货名、规格、品种等内容。

▶ 8. 外包装件数

填写每种货物的包装件数，最后在合计栏处注外包装总件数，合同中的数量一般为销售数量，外包装件数则需通过计算得出，计算方法请参考帮助，如“100CARTONS”(注意单位的单复数)。

▶ 9. 毛重

注明每个包装件的毛重和此包装件内不同规格、品种、花色货物各自的总毛重，最后在合计栏处注明总毛重。信用证或合同未要求，不注明亦可，如 2588.36 KGS(小于或等于 1 千克的填单数 KG)，本栏须分别填入数值与单位。

▶ 10. 净重

注明每个包装件的净重和此包装件内不同规格、品种、花色货物各自的总净重，最后在合计栏处注总净重。信用证或合同未要求，不注明亦可，如 760 KGS(小于或等于 1 千克的填单数 KG)，本栏须分别填入数值与单位。

▶ 11. 箱外尺寸

注明每个包装件的体积，最后在合计栏处注明总体积。信用证或合同未要求，不注明亦可，如 1 623.548 CBM，本栏须分别填入包装数量与单位，计算方法为将总销售数量除以单位包装数的结果进位取整。

例如：105 件 02001 男式睡衣，每箱 20 件，箱数为 105/20=5.25，进位取整得 6。

▶ 12. 货物总计

分别填入所有货物累计的总包装数、总毛重、总净重和总体积(包括相应的计量单位)。

注意：一笔合同中可以同时交易同一商品属类的多种商品。如果这些商品的包装单位不同，则合计中单位栏应填“packages”。

▶ 13. 大写数字

以大写文字写明总包装数量，必须与数字表示的包装数量一致。

例如：FOUR THOUSAND FOUR HUNDRED CARTONS ONLY.

(二) 本项目的参考装箱单

我公司缮制好商业发票后，随即缮制了装箱单，以作为商业发票的补充。以下是我方的装箱单。

<table>
<tr><td colspan="2">**ISSUER**
CHANGZHOU YAFENG IMP. & EXP. CORP. LTD
3 GEHU MIDDLE ROAD，CHANGZHOU，JIANGSU，CHINA
Telex：0985 Fax：6332136 Tel：6332138</td><td colspan="6">常州亚峰进出口有限公司
装箱单
PACKING LIST</td></tr>
<tr><td colspan="2">**TO**
THE LOOKING HANDCRAFT，INC
138 SAN MATEC AVENUE，SAN FRANCISCO
CA-94080-6501，U. S.</td><td colspan="2">**INVOICE NO.**
F93002897</td><td colspan="4">**DATE**
JUL，03. 2016</td></tr>
<tr><td>**Marks and Numbers**</td><td>**Number and kind of package Description of goods**</td><td>**Quantity**</td><td>**Package**</td><td>**G. W. / KGS**</td><td>**N. W. / KGS**</td><td>**Meas/m³**</td><td></td></tr>
<tr><td>N/M</td><td>HOOK RUG AS PER S/C NO. 04F3-780
ART. NO. CZ212 2×3’
ART. NO. CZ287 3×5’
ART. NO. CZ310 2×3’
PACKING：10PCS/CTN</td><td>
2 000PCS
1 000PCS
2 000PCs</td><td>
20CTNS
10CTNS
20CTNS</td><td>
12. 0
16. 5
12. 0</td><td>
11. 5
16. 0
11. 5</td><td>0. 08</td><td></td></tr>
<tr><td colspan="2">**TOTAL：**</td><td>**4 000PCS**</td><td>**50CTNS**</td><td>**645**</td><td>**620**</td><td>**40**</td><td></td></tr>
<tr><td colspan="8">**SAY TOTAL：** PACKED IN FIFTY CARTONS ONLY
常州亚峰进出口有限公司
CHANGZHOU YAFENG I/E CO.,LTD.
THE L/C NUMBER：0419049
CENTRAL BANK CONTROL NUMBER：278701255020
ORIGINAL</td></tr>
</table>

项目练习

一、单选题

1. 以下单据中，(　　)不属于发票类。

A. 花色搭配单　　B. 海关发票　　C. 领事发票　　D. 形式发票

2. 包装单据一般不应显示货物的(　　)，因为进口商把商品转售时只要交付包装单据和货物，不愿泄露其购买成本。

A. 品名、总金额　　B. 单价、总金额

C. 包装件数、品名　　D. 品名、单价

3. 发票上的货物数量应与信用证一致，如信用证在数量前使用“约”“大约”字眼时，应理解为(　　)。

A. 货物数量有不超过5%的增减幅度
B. 货物数量有不超过10%的增减幅度
C. 货物数量有不超过3%的增减幅度
D. 货物数量不得增减

4. 信用证要求提供厂商发票的目的是(　　)。
A. 查验货物是否已经加工生产
B. 核对货物数量是否与商业发票相符
C. 检查是否有反倾销行为
D. 确认货物数量是否符合要求

5. 信用证中规定“PACKING LIST IN FIVE COPIES”，则受益人提交的装箱单的份数为(　　)。
A. 5份副本　　B. 1份正本和4份副本
C. 不需要提交正本　　D. 5份正本和5份副本

6. 一般情况下，商业发票的金额应与(　　)一致。
A. 合同金额　　B. 信用证金额
C. 保险金额　　D. 实际发货金额

7. 海关发票是由(　　)制定的一种特殊发票格式。
A. 出口方　　B. 进口方
C. 出口国海关　　D. 进口国海关

8. 下列选项中，(　　)不是商业发票的作用。
A. 进出口报关完税必不可少的单据　　B. 全套单据的核心
C. 结算货款的依据　　D. 物权凭证

9. 商品的毛重是指(　　)。
A. 商品的包装重量　　B. 商品自重加内包装的重量
C. 商品的自重　　D. 商品自重加内外包装的重量

10. 根据《UCP600》，除非信用证规定货物的数量不得有增减外，在所支付款项不超过信用证金额的条件下，货物数量准许有(　　)的增减幅度。
A. 4%　　B. 5%　　C. 8%　　D. 10%

二、多选题

1. 在买卖合同的包装条款及有关运输的单据中，涉及的运输包装上的标志是(　　)。
A. 警告性标志　　B. 指示性标志　　C. 运输标志　　D. 条形码标志

2. 合同中的数量条款为“1000M/T With 5% more or less at Seller's option”，则卖方交货数量可以是(　　)。
A. 950M/T　　B. 1000M/T　　C. 1500M/T　　D. 1050M/T
E. 950M/T到1050M/T之间任意数量

3. 国际标准化组织推荐的标准运输标志应包括的内容有(　　)。
A. 收货人名称的缩写或简称　　B. 参考号(订单号、发票号)
C. 目的地　　D. 件号或箱号
E. 产地标志

4. 出口商品采用中性包装就是(　　)。
   A. 包装上仅有外商指定的商标或牌号，但无生产地名和厂商名称
   B. 包装上既无商标、牌号，又无生产地名和厂商名称
   C. 在采用外商指定的商标或牌号的同时，标示“中国制造”字样
   D. 包装上无商标或牌号，仅注明“中国制造”字样
   E. 习惯包装
5. 合同规定了数量机动幅度，可以行使溢短装选择权的是(　　)。
   A. 卖方　　　　　　B. 买方
   C. 船方　　　　　　D. 安排舱容及装载货物的一方
6. 溢短装部分的计价(　　)。
   A. 可以按合同价格计
   B. 可以按市场价格计
   C. 可以部分按合同价格计，部分按市场价格计
   D. 只能按合同价格计
   E. 只能按市场价格计
7. 运输包装的主要作用在于(　　)。
   A. 保护商品　　B. 便于运输与储存　　C. 促销　　D. 美化商品
   E. 防止在装卸过程中发生货损货差

三、判断题

1. 如果合同和信用证中均未规定具体唛头，则填写发票时，“唛头”一栏可以空白不填。(　　)
2. 信用证要求 PACKING LIST TO BE MADE OUT IN NEUTRAL FORM，则装箱单中不能显示出具人名称。(　　)
3. 商业发票上的货物描述应详细，而装箱单的货物描述只需用商品品名。(　　)
4. 装箱单的主要作用是补充商业发票内容的不足，便于买方掌握商品的包装、数量及供进口国海关检查和核对货物。(　　)
5. 商业发票的日期应早于提单的日期。(　　)
6. 除非信用证另有规定，商业发票必须由信用证的受益人开立。(　　)
7. 溢短装条款是指在装运数量上可增减一定幅度，该幅度可由卖方决定又可由买方决定，但应视合同中的具体规定而定。(　　)
8. 联合国推荐的标准运输标志中，合同号不作为标志的组成部分。(　　)

四、根据信用证及相关资料制作商业发票和装箱单

FROM：AUSTRALIA & NEW ZEALAND BANKING GROUP LTD. SYDNEY BRANCH

TO：　BANK OF CHINA，ZHEJIANG BRANCH

SEQUENCE OF TOTAL　＊27：1/1

FORM OF DOC. CREDIT　＊40A：IRREVOCABLE

DOC. CREDIT NUMBER　＊20：11-10-042

DATE OF ISSUE　31C：110105

EXPIRY	*31D:	DATE 110228 PLACE CHINA
APPLICANT	*50:	HOMEMARK PTY LTD., 101 BURSWOOD HIGHWAY SYDNEY N. S. W. AUSTRALIA
BENEFICIARY	*59:	HANGZHOU WANSHILI IMP. AND EXP. CO., LTD 195 JICHANG ROAD HANGZHOU, CHINA
AMOUNT	*32B:	CURRENCY USD AMOUNT 15600.00
AVAILABLE WITH/BY	*41D:	ANY BANK IN CHINA BY NEGOTIATION
DRAFT AT ...	42C:	AT SIGHT FOR FULL INVOICE VALUE
DRAWEE	*42D:	AUSTRALIA & NEW ZEALAND BANKING GROUP LTD. SYDNEY BRANCH
PARTIAL SHIPMENT	43P:	ALLOWED
TRANSSHIPMENT	43T:	NOT ALLOWED
PORT OF LOADING	44E:	SHANGHAI
PORT OF DISCHARGE	44F:	SYDNEY
LATEST DATE OF SHIP.	44C:	110213
DESCRIPT. OF GOODS	45A:	LADIES'S JUMPERS 92 PCT COTTON AND 8 PCT SPANDEX ART. NO. 621 2400PCS USD6.50 PER PC AS PER S/C NO 10WE1220 DATED 20 DEC., 2010 CIF SYDNEY
DOCUMENTS REQUIRED	46A:	+COMMERCIAL INVOICE IN DUPLICATE SHOWING DEVELOPING COUNTRY CLAUSE +PACKING LIST IN DUPLICATE +FULL SET OF CLEAN ON BOARD BILL OF LADING MADE OUT TO ORDER OF SHIPPER BLANK ENDOURSED MARKED FREIGHT PREPAID AND NOTIFY APPLICANT + INSURANCE POLICY IN DUPIICATE FOR 110 PCT OF THE INVOICE VALUE

COVERING ALL RISKS AS PER CIC OF PICC DATED 01/01/2010 CLAIM PAYABLE AT THE
DESTINATION IN THE SAME CURRENCY OF THE CREDIT
+ QUALITY INSPECTION ISSUED BY CHIEF CLERK MR.
LAWSON IN HOMEMARK PTY LTD SHANGHAI OFFICE
+ SHIPPING ADVICE TO THE APPLICANT ONE DAY BEFORE
THE SHIPMENT SHOWING ALL THE SHIPPING DETAILES

ADDITIONAL COND. 47A: + A USD80.00 DISCREPANCY FEE, FOR BE-NEFICIARY'S
ACCOUNT, WILL BE DEDUCTED FROM THE
REIMBURSEMENT CLAIM FOR EACH PRESENTATION OF DISCREPANT DOCUMENTS UNDER THIS CREDIT

DETAILS OF CHARGES 71B: ALL BANK CHARGES OUTSIDE AUSTRALIA ARE FOR
THE ACCOUNT OF THE BENEFICIARY

PRESENTATION PERIOD 48: WITHIN 15 DAYS AFTER THE DATE OF SHIPMENT BUT WITHIN THE VALIDITY OF THE CREDIT

CONFIRMATION *49: WITHOUT

INSTRUCTION 78: THIS CREDIT IS SUBJECT TO THE U. C. P. FOR DOCUMENTARY
CREDITS(2007 REVISION) I. C. C., PUB. NO 600

其他相关资料：

发票号码：WSL110312　　发票日期：2011年3月12日
提单号码：COSH931211368　　提单日期：2011年3月27日
集装箱号码：COSU3214999　　集装箱封号：1295312
1×20'LCL，CFS/CFS　　船名航次：OOCL UNION，V.16
商品编码：61099090.59　　保险单号码：PIHZ11356812
报检员：陈勇　　生产厂家：杭州伟利达针织厂
报检单位登记号：33231409　　生产单位注册号：33324190

通关单号码：33030090401614　　出口商十位数海关代码：3303930059

海关计量单位：千克　　集装箱自重：1800 千克

24 件/箱　　箱体积：58 厘米×38 厘米×25 厘米

毛重：17 千克/箱　　净重：15 千克/箱

议付银行：中行浙江分行

唛头：

HOMEMARK

10WE1220

SYDNEY

NO. 1-100

1. 缮制发票

杭州万事利进出口有限公司

HANGZHOU WANSHILI IMP. AND EXP. CO.，LTD

195 Jichang Road，Hangzhou，China

商业发票

COMMERCIAL INVOICE

To：(1)

Invoice No.：WSL110312

Invoice Date：12 MAR.，2011

S/C No.：(2)

S/C Date：(3)

Credit No.：(4)

Issued by：(5)

Marks & Nos.	Description of goods	Quantity	Unit Price	Amount
(6)	(7)	(9)	(8)	
			(10)	(11)

SAY U. S. DOLLARS FIFTEEN THOUSAND SIX HUNDRED ONLY.

TOTAL PACKED IN 100CARTONS

GROSS WEIGHT：1700.00KGS

(12)

DEVELOPING COUNTRY DECLARATION THAT THE FINAL PROCESS OF MANUFACTURE OF THE GOODS FOR WHICH SPECIAL RATES ARE CLAIMED

HAS BEEN PERFORMED IN CHINA AND THAT NOT LESS THAN ONE HALF OF THE FACTORY OR WORKS COST OF THE GOODS IS REPRESENTED BY THE VALUE OF THE LABOUR OR MATERIALS OR OF LABOUR AND MATERIALS OF CHINA AND AUSTRALIA.

杭州万事利进出口有限公司(章)
HANGZHOU WANSHILI I/E CO.，LTD

张三(章)

2. 缮制装箱单

杭州万事利进出口有限公司

HANGZHOU WANSHILI IMP. AND EXP. CO.，LTD

195 Jichang Road，Hangzhou，China

装箱单

PACKING LIST

To:
HOMEMARK PTY LTD.
101 BURSWOOD HIGHWAY
SYDNEY N. S. W.
AUSTRALIA

No.: (1)
Date: (2)
S/C No.: (3)

From: (4) **To:** (5)

By vessle

C/No.	No. & kind of pkgs	Description of goods, Packing, Quantity, etc.	Gross weight	Net Weight	Measurement
(6)	(7)	LADIES'S JUMPERS ART. NO. 621 @24/2400PCS	(8)	(9)	(10)

SAY ONE HUNDRED CARTONS ONLY

杭州万事利进出口有限公司(章)
HANGZHOU WANSHILI I/E CO.，LTD

张三(章)

项目五 缮制货物报检相关单证

学习目标

1. 了解出境货物报检的基本知识；
2. 熟悉出境货物报检的程序；
3. 掌握报检单证的内容和制作方法；
4. 能够制作出境货物报检单证，办理出口货物报检。

任务一 出口商缮制报检委托书

买方检验权是一种法定的检验权，它服从于合同的约定，买卖双方通常都在合同中对如何行使检验权的问题做出规定，即规定检验的时间和地点，主要有以下 5 种做法。

(1) 出口国产地检验。发货前，由卖方检验人员会同买方检验人员对货物进行检验，卖方只对商品离开产地前的品质负责。离开产地后运输途中的风险，由买方负责。

(2) 装运港(地)检验。货物在装运前或装运时由双方约定的商检机构检验，并出具检验证明作为确认交货品质和数量的依据，这种规定称为以“离岸品质和离岸数量”为准。

(3) 目的港(地)检验。货物在目的港(地)卸货后，由双方约定的商检机构检验，并出具检验证明，作为确认交货品质和数量的依据，这种规定称为以“到岸品质和到岸数量”为准。

(4) 买方营业处所或用户所在地检验。对于那些密封包装、精密复杂的商品不宜在使用前拆包检验，或需要安装调试后才能检验的产品，可将检验推迟至用户所在地，由双方认可的检验机构检验并出具证明。

(5) 出口国检验，进口国复检。按照这种做法，装运前的检验证书作为卖方收取货款的出口单据之一，但货到目的地后，买方有复验权。如果经双方认可的商检机构复验后，发现货物不符合合同规定，且系卖方责任，买方可在规定时间内向卖方提出异议和索赔，直至拒收货物。

上述各种做法各有特点，应视具体的商品交易性质而定。但对大多数一般商品交易来说，“出口国检验，进口国复验”的做法最为方便而且合理，因为这种做法不仅肯定了卖方的检验证书是有效的交接货物和结算凭证，同时又确认买方在收到货物后有复权，这符合各国法律和国际公约的规定。我国对外贸易中大多采用这一做法。

一般情形下，外贸公司的做法是委托货物生产企业代为报检，此时需出具一份报检委托书，如下所示。

报检委托书

常州市 出入境检验检疫局：

本委托人郑重声明，保证遵守出入境检验检疫法律、法规的规定。如有违法行为，自愿接受检验检疫机构的处罚并负法律责任。

本委托人委托受委托人向检验检疫机构提交“报检申请单”和各种随附单据。具体委托情况如下。

本单位将于________年________月间进口/出口如下货物：

品名		HS 编码	
数(重)量		合同号	
信用证号		审批文号	
其他特殊要求			

特委托____________________(单位/注册登记号)，代表本公司办理下列出入境检验检疫事宜：

☐ 1. 办理代理报检手续；

☐ 2. 代缴检验检疫费；

☐ 3. 负责与检验检疫机构联系和验货；

☐ 4. 领取检验检疫证单；

☐ 5. 其他与报检有关的相关事宜。

请贵局按有关法律法规规定予以办理。

委托人(公章)　　　　受委托人(公章)

年　月　日　　　　年　月　日

本委托书有效期至________年________月________日。

任务二 缮制出入境货物报检单

一、出境报检单内容及缮制

报检单必须使用国家局统一制定并统一印刷的报检单，目前使用的出境货物报检单格式编号为[1-2(2000.1.1)]。出境报检以书面报检单和电子报检信息并存的形式进行，必须确保书面报检单和电子报检信息完全一致。报检单必须按照所申报的货物内容填写，填写内容必须与随附单据相符，填写必须完整、准确、真实，不得涂改，对无法填写的栏目或无此内容的栏目，统一填写"***"。填制完毕的报检单必须加盖报检单位公章，或已经向检验检疫机构备案的"报检专用章"，报检人应在签名栏签名，注意必须是本人手签，不得代签。

填制完毕的报检单在办理报检手续前必须认真进行审核，检查是否有错填、漏填的栏目，所填写的内容是否与随附单据一致，防止因填单差错而延误办理报检手续。原则上，一批货物填写一份报检单。"一批货物"是指同一合同、同一类货物、同一运输工具、运往同一地点。特殊情况除外。

出境报检单内容如下。

▶ 1. 编号

由检验检疫机构报检受理人员填写，前 6 位为检验检疫机关代码，第 7 位为报检类代码，第 8、9 位为年代码，第 10～15 位为流水号。

▶ 2. 报检单位

填写报检单位的全称。

▶ 3. 报检单位登记号

报检单位在检验检疫机构登记的号码。

▶ 4. 联系人

报检人员姓名及联系电话。

▶ 5. 报检日期

检验检疫机构实际受理报检的日期。

▶ 6. 发货人/收货人

发货人/收货人是指该批货物的贸易关系人，根据不同情况填写。预验报检的，可填写生产单位。出口报检的，发货人按合同/信用证的卖方填写，收货人按合同/信用证的买方填写。对于无合同/信用证的，可按发票的买/卖方填写。若检验检疫证书对发货人/收货人有特殊要求的，应在备注栏声明。

▶ 7. 货物名称

按所申报的货物如实填写，货物名称的填写必须完整、规范，并与随附单据一致。

▶ 8. H. S. 编码

根据所申报的货物，按照海关公布的《商品分类及编码协调制度》的分类填写。H. S.

编码涉及报检、计收费、检验检疫、报关等环节，因此必须准确无误。

▶ 9. 产地

产地指货物的生产(加工)地，填写省、市、县名。

▶ 10. 数/重量

按实际申请检验检疫数/重量填写。重量还应填写毛/净重，填写时应注意计量单位。

▶ 11. 货物总值

填写申报货物总值及币种，应与外贸合同、发票所列货物总值一致。

▶ 12. 包装种类及数量

填写申报货物实际运输包装材料的种类及数量。

▶ 13. 运输工具类型、名称、号码

填写装运本批货物的运输工具类型、名称及号码，如船舶填写船名、航次，飞机填写航班号等。

▶ 14. 合同号、信用证号

填写外贸合同、订单或形式发票的号码，用信用证结汇的还应填写本批货物对应的信用证号码。

▶ 15. 贸易方式

填写本批货物的贸易方式，根据实际情况选填一般贸易、来料加工、进料加工、易货贸易、补偿贸易、边境贸易、无偿援助、外商投资、对外承包工程进出口货物、出口加工区进出境货物、出口加工区进出区货物、退运货物、过境货物、保税区进出境仓储、转口货物、保税区进出区货物、暂时进出区货物、暂时进出口留购货物、展览品、样品、其他非贸易品、其他贸易性货物。

▶ 16. 货物存放地点

填写申报货物存货地点、厂库、联系人、联系电话。

▶ 17. 发货日期

填写出口装运日期，预验报检可不填。

▶ 18. 输往国家和地区

输往国家和地区指外贸合同中买方(进口方)所在国家或地区，或合同中注明的最终输往国家或地区。

▶ 19. 许可证/审批号

申报涉及需许可/审批的货物应填写相应的许可证/审批号，如“出口产品质量许可证”“出口生产企业卫生登记、注册证”“出口食品标签审核证书”“出口化妆品标签审核证书”“出口电池产品备案书”“出口商品型式试验确认书”及其他证书的编号。

▶ 20. 生产单位注册号

申报货物涉及许可/审批食品卫生注册登记的，应填写该批货物的生产单位检验检疫登记备案号。

▶ 21. 启运地

填写货物的报关出运口岸，即货物最后离境的口岸及所在地。对本地货物需运往其他口岸报关出境的，应注意申请签发出境货物换证凭单或电子转单。出境活动物的启运地应填写起始运输地点。

▶ 22. 到达口岸

填写货物运抵的境外口岸。

▶ 23. 集装箱规格、数量及号码

货物若以集装箱运输应填写集装箱的规格、数量及号码。

▶ 24. 合同订立的特殊条款及其他要求

合同/信用证对检验检疫有相关要求的或输入国家(地区)对检验检疫有特殊要求的，以及其他报检时需特别说明的，应在此栏注明。此栏兼做备注栏使用。

▶ 25. 标记及号码

货物的标记号码，即唛头，应与合同、发票等有关外贸单据保持一致。对散装、裸装货物或没有标记号码货物应填写“N/M”。

▶ 26. 用途

填写本批货物的用途。根据实际情况选填，如食用、种用、饲用等。

▶ 27. 随附单据

按实际情况向检验检疫机构提供的单据。在随附的单据种类画“√”或补填。

▶ 28. 需要证单名称

按所需的检验检疫证书名称填写。检验检疫证书一般为一正二副，若对证书的正、副本数或证书的语种有特殊要求的，请在备注栏声明。

▶ 29. 报检人郑重申明

报检人员必须亲笔签名。

▶ 30. 检验检疫费

由检验检疫机构计费人员核定费用后填写。

▶ 31. 领取证单

报检人在领取证单时填写领证日期及领证人姓名。

中华人民共和国出入境检验检疫

出境货物报检单

报检单位(加盖公章)： *编 号________

报检单位登记号： 联系人： 电话： 报检日期： 年 月 日

发货人	(中文)
	(外文)
收货人	(中文)
	(外文)

续表

<table>
<tr><td colspan="6">货物名称(中/外文)　H.S. 编码　产地　数/重量　货物总值　包装种类及数量</td></tr>
<tr><td colspan="6"></td></tr>
<tr><td>运输工具名称号码</td><td></td><td>贸易方式</td><td></td><td>货物存放地点</td><td></td></tr>
<tr><td>合同号</td><td></td><td>信用证号</td><td></td><td>用途</td><td></td></tr>
<tr><td>发货日期</td><td></td><td>输往国家(地区)</td><td></td><td>许可证/审批号</td><td></td></tr>
<tr><td>启运地</td><td></td><td>到达口岸</td><td></td><td>生产单位注册号</td><td></td></tr>
<tr><td>集装箱规格、数量及号码</td><td colspan="5"></td></tr>
<tr><td colspan="2">合同、信用证订立的检验检疫条款或特殊要求</td><td>标记及号码</td><td colspan="3">随附单据(画"✓"或补填)</td></tr>
<tr><td colspan="2"></td><td></td><td colspan="2">□合同
□信用证
□发票
□换证凭单
□装箱单
□厂检单</td><td>□包装性能结果单
□许可/审批文件
□
□
□
□</td></tr>
<tr><td colspan="4">需要证单名称(画"✓"或补填)</td><td colspan="2">* 检验检疫费</td></tr>
<tr><td colspan="2">□品质证书　____正____副
□重量证书　____正____副
□数量证书　____正____副
□兽医卫生证书　____正____副
□健康证书　____正____副
□卫生证书　____正____副
□动物卫生证书　____正____副</td><td colspan="2">□植物检疫证书　____正____副
□熏蒸/消毒证书　____正____副
□出境货物换证凭单　____正____副
□
□
□
□</td><td>总金额
(人民币元)

计费人

收费人</td><td></td></tr>
<tr><td colspan="4">报检人郑重声明：
1. 本人被授权报检。
2. 上列填写内容正确属实，货物无伪造或冒用他人的厂名、标志、认证标志，并承担货物质量责任。
签名：____________</td><td colspan="2">领取证单
日期
签名</td></tr>
</table>

注：有"*"号栏由出入境检验检疫机关填写

◆国家出入境检验检疫局制

[1-2(2000.1.1)]

二、入境货物报检单的缮制

报检人(报检员)要认真填写“入境货物报检单”，内容应按合同、国外发票、提单、运单上的内容填写，报检单应填写完整、无漏项，字迹清楚，不得涂改，且中英文内容一致，并加盖申请单位公章。

▶ 1. 编号

由检验检疫机构报检受理人员填写，前 6 位为检验检疫机关代码，第 7 位为报检类代码，第 8、9 位为年代码，第 10～15 位为流水号。

▶ 2. 报检单位登记号

报检单位在检验检疫机构登记的号码。

▶ 3. 联系人

报检人员姓名及联系电话。

▶ 4. 报检日期

检验检疫机构实际受理报检的日期。

▶ 5. 收货人

外贸合同中的收货人。应中英文对照填写。

▶ 6. 发货人

外贸合同中的发货人。

▶ 7. 货物名称

进口货物的品名，应与进口合同、发票名称一致，如为废旧货物应注明。

▶ 8. H. S. 编码

进口货物的商品编码。以海关公布的《商品分类及编码协调制度》为准。

▶ 9. 原产国(地区)

该进口货物的原产国家或地区。

▶ 10. 数/重量

以商品编码分类中标准数重量为准，并应注明数/重量单位。

▶ 11. 货物总值

入境货物的总值及币种，应与合同、发票或报关单上所列的货物总值一致。

▶ 12. 包装种类及数量

货物实际运输包装的种类及数量，如果是木质包装还应注明材质及尺寸。

▶ 13. 运输工具名称号码

运输工具的名称和号码。

▶ 14. 合同号

对外贸易合同、订单或形式发票的号码。

▶ 15. 贸易方式

该批货物进口的贸易方式。

▶ 16. 贸易国别(地区)

进口货物的贸易国别。

▶ 17. 提单/运单号

货物海运提单号或空运单号，有二程提单的应同时填写。

▶ 18. 到货日期

进口货物到达口岸的日期。

▶ 19. 启运国家(地区)

货物的启运国家或地区。

▶ 20. 许可证/审批号

需办理进境许可证或审批的货物应填写有关许可证号或审批号。

▶ 21. 卸毕日期

货物在口岸的卸毕日期。

▶ 22. 启运口岸

货物的启运口岸。

▶ 23. 入境口岸

货物的入境口岸。

▶ 24. 索赔有效期

对外贸易合同中约定的索赔期限。

▶ 25. 经停口岸

货物在运输中曾经停靠的外国口岸。

▶ 26. 目的地

货物的境内目的地。

▶ 27. 集装箱规格、数量及号码

货物若以集装箱运输应填写集装箱的规格、数量及号码。

▶ 28. 合同订立的特殊条款及其他要求

在合同中订立的有关检验检疫的特殊条款及其他要求应填入此栏。

▶ 29. 货物存放地点

货物存放的地点。

▶ 30. 用途

本批货物的用途。从以下 9 个选项中选择：①种用或繁殖；②食用；③奶用；④观赏或演艺；⑤伴侣动物；⑥试验；⑦药用；⑧饲用；⑨其他。

▶ 31. 随附单据

在随附单据的种类前画“√”或补填。

▶ 32. 标记及号码

货物的标记号码应与合同、发票等有关外贸单据保持一致。若没有标记号码则填“N/M”。

▶ 33. 外商投资财产

由检验检疫机构报检受理人员填写。

▶ 34. 签名

由持有报检员证的报检人员手签。

▶ 35. 检验检疫费

由检验检疫机构计费人员核定费用后填写。

▶ 36. 领取证单

报检人在领取检验检疫机构出具的有关检验检疫证书时填写领证日期及领证人姓名。

中华人民共和国出入境检验检疫

入境货物报检单

报检单位(加盖公章)　　　　　　　　　　　　　　　　　　　　　　　　　　　＊编　号________

报检单位登记号：　　　　　联系人：　　　　　电话：　　　　　报检日期：　　年　月　日

<table>
<tr><td rowspan="2">发货人</td><td colspan="2">(中文)</td><td colspan="2">企业性质(画"√")</td><td colspan="2">□合资□合作□外资</td></tr>
<tr><td colspan="6">(外文)</td></tr>
<tr><td rowspan="2">收货人</td><td colspan="6">(中文)</td></tr>
<tr><td colspan="6">(外文)</td></tr>
<tr><td>货物名称(中/外文)</td><td>H.S. 编码</td><td>产国(地区)</td><td>数/重量</td><td>货物总值</td><td colspan="2">包装种类及数量</td></tr>
<tr><td></td><td></td><td></td><td></td><td></td><td colspan="2"></td></tr>
<tr><td colspan="2">运输工具名称号码</td><td colspan="2"></td><td>合同号</td><td colspan="2"></td></tr>
<tr><td>贸易方式</td><td></td><td>贸易国别(地区)</td><td></td><td>提单/运单号</td><td colspan="2"></td></tr>
<tr><td>到货日期</td><td></td><td>启运国家(地区)</td><td></td><td>许可证/审批号</td><td colspan="2"></td></tr>
<tr><td>卸毕日期</td><td></td><td>启运口岸</td><td></td><td>入境口岸</td><td colspan="2"></td></tr>
<tr><td>索赔有效期至</td><td></td><td>经停口岸</td><td></td><td>目的地</td><td colspan="2"></td></tr>
<tr><td colspan="2">集装箱规格、数量及号码</td><td colspan="5"></td></tr>
<tr><td colspan="2" rowspan="2">合同订立的特殊条款
及其他要求</td><td colspan="2" rowspan="2"></td><td>货物存放地点</td><td colspan="2"></td></tr>
<tr><td>用途</td><td colspan="2"></td></tr>
<tr><td colspan="2">随附单据(画"√"或补填)</td><td>标 记 及 号 码</td><td colspan="3">＊外商投资财产(画"√")</td><td>□是□否</td></tr>
<tr><td rowspan="3">□合同
□发票
□提/运单
□兽医卫生证书
□植物检疫证书
□动物检疫证书
□卫生证书
□原产地证
□许可/审批文件</td><td rowspan="3">□到货通知
□装箱单
□质保书
□理货清单
□磅码单
□验收报告
□
□
□</td><td rowspan="3"></td><td colspan="4">＊检验检疫费</td></tr>
<tr><td colspan="2">总金额
(人民币元)</td><td colspan="2"></td></tr>
<tr><td colspan="2">计费人

收费人</td><td colspan="2"></td></tr>
</table>

续表

<table>
<tr><td rowspan="3">报检人郑重声明：
1. 本人被授权报检。
2. 上列填写内容正确属实。
签名：________</td><td colspan="2">领取证单</td></tr>
<tr><td>日期</td><td></td></tr>
<tr><td>签名</td><td></td></tr>
</table>

注：有"＊"号栏由出入境检验检疫机关填写。

◆国家出入境检验检疫局制

[1-1(2000.1.1)]

三、本项目的参考出境货物报检单

中华人民共和国出入境检验检疫

出境货物报检单

报检单位：**常州亚峰进出口有限公司** 编号：

报检单位登记号：625419577 联系人：林峰 报检日期：2016 年 7 月 3 日

<table>
<tr><td rowspan="2">发货人</td><td colspan="6">(中文)常州亚峰进出口有限公司</td></tr>
<tr><td colspan="6">(外文)CHANGZHOU YAFENG IMP. & EXP. CORP. LTD</td></tr>
<tr><td rowspan="2">收货人</td><td colspan="6">(中文)罗京手工艺品股份有限公司</td></tr>
<tr><td colspan="6">(外文)THE LOOKING HANDCRAFT，INC.</td></tr>
<tr><td>货物名称(中/外文)</td><td>H.S 编码</td><td>产地</td><td>数/重量</td><td>货物总值</td><td colspan="2">包装种类及数量</td></tr>
<tr><td>钩针地毯
HOOK RUG</td><td>5 702.4100</td><td>江苏无锡</td><td>4 000PCS
3 070M²</td><td>USD71 400.00</td><td colspan="2">500CTNS</td></tr>
<tr><td>运输工具名称号码</td><td>HANJIN
V.014E</td><td>贸易方式</td><td>一般贸易</td><td>货物存放地点</td><td colspan="2">无锡新区
500 号</td></tr>
<tr><td>合同号</td><td>04F3—780</td><td>信用证号</td><td>0419049</td><td>用途</td><td colspan="2">其他</td></tr>
<tr><td>发货日期</td><td>2016 年
7 月 14 日</td><td>输往国家
(地区)</td><td>美国</td><td>许可证/审批号</td><td colspan="2">CN617032</td></tr>
<tr><td>启运地</td><td>上海</td><td>到达口岸</td><td>旧金山</td><td>生产单位注册号</td><td colspan="2">625419577</td></tr>
<tr><td>集装箱规格、数量及号码</td><td colspan="6"></td></tr>
<tr><td colspan="2">合同、信用证订立的检验检疫条款或特殊要求</td><td colspan="2">标记及号码</td><td colspan="3">随附单据(画"√"或补填)</td></tr>
<tr><td colspan="2"></td><td colspan="2">N/M</td><td colspan="2">☑合同
☑信用证
☑发票
☐换证凭单
☑装箱单
☐厂检单</td><td>包装性能结果单
☐许可/审批文件
☐
☐
☐</td></tr>
</table>

续表

<table>
<tr><td>需要证单名称（画“√”或补填）</td><td>检验检疫费</td><td colspan="2"></td></tr>
<tr><td rowspan="3">□品质证书 ___正___副
□重量证书 ___正___副
☑数量证书 _2_正_2_副
□兽医卫生证书 ___正___副
□健康证书 ___正___副
□卫生证书 ___正___副
□动物卫生证书 ___正___副</td><td rowspan="3">□植物检疫证书 ___正___副
□熏蒸/消毒证书___正___副
□出境货物换证凭单</td><td>总金额
（人民币元）</td><td>1 200.00 元</td></tr>
<tr><td>计费人</td><td>（签署）</td></tr>
<tr><td>收费人</td><td>（签署）</td></tr>
<tr><td colspan="2" rowspan="3">报检人郑重声明：
1. 本人被授权报检。
2. 上列填写内容正确属实，货物无伪造或冒用他人的厂名、标志、认证标志，并承担货物质量责任。
签名：__________</td><td colspan="2">领取证单</td></tr>
<tr><td>日期</td><td>2016 年 7 月 2 日</td></tr>
<tr><td>签 名</td><td></td></tr>
</table>

注：有“*”号栏由出入境检验检疫机关填写。 ◆国家出入境检验检疫局制。

任务三 缮制其他检验证书

一、常见的商检局签发的检验证书

一般，商检局常签发的检验检疫证书有以下几种：

(1)certificate of weight，重量证明书。如信用证规定：certificate of inspection certifying quality & quantity in triplicate issued by C. I. B. C.（由中国商品检验局出具的品质和数量检验证明书一式三份。）

(2)phytosanitary certificate，植物检疫证明书。

(3)plant quarantine certificate，植物检疫证明书。

(4)fumigation certificate，熏蒸证明书。

(5)certificate stating that the goods are free from live weevil，无活虫证明书（熏蒸除虫证明书）。

(6)sanitary certificate，卫生证书。

(7)health certificate，卫生（健康）证书。

(8)analysis certificate，分析（化验）证书。

(9)tank inspection certificate，油仓检验证明书。

(10)record of ullage and oil temperature，空距及油温记录单。

(11)certificate of aflatoxin negative，黄曲霉素检验证书。

(12)non-aflatoxin certificate，无黄曲霉素证明书。

(13)survey report on weight issued by C. I. B. C. 中国商品检验局签发之重量检验证明书。

(14)inspection certificate，检验证书。

二、本项目参考的数量检验证书

中华人民共和国出入境检验检疫
ENTRY—EXIT INSPECTION AND QUARANTINE
OF THE PEOPLE'S REPUBLIC OF CHINA
数量检验证书
QUANTITY CERTIFICATE

正本
ORGINAL

编号
No:

发货人：WUXI YAFENG IMP. AND EXP. CORP. LTD
Consignor
收货人：THE SEAKING HANDCRAFT，INC.
Consignee
品名：HOOK RUG
Description

标记及号码 Mark & NO.
S. H. I.
0419049
SAN FRANCISCO
NO. 1-500

报检数量/重量 4 000 PCS/6 900 KGS
Quantity/Weight Declared
包装种类及数量 500CTNS
Number and Type of Packages
运输工具 HANJIN V. 014E
Means of Conveyance
检验结果
Results of Inspection
ART NO. JF211 2×3' PACKED IN 200CTNS OF 10 PCS EACH
ART NO. JF211 3×5' PACKED IN 200CTNS OF 5 PCS EACH
ART NO. CZ310 2×3' PACKED IN 100CTNS OF 10 PCS EACH
TOTAL：4 000 PCS
TOTAL：500 CTNS

我们已尽所知和最大能力实施上述检验，不能因我们签发本证书而免除卖方或其他方面根据合同和法律所承担的产品质量责任与其他责任。

All inspections are carried out conscientiously to the best of our knowledge and ability and ability. This certificate does not in any respect absolve the seller and other related parties from his contractual and legal obligations especially when product quality is concerned.

(签署)

任务四 缮制原产地证明书

一、常见原产地证明书的种类和使用

原产地证明书(简称产地证)通常分为一般原产地证明书、普惠制产地证明书和欧洲纺织品产地证明书。产地证虽然都用于证明货物产地，但使用范围和格式不一样。

(一) 常见原产地证明书的种类

▶ 1. 一般原产地证明书

一般原产地证明书(CERTIFICATE OF ORIGIN, C/O)是证明有关出口货物的原产地为我国的证明文件，即证明有关出口货物是我国天然产品或是在我国经过了主要的和最后的制造加工工序的产品，且该制造加工工序所使用的主要原料的外形、性质、形态或用途发生了实质性的改变。

此种产地证根据签发者的不同，又分为如下种类。

(1) 出口商自己出具的产地证。

(2) 国家出入境检验检疫局签发的产地证明书。

(3) 中国国际贸易促进委员会(简称中国商会)出具的产地证。

(4) 厂商自己出具的产地证。

由谁出具一般原产地证要根据买卖合同或信用证要求办理。

▶ 2. 普惠制产地证明书

普惠制产地证明书是能使出口产品在进口国海关享受关税减免待遇的证明产品原产国/地区的官方证书，在我国目前主要有以下几种：

(1) 普惠制原产地证书(FORM A)：普惠制原产地证书(Generalized System of Preference Certificate of Origin Form A)是普惠制的主要单据。普惠制是发达国家给予发展中国家出口制成品、半制成品的一种优惠的关税制度，它是在最惠国关税的基础上进一步减免的，因而是国际贸易中最低的关税。至今已有近40个国家给我国普惠制关税待遇，涉及玩具、机电产品、纺织服装、轻工产品、食品等领域。凡是向最惠国出口一般货物，须提供这种产地证。由出口公司填制，并由国家出入境检验检疫局出具，作为进口国减免关税的依据。

(2)《亚太贸易协定》原产地证书(FORM B)：目前适用于对印度、韩国、孟加拉和斯里兰卡出口符合相关规定的产品。

(3)《中国—东盟自由贸易协定》原产地证书(FORM E)：目前适用于对印度尼西亚、泰国、马来西亚、越南、菲律宾、新加坡、文莱、柬埔寨、缅甸、老挝等国出口符合相关规定的产品。

(4)《中国—巴基斯坦自由贸易协定》原产地证书(FORM P)：我国出口到巴基斯坦的

《中国—巴基斯坦自由贸易协定》优惠框架项下的产品，凭此证书可获得巴基斯坦给予的关税优惠待遇。

(5)《中国—智利自由贸易协定》原产地证书(FORM F)：自2006年10月1日起，我国内地出口到智利的《中国—智利自贸区协定》项下的产品享受智利给予的关税优惠待遇。

(6)《中国—新西兰自由贸易协定》原产地证书：自2008年10月1日起，我国出口到新西兰的符合中国—新西兰自贸区原产地规则的产品享受新西兰给予的关税优惠待遇。

(7)《中国—新加坡自由贸易协定》原产地证书：自2009年1月1日起，我国出口到新加坡的符合中国—新加坡自贸区原产地规则的产品享受新加坡给予的关税优惠待遇。

(8)《中国—秘鲁自由贸易协定》原产地证书：自2010年3月1日起，我国出口到秘鲁的符合中国—秘鲁自贸区原产地规则的产品享受秘鲁给予的关税优惠待遇。

(9)自2011年1月1日起，我国内地出口到我国台湾地区的符合《海峡两岸经济合作框架协议》原产地规则的早期收获产品享受我国台湾地区给予的关税优惠待遇。

(10)《中国—哥斯达黎加自由贸易协定》原产地证明书：自2011年8月1日起，我国出口到哥斯达黎加的符合中国—哥斯达黎加自贸区原产地规则的产品享受哥斯达黎加给予的关税优惠待遇。

▶ 3. 纺织品产地证书

对欧盟国家出口纺织品时，信用证一般都规定需要提供特定的产地证书，即输欧盟纺织品产地证书，这种产地证书在我国是由出口地的商务部授权的纺织品出口证书发证机构签发的。

(二) 原产地证明书的作用与申请程序

▶ 1. 原产地证明书的作用

在国际贸易中，世界各国根据各自的对外贸易政策，普遍实行进口贸易管制，对进口商品实施差别关税和数量限制，并由海关执行统计。进口国要求出口国出具货物的原产地证明已成为国际惯例，因此产地证是进行国际贸易的一项重要证明文件。归纳起来，原产地证明书具有以下几方面的作用。

(1)确定产品关税待遇，提高市场竞争力。产地证是各国海关据以征收关税和实施差别待遇的有效凭证。例如在进口国与出口国的政府之间定有关税协定，用条约形式规定了协定税率(AGREED CUSTOMS RATE)，或两国之间在条约上规定了最惠国条款(MOST FAVORED NATION CLAUSE)，买方往往要求卖方提供有效的产地证明书来证明进口货物的原产地确系缔约的对方国才能获得相应的税率待遇。

(2)证明商品内在品质，提高商品竞争力。例如，在国际市场上持有中国原产地证的丝绸比持有其他不产丝绸国家产地证的丝绸更能卖好价。此外，产地证有时还是贸易双方进行交接、结汇的必备单据。例如，买方在申请开信用证(L/C)时常要求提供产地证以确保其自身利益，银行也常以产地证作为信用证(L/C)是否解付的重要凭证。

(3)对进出口货物进行统计。原产地证明书是海关借以对进口货物进行统计的重要依据。

(4)便于货物进口国实行有差别的数量控制及贸易管理。世界各国根据其贸易政策，为保护本国工业生产和国际贸易竞争需要，往往对某些货物实行限制，制定一些进口货物数量控制措施，如进口配额、许可证制度、反倾销、反补贴制度。为实行这些控制制度，首先需确定进口的货物来自哪个国家，然后确定这批货物是否受到进口数量限制，是否需持有进口许可证，是否要冲销配额及征收反倾销、反补贴税等，产地证也就成为实施这些制度的重要工具。

▶ 2. 原产地证明书的申请程序

申请单位应持营业执照、主管部门批准的对外贸易经营权证明文件及证明货物符合出口货物原产地的有关材料，向所在地签证机构办理注册登记手续。经签证机构审核合格后，享有申办产地证资格。

企业经注册登记后，其授权及委派的手签人员和申领员应接受签证机构的业务培训，并最迟于货物报关出运前三天由申领员向签证机构申请办理产地证，并严格按照签证机构要求，真实、完整、正确地填写以下材料：

(1) 规定格式的《申请书》一份；

(2) 出口企业自行按标准填制的产地证一套；

(3) 出口货物商业发票一份；

(4) 签证机构认为必要的其他文件。

签证机构在受理企业的申请后，应认真审核申请单位提交的有关单证，无误后，及时盖章签发产地证，其中一正二副交申请企业，另一个副本、申请书、商业发票等有关文件由签证机构存档。

知识链接

普惠制

普惠制是普遍优惠制的简称，即发达国家给予发展中国家出口的制成品和半制品的普遍的、非互惠的和非歧视的关税优惠待遇。其目标是增加发展中国家的出口收益，促进发展中国家工业化，加速发展中国家的经济增长率。

联合国贸易和发展会议决定普惠制的实施期限以 10 年为一个阶段，第一阶段从 1971 年 7 月到 1981 年 6 月，第二个阶段从 1981 年到 1991 年，我国出口商品是从第二阶段开始享受普惠制优惠关税待遇的。

普惠制给惠方案是各给惠国政府或国家集团为实施普惠制所制定的具体执行办法，定期或不定期地以政府法令的形式公布。欧盟各国执行同一给惠方案，其余给惠国家实行各自的方案。各国的给惠方案内容不尽相同，但一般包括给惠产品范围、关税削减幅度、保护措施、原产地规则、受惠国家(或地区)名单和有效期等。

普惠制原产地规则是各给惠国关于受惠国出口产品享受普惠制待遇的规定，它是普惠制的主要组成部分，为了确保普惠制关税优惠待遇仅给予在发展中国家生产、收获和制造，并从发展中国家出运的产品，各给惠国家都制定了具体、完善的原产地规则。

一般原产地证明书/加工装配证明书
申请书

申请单位(盖章)　　　　　　　　　　　　　　　　　　　　　　　证书号：

注　册　号：

申请人郑重声明：

本人是被正式授权代表出口单位办理和签署本申请书的。

本申请书及普惠制产地证格式 A 所列内容正确无误，如发现弄虚作假，冒充格式 A 所列货物或擅改证书，自愿接受签证机关的处罚并负法律责任。现把有关情况申报如下：

<table>
<tr><td>企业名称</td><td colspan="2"></td><td colspan="2">发票号</td><td></td></tr>
<tr><td>商品名称</td><td colspan="2"></td><td colspan="2">H.S. 税目号(以八位数码计)</td><td></td></tr>
<tr><td colspan="2">商品(FOB)总值(以美元计)</td><td colspan="1"></td><td colspan="2">最终目的港及所在国家</td><td></td></tr>
<tr><td colspan="2">拟出运日期(以提单日期为准)</td><td colspan="1"></td><td colspan="2">转口国(地区)</td><td></td></tr>
<tr><td colspan="6">贸易方式和企业性质(请在适用处画“√”)</td></tr>
<tr><td colspan="2">一般贸易 C</td><td colspan="2">灵活贸易 L</td><td colspan="2">其他贸易方式 Q</td></tr>
<tr><td>国有企业</td><td>三资企业</td><td>国有企业</td><td>三资企业</td><td>国有企业</td><td>三资企业</td></tr>
<tr><td></td><td></td><td></td><td></td><td></td><td></td></tr>
<tr><td colspan="2">毛重，包装数量或其他数量</td><td colspan="4"></td></tr>
<tr><td>原产地标准：
(画“√”)</td><td colspan="5">1. 本项商品完全国产，未使用任何进口原材料。________
2. 本项商品含进口成分。________
(含进口成分的商品，须提交“含进口成分产品加工工序成本明细单”。)</td></tr>
<tr><td colspan="6">现提交中国出口商业发票副本一份，一般原产地证明书/加工装配证明书一正三副，以及其他附件________份，请给予审核签证。
申请人说明：

申请人(签名)：
电话：
日期：　　　　年　月　日</td></tr>
</table>

普惠制产地证明书申请书

申请单位（盖章）　　　　　　　　　　　　　　　　　　　　　　证书号

申请人郑重声明：

本人被正式授权代表出口单位办理和签署本申请书。

本申请书及普惠制产地证明书格式A所列内容正确无误，如发现弄虚作假，冒充格式A所列货物或擅改证书，本人愿接受签证机关的处罚并负法律责任。现将有关情况申报如下：

<table>
<tr><td colspan="2">申请单位</td><td colspan="2"></td><td colspan="2">注册号</td><td colspan="2"></td></tr>
<tr><td colspan="2">商品名称
（中英文）</td><td colspan="2"></td><td colspan="2">H.S. 税目号
（以六位数码计）</td><td colspan="2"></td></tr>
<tr><td colspan="2">商品FOB总值（以美元计）</td><td colspan="2"></td><td colspan="2">发票号</td><td colspan="2"></td></tr>
<tr><td colspan="2">最终销售国</td><td colspan="2"></td><td colspan="2">证书种类（画“√”）</td><td>加急证书</td><td>普通证书</td></tr>
<tr><td colspan="4">货物拟出运日期</td><td colspan="4"></td></tr>
<tr><td colspan="8">贸易方式和企业性质（请在适用处画“√”）</td></tr>
<tr><td>正常贸易
C</td><td>来料加工
L</td><td>补偿贸易
B</td><td>中外合资
H</td><td>中外合作
Z</td><td>外商独资
D</td><td>零售
Y</td><td>展卖
M</td></tr>
<tr><td></td><td></td><td></td><td></td><td></td><td></td><td></td><td></td></tr>
<tr><td colspan="4">包装数量或毛重或其他数量</td><td colspan="4"></td></tr>
<tr><td colspan="8">原产地标准：
本项商品系在中国生产，完全符合该给惠国给惠方案规定，其原产地情况符合以下第________条：
（1）“P”（完全国产，未使用任何进口原材料）；
（2）“W”其H.S.税目号为________（含进口成分）；
（3）“F”（对加拿大出口商品，其进口成分不超过产品出厂价值的40%）。
本批产品系：1. 直接运输从________到________。
2. 转口运输从________中转国（地区）________到________。</td></tr>
<tr><td colspan="4">申请人说明：</td><td colspan="4">领证人（签名）
电　话：
日　期：</td></tr>
<tr><td colspan="8">现提交中国出口商业发票副本一份，普惠制产地证明书格式A（FORM A）一正二副，以及其他附件1份，请给予审核签证。
注：凡含有进口成分的商品，必须按要求提交《含进口成分受惠商品成本明细单》。</td></tr>
<tr><td colspan="8">商检局联系记录</td></tr>
</table>

二、一般原产地证明书和普惠制产地证明书的制作

(一)一般原产地证明填写填制说明及注意事项

▶ 1. 出口方

此栏不得留空，填写出口方的名称、详细地址及国家(地区)。若经其他国家或地区需填写国外转口商名称时，可在出口商后面加填英文 VIA，然后再填写转口商名称、地址和国家；如果中间商是中国公司，出口商 O/B 中间商名址。如涉及我国台湾地区，必须填写“中国台湾”，证书中不可出现“ROC”缩写字样。

▶ 2. 收货方

应填写最终收货方的名称、详细地址及国家(地区)，通常是外贸合同中的买方或信用证上规定的提单通知人。但往往由于贸易的需要，信用证规定所有单证收货人一栏留空，在这种情况下此栏不可空白，应在此栏内加注“TO WHOM IT MAY CONCERN”或“TO ORDER”等字样。若需填写转口商名称时，可在收货人后面加填英文 VIA，然后再填写转口商名称、地址、国家。

▶ 3. 运输方式和路线

海运、陆运应填写装货港、到货港及运输路线，如经转运，还应注明转运地。例如通过海运，于 2014 年 3 月 1 日由上海港陆运经香港海运转到鹿特丹港，英文为“FROM SHANGHAI TO HONG KONG BY TRUK ON MAR. 1，2014，THEN TRANSSHIPPED TO ROTTERDAM BY SEA”，或“FROM SHANGHAI TO ROTTERDAM BY VESSEL VIA HONG KONG”。

▶ 4. 目的地国家(地区)

货物最终运抵港，一般应与最终收货人或最终目的港国别一致，不能填写中间商国家名称。

▶ 5. 签证机构用栏

此栏为签证机构使用。通常在重发/补发证书或加注其他声明时使用，申领单位应将此栏留空。

▶ 6. 运输标志(唛头)

应按照出口发票上所列唛头填写完整图案、文字标记及包装号码，不可简单地填写“按照发票(AS PER INVOICE NO...)”或者“按照提单(AS PER B/L NO...)”，货物无唛头，应填写 N/M(NO MARK，无唛头)，此栏不得留空。如果唛头较多本栏填写不下，可填写在第七、八、九栏的空白处，如还不够，可使用专门印制的附页(ATTACHMENT)填写(电子证书 ECO 可以直接打印多份附页)。

▶ 7. 商品名称、包装数量及种类

商品名称要填写具体名称，如睡袋(SLEEPING BAGS)、杯子(CUPS)，不得用概括性表述，如服装(GARMENT)。包装数量及种类要按具体单位填写，例如，100 箱彩电应填写“100 CARTONS(ONE HUNDRED CARTONS ONLY)OF COLOR TV SET”。在阿

拉伯数字后须加注英文表述，如货物系散装，在商品名称后加注“散装”(IN BULK)，例如，1000 公吨生铁应填写 1000M/T(ONE THOUSAND M/T ONLY) PIG IRON IN BULK”。有时信用证要求在所有单证上加注合同号、信用证号码等，可直接将号码加在此栏。本栏的末行要打上表示结束的符号(* * * * * * *)，以防添加内容。此栏不得使用“OTHER DETAILS AS PER”“MENTION TO”等字样 。不得在此栏填制于第八栏不一致的税则号。不得填写与价格有关的语句或质量标准等承诺语句。只做原产证明，原产地证没有其他事项认证义务。其他事项的认证可以通过贸促会涉外单据或证明书来做商事公证。

▶ 8. 商品编码

此栏要求填写四、六位或八位数的 H. S. 编码，不能为奇数。与报关单一致。若同一证书包含几种商品，则应将商品和相应的税目号对应填写。此栏不得留空，一般证书应为中国海关税则号，不能填写目的国税则号。

▶ 9. 量值

填写出口货物的量值并与商品的计量单位联用。如以重量计量，应加注英文毛重缩写字样“G. W. ”或净重缩写字样“N. W. ”。

▶ 10. 发票号码及日期

必须按照所申请出口货物的商业发票填写。该栏日期应早于或与实际出口日期相同。为避免对月份、日期的误解，月份一律用英文表述，年份应填全，例如，2014 年 4 月 10 日用英文表述为 APR. 10，2014。此栏不得留空。

▶ 11. 出口方声明

该栏由申领单位已在签证机构注册的人员签字并加盖有中英文的印章，填写申领地点和日期，该栏日期不得早于发票日期(第十栏)，最早为同一天。格式为 DONGYING，CHINA APR. 15. 2014。

▶ 12. 签证机构证明

此栏由签证机构授权的签证人员签字，并加盖签证机构印章“中国国际贸易促进委员会单据证明专用章”。填写签署地点和日期(DONGYING，CHINA)，日期不得早于发票日期，不得晚于当前日期，可与第十一栏同一天。

(二) 普惠制原产地证明书 FORM A 的内容及缮制方法

产地证标题栏填写签证机构所编的证书号，在证头横线上方注明“中华人民共和国签发”，国名必须填写外文全称，不得简化。

▶ 1. 出口商的业务名称、地址、国别

例如：CHINA NATIOANAL LIGHT INDUSTRIAL PRODUCTS IMPORT AND EXPORT CORP.，BEIJING，CHINA.

此栏是带有强制性的，应填明在中国境内的出口商详细地址，包括街道名、门牌号码等。

▶ 2. 收货人的名称、地址、国别

例如：JEBSON & JESSEN，LANGE MUHREN9，F-2000，HAMBURG，F. R. G.

一般应填写给惠国最终收货人名称(即信用证上规定的提单通知人或特别声明的收货人，如最终收货人不明确，可填发票抬头人)，但不要填中间转口商的名称。在特殊情况下，欧盟国家的进口商要求将此栏留空，也可以接受。

▶ 3. 运输方式及路线(就所知而言)

例如：FROM SHANGHAI TO HAMBURG BY SEAFREIGHT.

一般应填写装货、到货地点(始发港、目的港)及运输方式(如海运、陆运、空运、陆海联运等)，如系转运商品，则应加上转运港，例如“VIA HONGKONG”。

▶ 4. 供官方使用

此栏由签证机构填具，出口公司应将此栏留空。签证机构根据签证需要，如是“后发”，加盖“ISSUED RETROSPECTIVELY”红色印章；如是签发“复本”，应在此栏注明原发证书的编号和签证日期并声明原发证书作废，其文字是：THIS CERTIFICATE IS INREPLACEMENT OF CERTIFICATE OF ORIGINON.... DATED... WHICH IS CANCELLED，并加盖“DUPLICATE”红色印章。对于有关给惠国成分的有关用语也在此栏加注。正常情况下，此栏空白。注意：日本一般不接受“后发”证书，除非有不可避免的原因。

▶ 5. 顺序号

在收货人、运输条件相同的情况下，如同批出口货物有不同品种，则可按不同品种、发票号等分列“1”“2”“3”……单项商品，此栏可不填。

▶ 6. 唛头及包装号

按发票上唛头填具完整的图案文字标记及包装号。

例如：J & J

64065

HAMBURG

NO. 1-160

如货物无唛头，则应填“N/M”；如唛头过多，此栏不够，可填写在第 7、8、9、10 栏的空白处；如还不够，则另加附页，打上原证号，并由签证机构的签证人员手签和加盖签证章。申请单位应在第 6 栏填写“SEE ATTACHED LIST”。

▶ 7. 包件数量及种类、商品说明

例如：160(ONE HUNDRED & SIXTY)CARTONS OF WORKING GLOVES.

填写包件种类及数量，并在包装数量的阿拉伯数字后用括号加上大写的英文数字。商品名称应具体填明，其详细程序应能在 H. S. 的四位数字编码中准确归类。不能笼统填写“MACHINE”“METER”“GARMENT”等。商品的商标、牌名、货号可不填。此栏内容填完后，应在末行加上表示结束的符号。国外信用证要求填具的合同、信用证号码等，可加在此栏结束符号下方的空白处。

▶ 8. 原产地标准

此栏用字最少，但却是国外海关审证的核心项目。对含有进口成分的商品，因情况复杂，国外要求严格，极易弄错而造成退证，应认真审核。现将给予中国普惠制待遇的国家对此栏的填写一般规定说明如下：

(1)"P"：完全原产，无进口成分。

(2)"W"：含有进口成分，但符合加工标准，货物运往欧盟成员国、挪威、瑞士和日本，在字母下面标上产品的 H.S. 品目号。输往波兰的货物此栏填法相同，如"W"96.01。

(3)"F"：货物运往加紧拿大，含有进口成分(占产品出厂价的40%以下)。

(4)"G"：货物运往加拿大，含有进口成分，实施全球性原产地累计条款。

(5)"Y"：货物运往独联体国家和东欧国家，在字母下面标上进口成分占产品离岸价的百分比率，如"Y"38%。

(6)"PK"：货物运往东欧国家等，实施全球性累计。

(7) 运往澳大利亚、新西兰的商品，此栏可以留空。

▶ 9. 毛重或其他数量

例如 6270KGS 或 3200DOZ 等。此栏应以商品的正常计量单位填，如"只""件""匹""双""台""打"等。以重量计算的则填毛重，只有净重的，填净重亦可，但要标注 N. W.

▶ 10. 发票号及日期

例如：SK530016

Dated 18 JAN. 1999

此栏不得留空，必须按照正式商业发票填具。为避免月份、日期的误解，月份一律用英文缩写 JAN.、FEB.、MAR. 等表示。发票内容必须与证书所列内容和货物完全相符。

▶ 11. 签证机构的证明

填写签署地点、日期，例如 BEIJING，APRIL. 12，1999，以及授权签证人手签、签证机构印章。

签证机构只签一份正本，不签署副本。此栏签发日期不得早于发票日期(第 10 栏)、申报日期(12 栏)，但不要迟于提单日期。手签人的字迹必须清楚。手签与签证章在证面上的位置不得重合。

▶ 12. 出口商的申明

生产国的横线上应填写"CHINA"。进口国横线上的国名一定要填写正确。进口国一般与最终收货人或目的港的国别一致。如果难以确定，以第 3 栏目的港国别为准。进口国必须是给惠国，例如 ITALY。货物运往欧盟进口国时，EUO 申请单位的手签人员应在此栏签字，加盖中英文对照的单位印章，填上申报地点、时间。例如 BEIJING，APRIL. 13，1999。在证书正本和所有副本上盖章时，避免覆盖进口国名称和手签人姓名。

三、本项目的参考原产地证明书

本项目的产品是出口到美国的，适用一般原产地证书。

ORIGINAL

1. Exporter

CHANGZHOU YAFENG IMP. & EXP. CORP. LTD
3 GEHU MIDDLE ROAD, CHANGZHOU, JIANGSU, CHINA
Telex: 0985Fax: 6332136 Tel: 6332138

Certificate No.

CERTIFICATE OF ORIGIN
OF
THE PEOPLE'S REPUBLIC OF CHINA

2. Consignee

THE LOOKING HANDCRAFT, INC
138 SAN MATEC AVENUE, SAN FRANCISCO
CA-94080-6501, U. S.

3. Means of transport and route

FROM SHANGHAI TO SAN FRANCISO BY SEA

4. Country / region of destination

USA

5. For certifying authority use only

6. Marks and numbers	7. Number and kind of packages; description of goods	8. H. S. Code	9. Quantity	10. Number and date of invoices
N/M	FIFTY(50)CTNS OF HOOK RUG	5702.4100	50CTNS	F707663 JUL. 2 2016

11. Declaration by the exporter

The undersigned hereby declares that the above details and statements are correct, that all the goods were produced in China and that they comply with the Rules of Origin of the People's Republic of China.

常州亚峰进出口有限公司
CHANGZHOU YAFENG I/E CO.,LTD.
ChangZhou, China Jul. 2, 2016

....

Place and date, signature and stamp of authorized signatory

12. Certification

It is hereby certified that the declaration by the exporter is correct.

中国国际贸易促进委员会
单据证明专用章
（苏）
CCPTT JTANGSU

....

Place and date, signature and stamp of certifying authority

项目练习

一、单选题

1. 在填制《入境货物报检单》时，不能在“贸易方式”一栏中填写的是（　　）。

   A. 来料加工　　B. 无偿援助　　C. 观赏或演艺　　D. 外商投资

2. 填制报检单时，以下选项中不属于货物用途的是（　　）。

   A. 种用　　B. 食用　　C. 奶用　　D. 工业用

3. 国外某公司向我国某企业提供一批原料，加工为成品后全部返销国外，在办理出口报检手续时，《出境货物报检单》的“贸易方式”一栏应填写（　　）。

   A. 一般贸易　　B. 外商投资　　C. 进料加工　　D. 来料加工

4. 某公司与美国某公司签订外贸合同，进口一台原产于意大利的印刷机械，货物自意大利运至天津口岸后再运至西安使用。报检时，《入境货物报检单》中的贸易国别、原产国、启运国家和目的地应分别填写（　　）。

   A. 美国、意大利、美国、天津　　B. 意大利、美国、美国、天津

   C. 美国、意大利、意大利、西安　　D. 意大利、意大利、天津、西安

5. 《入境货物报检单》的“报检日期”一栏应填写（　　）。

   A. 出境货物检验检疫完毕的日期

   B. 检验检疫机构实际受理报检的日期

   C. 出境货物的发货日期

   D. 报检单的填制日期

6. 报检单上的“报检人郑重声明”一栏应由（　　）签名。

   A. 报检单位的法定代表人　　B. 打印报检单的人员

   C. 收用货单位的法定代表人　　D. 办理报检手续的报检员

7. 关于中华人民共和国出口货物原产地证明书，下列表述中错误的是（　　）。

   A. 货物确系中华人民共和国原产的证明文件

   B. 进口国海关对该进出口商品适用何种税率的依据

   C. 出口报关的必备证件

   D. 各地商检局和贸促会均可签发此证

8. “GSP 产地证”表示（　　）。

   A. 一般原产地证书　　B. 普惠制原产地证书

   C. 欧盟体纺织品专用产地证　　D. 对美国出口纺织品声明书

9. 原产地证书是证明本批出口商品的生产地并符合《中华人民共和国出口货物原产地规则》的一种文件，如果信用证或合同对签证机构未做具体规定，一般由（　　）签发。

   A. 中国出入境检验检疫局　　B. 中国国际贸易促进委员会

   C. 海关　　D. 出口商

10. 普惠制产地证中的“Origin criterion（原产地标准）”一栏，应根据货物原料进口成分的比例填制，“P”表示（　　）。

    A. 含进口成分　　B. 无进口成分

    C. 进口成分要在 40%以下　　D. 进口成分在 20%以下

11. 普惠制原产地证书的原产地标准一栏"P"字表示(   )。

A. 含有进口成分　　B. 含有进口成分，但符合原产地标准

C. 完全原产，无进口成分　　D. 其他

12. 根据我国有关规定，出口企业最迟于货物出运前(   )向签证机构申请办理原产地证书。

A. 1天　　B. 2天　　C. 3天　　D. 4天

13. 按我国和东盟之间签署的双边优惠贸易安排提供的产地证是(   )。

A. FORM A　　B. FORM E　　C. FORM C　　D. FORM F

二、多选题

1. 下列表述中正确的有(   )。

A.《入境货物报检单》的编号，前6位为检验检疫局机关代码，第7位为报检类代码，第8、9位为年代码，第10～15位为流水号

B.《入境货物报检单》的原产国(地区)栏是该进口货物的原产国家或地区

C.《入境货物报检单》的包装种类及数量栏，填写本批货物运输包装的种类及数量，注明包装的材质

D.《入境货物报检单》的合同号，应填写对外贸易合同、订单号码

2. 出口企业在向签证机构审核签发普惠制原产地证明书FORM A时，应递交的文件有(   )。

A. 普惠制原产地证明书申请书　　B. 普惠制原产地证明书FORM A

C. 商业发票　　D. 签证机构要求的其他文件

3. 原产地证明书是由出口国政府有关机构签发的一种证明货物原产地或制造地的证明文件，通常多用于不需要提供(   )的国家或地区。

A. 海关发票　　B. 领事发票　　C. 证实发票　　D. 联合发票

4. 下列叙述中，符合原产地规则中的实质性改变标准的有(   )。

A. 经过加工后，在海关进出口税则的税号4位数一级的税则号列已经有了改变

B. 货物经过加工后，增值部分占新产品总值的比例已经达到30%及其以上的

C. 新包装整理后的货物

D. 经过重新筛选并重新包装的货物

5. 下列关于原产地证明书的说法中，错误的有(   )。

A.《框架协议》规则的原产地证明书应当自东盟国家有关机构签发之日起6个月向我国境内申报地海关提交，经过第三方转运的，提交期限延长为8个月

B. 中国—巴基斯坦自由贸易区原产地规则的原产地证明书应自东盟国家有关机构签发之日起4个月向我国境内申报地海关提交，如果经过第三方转运的，提交期限延长为6个月

C. 原产于东盟国家的进口货物，如果产品的FOB价不超过200美元，无须要求我国的纳税义务人提交原产地证书，但是要提交出口人对有关产品原产于该出口成员方的声明

D.《亚太贸易协定》规则的原产地证明书，一个原产地证书可多次使用，适用于多批进口货物

三、判断题

1. 报检日期是指报检员申请报检的日期。 （ ）
2. 入境货物报检单的报检日期由报检员填写。 （ ）
3. 入境货物报检单的编号由报检员填写。 （ ）
4.《出境货物报检单》的“货物名称”一栏应填写货物 H. S. 编码对应的商品名称。 （ ）
5.《入境货物报检单》的编号由检验检疫机构报检受理人员填写。 （ ）
6. 报检日期按检验检疫机构受理报检的日期来填写。 （ ）
7.《入境货物报检单》的“索赔有效期至”一栏只有在货物出现残损、短少等情况时才需填写。 （ ）
8.《入境货物报检单》的“随附单据”一栏由检验检疫机构工作人员根据报检人提供的单据种类填写。 （ ）
9. 在填制入境货物报检单时，进口货物的品名应与进口合同相一致，但废旧货物应在品名中特别注明。 （ ）
10.《入境货物报检单》的索赔有效期，应填写对外贸易合同中约定的索赔期限。 （ ）
11.《入境货物报检单》中合同订立的特殊条款及其他要求，应填写货物在合同中订立的有关检验检疫的特殊条款及其他要求。 （ ）
12. 普惠制的原则有非普遍原则、非互惠原则和非歧视原则。 （ ）
13. 含有进口成分的产品，出口到加拿大，普惠制原产地证明书 FORM A 的原产地标准栏目填“W”。 （ ）
14. 非歧视原则是指应对所有的发展中国家都给予优惠待遇，不应区别对待，不应有例外。 （ ）
15. 非互惠原则是指非对等的原则，发达国家应单方面给予发展中国家优惠关税待遇，而不要求发展中国家给予同等待遇。 （ ）

四、根据信用证和相关材料制报检单

FROM：AUSTRALIA & NEW ZEALAND BANKING GROUP LTD. SYDNEY BRANCH

TO：　BANK OF CHINA，ZHEJIANG BRANCH

SEQUENCE OF TOTAL	*27：	1/1
FORM OF DOC. CREDIT	*40A：	IRREVOCABLE
DOC. CREDIT NUMBER	*20：	11-10-042
DATE OF ISSUE	31C：	110105
EXPIRY	*31D：	DATE 110228 PLACE CHINA
APPLICANT	*50：	HOMEMARK PTY LTD.， 101 BURSWOOD HIGHWAY SYDNEY N. S. W. AUSTRALIA
BENEFICIARY	*59：	HANGZHOU WANSHILI

		IMP. AND EXP. CO.,LTD 195 JICHANG ROAD HANGZHOU，CHINA
AMOUNT	*32B：	CURRENCY USD AMOUNT 15600.00
AVAILABLE WITH/BY	*41D：	ANY BANK IN CHINA BY NEGOTIATION
DRAFT AT …	42C：	AT SIGHT FOR FULL INVOICE VALUE
DRAWEE	*42D：	AUSTRALIA & NEW ZEALAND BANKING GROUP LTD. SYDNEY BRANCH
PARTIAL SHIPMENT	43P：	ALLOWED
TRANSSHIPMENT	43T：	NOT ALLOWED
PORT OF LOADING	44E：	SHANGHAI
PORT OF DISCHARGE	44F：	SYDNEY
LATEST DATE OF SHIP.	44C：	110213
DESCRIPT. OF GOODS	45A：	LADIES'S JUMPERS 92 PCT COTTON AND 8 PCT SPANDEX ART. NO. 621 2400PCS USD6.50 PER PC AS PER S/C NO 10WE1220 DATED 20 DEC.，2010 CIF SYDNEY
DOCUMENTS REQUIRED	46A：	+COMMERCIAL INVOICE IN DUPLICATE SHOWING DEVELOPING COUNTRY CLAUSE +PACKING LIST IN DUPLICATE +FULL SET OF CLEAN ON BOARD BILL OF LADING MADE OUT TO ORDER OF SHIPPER BLANK ENDOURSED MARKED FREIGHT PREPAID AND NOTIFY APPLICANT + INSURANCE POLICY IN DUPICATE FOR 110 PCT OF THE INVOICE VALUE COVERING ALL RISKS AS PER CIC OF PICC DATED 01/01/2010 CLAIM PAYABLE AT THE DESTINATION IN THE SAME CURRENCY OF THE CREDIT

		+ QUALITY INSPECTION ISSUED BY CHIEF CLERK MR. LAWSON IN HOMEMARK PTY LTD SHANGHAI OFFICE + SHIPPING ADVICE TO THE APPLICANT ONE DAY BEFORE THE SHIPMENT SHOWING ALL THE SHIPPING DETAILES
ADDITIONAL COND.	47A：	+ A USD80.00 DISCREPANCY FEE, FOR BENEFICIARY'S ACCOUNT, WILL BE DEDUCTED FROM THE REIMBURSEMENT CLAIM FOR EACH PRESENTATION OF DISCREPANT DOCUMENTS UNDER THIS CREDIT
DETAILS OF CHARGES	71B：	ALL BANK CHARGES OUTSIDE AUSTRALIA ARE FOR THE ACCOUNT OF THE BENEFICIARY
PRESENTATION PERIOD	48：	WITHIN 15 DAYS AFTER THE DATE OF SHIPMENT BUT WITHIN THE VALIDITY OF THE CREDIT
CONFIRMATION	* 49：	WITHOUT
INSTRUCTION	78：	THIS CREDIT IS SUBJECT TO THE U.C.P. FOR DOCUMENTARY CREDITS (2007 REVISION) I.C.C., PUB. NO 600

其他相关资料：

发票号码：WSL110312	发票日期：2011 年 3 月 12 日
集装箱号码：COSU3214999	集装箱封号：1295312
1×20'LCL，CFS/CFS	船名航次：OOCL UNION，V.16
商品编码：61099090.59	保险单号码：PIHZ11356812
报检员：陈勇	生产厂家：杭州伟利达针织厂
报检单位登记号：33231409	生产单位注册号：33324190
通关单号码：33030090401614	出口商十位数海关代码：3303930059
海关计量单位：千克	集装箱自重：1 800 千克
24 件/箱	箱体积：58 厘米×38 厘米×25 厘米
毛重：17 千克/箱	净重：15 千克/箱

议付银行：中行浙江分行

唛头：HOMEMARK/10WE1220/SYDNEY/NO. 1-UP

中华人民共和国出入境检验检疫
出境货物报检单

报检单位(加盖公章)　　杭州伟利达针织厂(公章)　　　　　　　　　　* 编号＿＿＿＿＿

报检单位登记号：33231409　　联系人　陈勇　　电话　61254306　　报检日期　2011年3月20日

<table>
<tr><td rowspan="2">发货人</td><td>(中文)</td><td colspan="4">(1)</td></tr>
<tr><td>(外文)</td><td colspan="4">* * *</td></tr>
<tr><td rowspan="2">收货人</td><td>(中文)</td><td colspan="4">* * *</td></tr>
<tr><td>(外文)</td><td colspan="4">* * *</td></tr>
<tr><td>货物名称(中/外文)</td><td>H. S. 编码</td><td>产地</td><td>数/重量</td><td>货物总值</td><td>包装种类及数量</td></tr>
<tr><td>女式套头衫
LADIES'S
JUMPERS</td><td>(2)</td><td>浙江杭州</td><td>(3)</td><td>15 600美元</td><td>(4)</td></tr>
<tr><td>运输工具名称号码</td><td>船舶</td><td>贸易方式</td><td>一般贸易</td><td>货物存放地点</td><td>厂内</td></tr>
<tr><td>合同号</td><td>(5)</td><td>信用证号</td><td>(6)</td><td>用途</td><td>(7)</td></tr>
<tr><td>发货日期</td><td>2011年3月27日</td><td>输往国家(地区)</td><td>澳大利亚</td><td>许可证/审批号</td><td>* * *</td></tr>
<tr><td>启运地</td><td>上海</td><td>到达口岸</td><td>(8)</td><td>生产单位注册号</td><td>(9)</td></tr>
<tr><td colspan="2">集装箱规格、数量及号码</td><td colspan="4"></td></tr>
<tr><td colspan="2">合同、信用证订立的检验检疫条款或特殊要求</td><td colspan="2">标记及号码</td><td colspan="2">随附单据(画"√"或补填)</td></tr>
<tr><td colspan="2">* * * * * *</td><td colspan="2">(10)</td><td>□合同
□信用证
□发票
□换证凭单
□装箱单
□厂检单</td><td>□包装性能结果单
□许可/审批文件
□
□
□
□</td></tr>
</table>

续表

需要证书名称(画"√"或补填)		＊检验检疫费	
□品质证书 ____正____副 □重量证书 ____正____副 □数量证书 ____正____副 □兽医卫生证书 ____正____副 □健康证书 ____正____副 □卫生证书 ____正____副 □动物卫生证书 ____正____副	□植物检疫证书 ____正____副 □熏蒸/消毒证书 ____正____副 □出境货物换证凭条 □出境货物通关单 □ □ □	总金额 (人民币)	
		计费人	
		收费人	

报检人郑重声明:	领取证书	
1. 本人被授权报检。 2. 上列填写内容正确属实，货物无伪造或冒用他人的厂名、标志、认证标志，并承担货物质量责任。	日期	
签名：陈勇	签名	

注：有"＊"号栏由出入境检验检疫机关填写

◆国家出入境检验检疫局制

五、根据材料填制 FORM A

▶ 1. 货物明细

商品名称：Trolley Cases

货号	TS503214	TS503215	TS503216
产地	Dalian China		
商标	TAISHAN		
包装	1 pc in 1 pe bag；3pcs/CTN		
箱子尺寸	53. 5cm×37cm×79. 5cm 0. 1573cbm	53. 5cm×34. 5cm×82cm 0. 151cbm	48cm×32. 5cm×78. 5cm 0. 1225cbm

续表

箱子尺寸(总)	57.8864cbm	57.833cbm	58.8cbm
净重/毛重(个)	4KG/4.6KG	3.5KG/4KG	3KG/3.5KG
净重/毛重(总)	4 416KG/5 078.4KG	4 021.5KG/4 596KG	4 320KG/5 040KG
数量	1 104PCS	1 149PCS	1 440PCS
单价	USD6.50	USD6.00	USD5.80
金额	USD7 176	USD6 894	USD8 352
集装箱容量	Qty/40′FCL：368ctns	Qty/40′FCL：383ctns	Qty/40′FCL：480ctns

发票号码：TSI0801005　发票日期：2008-8-5　授权签字人：张平

装运船名：DONGFENG　航　次：V.369　装船日期：2008-8-23

运输标志：ORTAI
TSI0601005
NEW YORKC/NO.1—1231

原产地标准："P"

▶2.信用证相关内容

27. Sequence of Total：1/1

40A：From of Documentary Credit：IRREVOCABLE

20：Documentary Credit Number：N5632405TH11808

31C：Date of Issue：080715

31D：Date and Place of Expiry：080909 CHINA

51D：Applicant Bank：CTTY NATIONAL BANK

133 MORNINGSIDE AVE NEW YORK，NY 10027 Tel：001—212—865—4763

50：Applicant：ORTAI CO.，LTD
30 EAST 40TH STREET，NEW YORK，NY 10016
TEL：001—212—992—9788 FAX：001—212—992—9789

59：Beneficiary：DALIAN TAISHAN SUITCASE & BAG CO.，LTD.

66 ZHONGSHAN ROAD DALIAN 116001，CHINA TEL：0086—0411—84524789

32B：Currency Code Amount：USD 22422.00

41D：Available With/By：ANY BANK IN CHINA BY NEGOTIATION

42C：Drafts at：SIGHT

42D：Drawee：ISSUING BANK

43P：Partial Shipments：NOT ALLOWED

43T：Transhipment：NOT ALLOWED

44E：Port Of Loading：DALIAN，CHINA

44F：Port Of Discharge：NEW YORK，U.S.A

44C：Latest Date of Shipment：080825

45A：Description of Goods and/or Services：

CIF NEWYORK TROLLEY CASES AS PER SC NO. TSSC0801005

46A：Documents Required

+MANUALLY SIGNED COMMERCIAL INVOICE IN 2 COPYES INDICATING L/C NO. AND CONTRACT NO. CERTIFYING THE CONTENTS IN THIS INVOICE ARE TRUE AND CORRECT.

+FULL SET OF ORIGINAL CLEAN ON BOARD MARINE BILLS OF LADING MADE OUT TO ORDER，ENDORSED IN BANK MARKED FREIGHT PREPAID AND NOYIFY APPLICANT

+PACKING LIST IN 2 COPYES ISSUED BY THE BENEFICIAPY

+ORIGINAL GSP FORM A CERTIFICATE OF ORIGIN ON OFFICIAL FORM ISSUED BY A TRADE AUTHORITY OF GOVERNMENT BODY

+INSURANCE POLICIES OR CERTIFICATES IN DUPLICATE，ENDORSED IN BANK FOR 110 PERCENT OF INVOICE VALUE COVERING ICC CLAUSES(A).

+MANUFACTURESR'S QUALITY CERTIFICATE CERTIFYING THE COMMODITY IS IN GOOD ORDER.

+BENEFICIARY'S CERTIFICATE CERTIFYING THAT ONE SET OF COPIES OF SHIPPING DOCUMENTS HAS BEEN SENT TO APPLICANT WHTHIN 5 DAYS

AFTER SHIPMENT.

47A：Additional Conditions

+UNLESS OTHERWISE EXPRESSLY STATED，ALL DOCUMENTS MUST BE IN ENGLISH.

+ANY PROCEEDS OF PRESENTATIONS UNDER THIS DC WILL BE SETTLED

BY TELETRANSMISSION AND A CHARGE OF USD50.00(OR CURRENCY EQUIVALENT) WILL BE DEDUCTED.

49：Confirmation Instructions：WITHOUT

57D：Advise Through Bank：BANK OF CHINA DALIAN BRANCH

72：Sender to Receiver Information：

DOCUMENTS TO BE DESPATCHED BY COURIER

SERVICE IN ONE LOT TO CITY NATIONAL BANK

ORIGINAL

1. Goods consigned from (Exporter's business name，address，country)	Reference No.

续表

<table>
<tr><td colspan="3"></td><td colspan="3" rowspan="2">GENERALIZED SYSTEM OF PREFERENCES
CERTIFICATE OF ORIGIN
(Combined declaration and certificate)
FORM A
Issued in THE PEORLE'S REPUBLIC OF CHINA
(country)
see Notes overleaf</td></tr>
<tr><td colspan="3">2. Goods consigned to (Consignee's name, address, country)</td></tr>
<tr><td colspan="3">3. Means of transport and route(as far as known)</td><td colspan="3">4. For official use</td></tr>
<tr><td>5. Item number</td><td>6. Marks and numbers of packages</td><td>7. Number and kind of packages: descriptions of goods</td><td>8. Origin cniterion (see Notes overleaf)</td><td>9. Gross weight or other quantity</td><td>10. Number and date of invoices</td></tr>
<tr><td colspan="3">11. Certification
It is hereby certified, on the basis of control camied out, that the declaration by the exporter is correct.</td><td colspan="3">12. Declaration by the exporter
The undersigned hereby declares that the above details and statements are correct, that all the goods were
produced in CHINA
(country)</td></tr>
<tr><td colspan="3">Place and date, signature and stamp of certifying authority</td><td colspan="3">and that they comply with the origin requirements specified for those goods in the Generalized System of Preferences for goods exported to
Place and date, signature and stamp of authorized signatory</td></tr>
</table>

项目六 缮制租船、订舱单证

学习目标

1. 熟悉出口货物海运托运操作流程；
2. 能分析L/C和合同条款，能准确填制订舱委托书、托运单等。

任务一 缮制出口货物委托书(明细单)

备好货后，接着就要租船、订舱了(在FOB条件下，运输公司大多由客户指定)，出口货物明细单是发货人自制用来说明货物出运情况的单证，又称货物出运分析单或者信用证分析单。在出口交易中，对国外开来的信用证等凭证审核无误，并准备发货的情况下，为了使有关部门经办人在备货和办理其他各种手续时熟悉和了解该笔交易要求，通常根据信用证的主要内容(或工厂发货单、出库单等)缮制出口货物明细单(出口货物委托书)一式数份，分发各有关单位或部门。

实际业务中，发货人多提供此单给口岸代理用于托运、报关，以及提供此单用于报验。

一、出口货物明细单内容及缮制

出货物明细单中，以下几点是必填项。

▶ 1. 日期

填单日期。

▶ 2. 经营单位

填写签订并执行出口合同的单位。

▶ 3. 提单托运人

与提单中的发货人保持一致，如果有明确规定不能接受第三方提单将另行通知。

▶ 4. 收货人、通知人

根据提单上的收货人和通知人填写。

▶ 5. 运费

根据实际情况在“预付”或“到付”处画“√”。

▶ 6. 提单张数

按照实际情况在“正本提单三份”或“电放”处画“√”。

▶ 7. 发票号

按照报关发票上的发票号填写。

▶ 8. 金额

按照报关金额填写。

▶ 9. 收汇方式

按照实际收汇方式填写(T/T、L/C、D/P)。

▶ 10. 货物性质

按照实际情况在对应小括号内画“√”。

▶ 11. 贸易国别、出口口岸、目的港

按照报关单和提单填写，与报关单和提单保持一致。

▶ 12. 装运期限

按照实际填写，不早于提单出运日期。

▶ 13. 标记唛码、货名规格及货号、箱数、体积、毛重、净重、价格

按照提单、报关发票、装箱单、报关单上的内容填写。

▶ 14. 结汇单证

按照提交给客人或银行(信用证方式下)的实际情况在各单证名称下方的空格内画“√”。

其他几点按实际填写，也可以不填写，根据具体情况由各代理公司自行决定。

二、本项目的参考出口货物明细单

在本次出口贸易中，我方对国外开来的信用证等凭证审核无误，准备发货，为了使有关部门经办人在备货和办理其他各种手续时熟悉并了解该笔交易要求，我方根据信用证的主要内容缮制了出口货物明细单，以下是我公司出具的明细单。

常州亚峰进出口有限公司

出口货物明细单

2016 年 7 月 3 日

<table>
<tr><td rowspan="2">开证银行</td><td rowspan="2">DOMINION BANK LTD., SAN FRANCISCO</td><td>信用证号码</td><td>0419049</td><td>银行编号</td><td></td></tr>
<tr><td>外运编号</td><td></td><td>合同号码</td><td>04F3-780</td></tr>
<tr><td rowspan="2">装船人</td><td rowspan="2">CHANGZHOU YAFENG IMP. & EXP. CORP. LTD
3 GEHU MIDDLE ROAD, CHANGZHOU, JIANGSU, CHINA</td><td>开证日期</td><td>JUL. 02, 2016</td><td>收到日期</td><td></td></tr>
<tr><td>金额</td><td>USD71 400.00</td><td>收汇方式</td><td>L/C</td></tr>
</table>

续表

<table>
<tr><td rowspan="2">开证人</td><td colspan="2" rowspan="2">THE LOOKING HANDCRAFT, INC138 SAN MATEC AVENUE, SAN FRANCISCO CA-94080-6501, U. S.</td><td colspan="2">贸易性质</td><td colspan="2">一般贸易</td><td>贸易国别</td><td>美国</td></tr>
<tr><td colspan="2">汇票付款人</td><td colspan="4">DOMINION BANK LTD., SAN FRANCISCO</td></tr>
<tr><td rowspan="2">抬头人</td><td colspan="2" rowspan="2">TO ORDER OF SHIPPER</td><td colspan="2">汇票期限</td><td colspan="4">AT SIGHT</td></tr>
<tr><td colspan="2">出口口岸</td><td colspan="4">SHANGHAI</td></tr>
<tr><td rowspan="2">通知人</td><td colspan="2" rowspan="2"></td><td colspan="2">目的港</td><td colspan="4">SAN FRANCISO</td></tr>
<tr><td colspan="2">可否转运</td><td colspan="2">YES</td><td>可否分批</td><td>YES</td></tr>
<tr><td>运费</td><td colspan="2">FREIGHT PREPAID</td><td colspan="2">装运期限</td><td colspan="2">JUL. 30, 2016</td><td>有效期限</td><td>JUL. 30, 2016</td></tr>
<tr><td rowspan="2">标记唛码</td><td rowspan="2">货名规格及货号</td><td rowspan="2">条数及包装</td><td rowspan="2">数量及尺码</td><td rowspan="2">毛重（千克）</td><td rowspan="2">净重（千克）</td><td colspan="3">价格（成交总价）</td></tr>
<tr><td colspan="2">单价</td><td>总价</td></tr>
<tr><td>N/M</td><td>HOOK RUG</td><td>50CTNS</td><td>4.00 m³</td><td>645KGS</td><td>620KGS</td><td colspan="2">USD 17.17</td><td>USD6, 868.00</td></tr>
<tr><td rowspan="5">外运外轮注意事项</td><td colspan="5" rowspan="5">* 请按《UCP600》出具清洁提单，注明承运人，并加盖“CLEAN ON BOARD”签章。
* 请在提单上注明：THE L/C NUMBER：0419049。
* 请出船证明一份。</td><td colspan="2">总体积</td><td></td></tr>
<tr><td colspan="2">制单员</td><td></td></tr>
<tr><td colspan="2">储存地点</td><td></td></tr>
<tr><td colspan="2">佣金率</td><td></td></tr>
<tr><td colspan="2">保险类别</td><td>ALL RISKS</td></tr>
<tr><td rowspan="3">本公司注意事项</td><td colspan="5" rowspan="3">常州亚峰进出口有限公司
出口货物明细单
专用章</td><td colspan="2">保险加成</td><td>10%</td></tr>
<tr><td colspan="2">装货单号</td><td></td></tr>
<tr><td colspan="2">海关放行日期</td><td></td></tr>
</table>

任务二 缮制托运单、装货单、收货单

在进出口业务中，有一种单据和明细单大体一致，那就是托运单。托运单俗称“下货纸”，是托运人根据贸易合同和信用证条款内容填制的，向承运人或其代理办理货物托运的单证。承运人根据托运单内容，并结合船舶的航线、挂靠港、船期和舱位等条件考虑，认为合适后，即接受托运。

海运出口托运单一式数份。主要内容有托运人、目的港、标记及号码、件数、货名、毛净重、尺码、可否转运、可否分批、配货要求等。在实际业务中，90%都使用集装箱托运，也称为集装箱货物托运单。

提示：在实际业务中，出口企业交给承运人的是明细单，所以出口货物委托书、出口货物明细单、托运单有时是同一张单据。内容大致是一样的，这里就不再赘述了。

装货单是接受了托运人提出装运申请的船公司，签发给托运人，凭以命令船长将承运的货物装船的单据。装货单既可用作装船依据，又是货主凭以向海关办理出口货物申报手续的主要单据之一，所以装货单又称“关单”，对托运人而言，装货单是办妥货物托运的证明。对船公司或其代理而言，装货单是通知船方接受装运该批货物的指示文件。

收货单又称大副收据，是船舶收到货物的收据及货物已经装船的凭证。船上大副根据理货人员在理货单上所签注的日期、件数及舱位，并与装货单进行核对后，签署大副收据。托运人凭大副签署过的大副收据，向承运人或其代理人换取已装船提单。

由于上述三份单据(托运单、装货单、收货单)的主要项目基本一致，我国一些主要口岸的做法是将托运单、装货单、收货单、运费通知单等合在一起，制成一份多达9联的单据。各联作用如下：第一联由订舱人留底，用于缮制船务单证；第二、三联为运费通知联，其中一联留存，另一联随账单向托运人托收运费；第四联装货单经海关加盖放行章后，船方才能收货装船；第五联收货单及第六联由配舱人留底；第七、八联为配舱回单；第九联是缴纳出口货物港务费的申请书。货物装船完毕后，港区凭以向托运人收取港杂费。

知识链接

大副、二副、三副

大副是船长的主要助手。在船长的领导下，主持甲板部的日常工作；履行航行值班职责并协助船长搞好安全航行；主管货物的配载、装卸、交接和其他运输管理工作，以及甲板部所属设备的维护保养工作。

二副在船长、大副的领导下履行航行和停泊所规定的值班职责，并主管驾驶设备。

三副在船长、大副的领导下履行航行和停泊所规定的值班职责，并主管救生、消防设备。

一、托运单、装货单、收货单内容及缮制

托运单、装货单、收货单三者的内容大致是一样的，一般主要包括以下条款。

▶ 1. 托运人(SHIPPER)

一般情况下，填写出口公司的名称和地址。

▶ 2. 收货人(CONSIGNEE)

在信用证支付的条件下，对收货人的规定常有两种表示方法：记名收货人和指示收货人。

记名收货人是直接将收货人的名称、地址完整地表示出来。这时，收货人即合同买方，但是记名收货人的单据不能直接转让，这给单据的买卖流通设下了障碍，故记名收货人的表示方法不常使用。

指示收货人是将收货人以广义的形式表示出来。常用空白指示和记名指示两种表达法。指示收货人掩饰了具体的收货人的名称和地址，使单据可以转让。在空白指示(不记名指示)的情况下，单据的持有人可以自由转单据。在记名指示情况下，记名人有权控制和转让单据。指示收货人的方法补充了记名收货人方法的缺陷，但也给船方通知货方提货带来了麻烦，对此由被通知人栏目做出补充。

▶ 3. 被通知人(NOTIFY PARTY)

被通知人即买方的代理人，货到目的港时由承运人通知其办理报关提货等手续。

如果信用证中有规定，应严格按信用证规定填写，如详细地址、电话、电传、传真号码等；如果来证中没有具体说明被通知人，那么就应将开证申请人名称、地址填入提单副本的一栏中，而正本的这一栏保持空白或填写买方亦可。副本提单必须填写被通知人，是为了方便目的港代理通知联系收货人提货。

如果来证中规定 Notify... only，意指仅通知某某，则 only 一词不能漏掉。

▶ 4. 托运单编号(NUMBER)

一般填写商业发票的号码。

▶ 5. 目的地(PLACE OF DELIVERY)

此栏目按信用证的目的港填写。填写时，注意重名港口的现象，一般将目的地所在国家名称填写在这一栏中。如果目的地是一个内陆城市，则这一栏中填写卸下最后一艘海轮时的港口名称。在计算运费时，是根据托运单的本项内容计算航程的。

▶ 6. 运输标志(SHIPPING MARKS)

此栏填写信用证或合同都规定的唛头，若买卖合同或信用证中没有规定唛头，可填写 N/M。

▶ 7. 数量(QUANTITY)

托运单中的数量是指最大包装的件数。

▶ 8. 货物说明(DESCRIPTION OF GOODS)

对这一栏的内容允许只写大类名称或统称。

▶ 9. 重量(GOSS WEIGHT / NET WEIGHT)

重量应分别计算毛重和净重。

▶ 10. 尺码(MEASUREMENT)

该栏目填写一批货的尺码总数，一般单位为立方米。

▶ 11. 装运日(TIME OF SHIPMENT)

略。

▶ 12. 期满日(EXPIRY DATE)

该栏目的填写一般按信用证的规定填写。

▶ 13. 存货地

此栏内容用中文填写。

▶ 14. 转船(TRANSSHIPMENT)

此栏只能在“允许”(ALLOWED)或“不允许”(PROHIBITTED)两者中取其一。

▶ 15. 分批(PARTIAL SHIPMENT)

按照合同或信用证条款填写，只能在“允许”或“不允许”两者中取其一。

▶ 16. 运费(FREIGHT)

一般不显示具体运费，只填写“运费待付”(COLLECTED)或“运费预付/已付”(PREPAID)，或直接填写“按事先安排”(AS ARRANGED)。

▶ 17. 托运单日期

此栏填写与发票的日期一样的内容，即开立发票的日期。

▶ 18. 提单正本份数

一般一式三份，三份正本提单同时有效。按照习惯，全套正本提单一般是指两份以上正本提单。

▶ 19. 提单副本的份数

一般是指出口企业留底份数＋寄单所需份数＋信用证对正本提单要的份数。

▶ 20. 特别条款

根据信用证要求或合同要求中有关运输方面的特殊条款。

▶ 21. 签字

经办人签字，出口企业盖章。其他项目如船名、提单号码等由船方或其代理人填写。

二、本项目的参考装货单

中国外轮代理公司

CHINA OCEAN SHIPPING AGENCY

装货单

s/o No. RNSL060627

SHIPPING ORDER

船名 s/s HANJIN 目的港 For SAN FRANCISCO

托运人 Shipper CHANGZHOU YAFENG IMP. AND EXP. CORP. LTD

受货人 Consignee TO ORDER OF SHIPPER

通知 Notify THE LOOKING HANDCRAFT，INC. 138 SAN MATEC AVENUE，SAN FRANCISCO CA-94080-6501，U. S.

兹将下列完好状况之货物装船后希签署收货单

Receive on board the undermentioned goods apparent in good order and sign the accompanying receipt for the same.

标记及号码 Marks&Nos.	件数 Quantity	货名 Description of Goods	毛重量/千克 Gross Weight in kilos	尺码 Measurement 立方公尺 Cu. M.
N/M	500 CTNS	HOOK RUG	6 900 KGS	13. 6 m^3

共计件数(大写)

Total Number of Packages in Writing SAY FIVE HUNDRED CTNS ONLY

日 期 Date 2016. 7. 3 时 间 Time ______

装入何舱 Stowed ______

实 收 Received ______

理货员签名 Tallied By ______ 经办员 Approved by ______

项目练习

一、单选题

1. 一经签署即宣告运输合同成立的单据是(　　)。
A. 托运单　　B. 装货清单　　C. 装货单　　D. 载货清单

2. 船方大副在装货前，根据装货清单按货物装运要求和船舶性能编绘的一个计划受载图，称为(　　)。
A. 装货清单　　B. 载货清单　　C. 货物积载计划　　D. 收货单

3. 在海运进出口业务中，据以换取已装船提单的单据是(　　)。
A. 装货单　　B. 收货单　　C. 托运单　　D. 商业发票

4. 在班轮运输中，凭提单签发的、收货人凭以到仓库或船边提货的单据是(　　)。
A. 装货单　　B. 收货单　　C. 提货单　　D. 托运单

5. 以下单据中，由承运人所签发的表示已办妥托运手续，同意承运托运单上所列的货物的单据是(　　)。
A. 收货单　　B. 装货单　　C. 托运单　　D. 装货清单

6. 以海运方式出口时，向海关申报出口的运输单据是(　　)。
A. 海运提单　　B. 装货单　　C. 收货单　　D. 大副收据

7. 装货单有多种用途，因此叫法也各异，但不能被称为(　　)。
A. 关单　　B. 下货纸　　C. S/O　　D. Mate's Receipt

8. 航次期租下，承租人支付的费用是(　　)。
A. 运费　　B. 附加费　　C. 租金　　D. 包干运费

9. 在定程租船方式下，装卸费采用的办法是(　　)。
A. 船方不负担装卸费　　B. 船方负担装卸费
C. 船方负担装货费，而不负担卸货费　　D. 船方只负担卸货费，而不负担装货费

10. 支付租金取得船舶所有权，同时负责船舶的调查和经营管理的租船方式是(　　)。
A. 定程租船　　B. 定期租船　　C. 光船租船　　D. 包运租船

二、多选题

1. 国际货物运输的特点是(　　)。
A. 线长面广　　B. 中间环节多　　C. 情况复杂多变
D. 风险大　　E. 风险小

2. 在实际业务中，我们应根据(　　)审慎选用合理的运输方式。
A. 货物特征　　B. 运量大小　　C. 距离远近
D. 运费高低　　E. 风险程度

3. 国际货物运输组织的当事人包括(　　)。
A. 交通运输部门　　B. 进出口商　　C. 海关　　D. 货运代理人

4. 按照代理业务的性质和范围不同，代理行为主要包括(　　)。
A. 租船代理　　B. 船务代理人　　C. 货运代理　　D. 咨询代理
E. 航空代理

5. 班轮运费的构成包括(　　)。

A. 基本运费　　B. 附加运费　　C. 装卸费　　D. 燃油费

6. 国际邮包运输具有(　　)性质。

A. 集装箱　　B. 多式联运　　C. 门到门　　D. 航空运输

7. 国际航空运输的方式有(　　)。

A. 班机运输　　B. 包机运输　　C. 集中托运　　D. 急件运送

8. 国际标准化组织为统一集装箱的规格，推荐了三个系列 13 种规格的集装箱。我国在贸易中最常使用的集装箱规格是(　　)。

A. 10 英尺　　B. 20 英尺　　C. 30 英尺　　D. 40 英尺

9. 海洋运输的特点是(　　)。

A. 运输量大　　B. 通过能力强　　C. 投资小，运费低　　D. 速度快

E. 风险小

10. 班轮运输特点中的“四固定”是指(　　)。

A. 航线固定　　B. 港口固定　　C. 船期固定　　D. 费率固定

E. 风险固定

三、根据信用证和相关材料制出口货物明细单

信用证

ISSUING BANK：CYPRUS POPULAR BANK LTD，LARNAKA

ADVISING BANK：BANK OF CHINA，SHANGHAI BRANCH.

SEQUENCE OF TOTAL	*27：	1/1
FORM OF DOC. CREDIT	*40A：	IRREVOCABLE
DOC. CREDIT NUMBER	*20：	186/10/10014
DATE OF ISSUE	31C：	20100105
EXPIRY	*31D：	DATE 20100229 PLACE CHINA
APPLICANT	*50：	LAIKI PERAGORA ORPHANIDES LTD.， 020 STRATIGOU TIMAGIA AVE.， 6046，LARNAKA， CYPRUS
BENEFICIARY	*59：	SHANGHAI GARDEN PRODUCTS IMP. AND EXP. CO.，LTD. 27 ZHONGSHAN DONGYI ROAD，SHANGHAI，CHINA
AMOUNT	*32B：	CURRENCY USD AMOUNT 6115.00
POS. / NEG. TOL. (%)	39A：	05/05
AVAILABLE WITH/BY	*41D：	ANY BANK BY NEGOTIATION
DRAFT AT...	42C：	AT SIGHT
DRAWEE	*42D：	LIKICY2NXXX *CYPRUS POPULAR BANK LTD *LARNAKA

PARTIAL SHIPMENT	43P:	ALLOWED
TRANSSHIPMENT	43T:	ALLOWED
LOADING IN CHARGE	44A:	SHANGHAI PORT
FOR TRANSPORT TO…	44B:	LIMASSOL PORT
LATEST DATE OF SHIP.	44C:	100214
DESCRIPT. OF GOODS	45A:	WOODEN FLOWER STANDS AND WOODEN FLOWER POTS AS PER S/C NO. E03FD121. CIF LIMASSOL PORT, INCOTERMS 2000
DOCUMENTS REQUIRED	46A:	+COMMERCIAL INVOICE IN QUADRUPLICATE ALL STAMPED AND SIGNED BY BENEFICIARY CERTIFYING THAT THE GOODS ARE OF CHINESE ORIGIN. +FULL SET OF CLEAN ON BOARD BILL OF LADING MADE OUT TO ORDER OF SHIPPER AND BLANK ENDORSED, MARKED FREIGHT PREPAID AND NOTIFY APPLICANT. + PACKING LIST IN TRIPLICATE SHOWING PACKING DETAILS SUCH AS CARTON NO AND CONTENTS OF EACH CARTON. +INSURANCE POLICY OFR CERTIFICATE IN 2 COPIES ENDORSED IN BLANK FOR 120 PERCENT OF THE INVOICE VALUE INCLUDING OCEAN MARINE CARGO CLAUSE ALL RISKS AND WAR RISK AS PER PICC WITH CLAIMS PAYABLE IN CYPRUS IN THE CURRENCY OF THE DRAFTS
ADDITIONAL COND.	47A:	+EACH PACKING UNIT BEARS AN INDELIBLE MARK INDICATING THE COUNTRY OF ORIGIN OF THE GOODS. PACKING LIST TO CERTIFY

		THIS. +INSURANCE IS BEING ARRANGED BY THE BUYER. + A USD50.00 DISCREPANCY FEE, FOR BENEFICIARY'S ACCOUNT, WILL BE DEDUCTED FROM THE REIMBURSEMENT CLAIM FOR EACH PRESENTATION OF DISCREPANT DOCUMENTS UNDER THIS CREDIT. +THIS CREDIT IS SUBJECT TO THE U. C. P. FOR DOCUMENTARY CREDITS (2007 REVISION) I. C. C., PUBLICATION NO. 600.
DETAILS OF CHARGES	71B:	ALL BANK CHARGES OUTSIDE CYPRUS ARE FOR THE ACCOUNT OF THE BENEFICIARY.
PRESENTATION PERIOD	48:	WITHIN 15 DAYS AFTER THE DATE OF SHIPMENT BUT WITHIN THE VALIDITY OF THE CREDIT.
CONFIRMATION	*49:	WITHOUT
INSTRUCTION	78:	ON RECEIPT OF DOCUMENTS CONFIRMING TO THE TERMS OF THIS DOCUMENTARY CREDIT, WE UNDERTAKE TO REIMBURSE YOU IN THE CURRENCY OF THE CREDIT IN ACCORDANCE WITH YOUR INSTRUCTIONS, WHICH SHOULD INCLUDE YOUR UID NUMBER AND THE ABA CODE OF THE RECEIVING BANK.

相关资料：

发票号码：10SHGD3029　　　　发票日期：2010 年 2 月 9 日

提单号码：SHYZ102234　　　　提单日期：2010 年 2 月 12 日

集装箱号码：FSCU3214999　　　　集装箱封号：1295312

1×20'FCL，CY/CY

船名：LT USODIMARE　　　　航次：V.021W

木花架，WOODEN FLOWER STANDS，H. S. CODE：44219090.90，

QUANTITY：350PCS，USD8.90/PC，2pcs/箱，共 175 箱。

纸箱尺码：66cm×22cm×48cm，毛重：11 千克/箱，净重：9 千克/箱。

木花桶，WOODEN FLOWER POTS，H. S. CODE：44219090. 90，QUANTITY：600PCS，USD5. 00/PC，4pcs/箱，共 150 箱。

纸箱尺码：42cm×42cm×45cm，毛重：15 千克/箱，净重：13 千克/箱。

唛头：L. P. O. L.
DC NO. 186/10/10014
MADE IN CHINA
NO. 1-325

<table>
<tr><td colspan="3" rowspan="2">出口货物明细单
年　月　日</td><td>银行编号</td><td></td><td>外运编号</td><td></td></tr>
<tr><td>核销单号</td><td></td><td>许可证号</td><td></td></tr>
<tr><td colspan="2" rowspan="3">经营单位
（装船人）</td><td rowspan="3"></td><td>合同号</td><td colspan="3"></td></tr>
<tr><td>信用证号</td><td colspan="3"></td></tr>
<tr><td>开证日期</td><td></td><td>收到日期</td><td></td></tr>
<tr><td rowspan="5">提单或承运收据</td><td rowspan="2">抬头人</td><td rowspan="2"></td><td>金额</td><td></td><td>收汇方式</td><td></td></tr>
<tr><td>货物性质</td><td></td><td>贸易国别</td><td></td></tr>
<tr><td rowspan="2">通知人</td><td rowspan="2"></td><td>出口口岸</td><td></td><td>目的港</td><td></td></tr>
<tr><td>可否转运</td><td></td><td>可否分批</td><td></td></tr>
<tr><td>运费</td><td></td><td>装运期限</td><td></td><td>有效期限</td><td></td></tr>
</table>

<table>
<tr><td rowspan="2">标记唛头</td><td rowspan="2">货名规格及货号</td><td rowspan="2">包装件数</td><td rowspan="2">数量或尺码</td><td rowspan="2">毛重</td><td rowspan="2">净重</td><td colspan="2">价格（成交条件）</td></tr>
<tr><td>单价</td><td>总价</td></tr>
<tr><td></td><td></td><td></td><td></td><td></td><td></td><td></td><td></td></tr>
<tr><td colspan="8">TOTAL：
SAY TOTAL：</td></tr>
</table>

<table>
<tr><td rowspan="4">本公司的
注意事项</td><td rowspan="4"></td><td colspan="2">总体积</td><td></td></tr>
<tr><td rowspan="3">保险单</td><td>险别</td><td></td></tr>
<tr><td>保额</td><td></td></tr>
<tr><td>赔款地点</td><td></td></tr>
<tr><td rowspan="4">外运
外轮
注意
事项</td><td rowspan="4"></td><td colspan="2">船名</td><td></td></tr>
<tr><td colspan="2">海关编号</td><td></td></tr>
<tr><td colspan="2">放行日期</td><td></td></tr>
<tr><td colspan="2">制单员</td><td></td></tr>
</table>

项目七 缮制出口报关单证

学习目标

1. 掌握信用证项下的报关单制作要领；
2. 掌握最新出口收汇核销流程；
3. 能独立制作符合信用证要求的报关单。

进出口商向海关报关时，需提交以下单证。

(1) 进出口货物报关单。一般进口货物应填写一式二份；需要由海关核销的货物，如加工贸易货物和保税货物等，应填写专用报关单一式三份；货物出口后需国内退税的，应另填一份退税专用报关单。

(2) 货物发票。要求份数比报关单少一份，对货物出口委托国外销售，结算方式是待货物销售后按实销金额向出口单位结汇的，出口报关时可准予免交货物发票。

(3) 陆运单、空运单和海运进口的提货单及海运出口的装货单。海关在审单和验货后，在正本货运单上签章放行退还报关单，凭此提货或装运货物。

(4) 货物装箱单，其份数同发票，但是散装货物或单一品种且包装内容一致的件装货物可免交货物装箱单。

(5) 出口收汇核销单。一切出口货物报关时，应交验外汇管理部门加盖"监督收汇"章的出口收汇核销单，并将核销编号填在每张出口报关单的右上角处。

(6) 海关认为必要交验的贸易合同、货物产地证书。

(7) 其他有关单证。在实际业务中，报关同装运一样是交给外代完成的，所以只要出具明细单或进出口货物代理报关委托书，由外代填制相关单据，并在单据上加盖本公司印章就可以了。

进出口货物代理报关委托书

编号：

委托单位		十位编码	
地　　址		联系电话	
经 办 人		身份证号	

我单位委托　　　　公司代理以下进出口货物的报关手续，保证提供的报关资料真实、合法，与实际货物相符，并愿意承担由此产生的法律责任。

货物名称		商品编号		件　数	
重　量		价　值		币　制	
贸易性质		货物产地		合 同 号	
是否退税		船名/航次			

委托单位开户银行		账　号	

随附单证名称、份数及编号：

1. 合同　　份；	6. 机电证明　　份、编号：　　；
2. 发票　　份；	7. 商检证　　份；
3. 装箱清单　　份；	8.
4. 登记手册　　本、编号：　　；	9.
5. 许可证　　份、编号：　　；	10.

（以上内容由委托单位填写）

被委托单位		10位编码	
地　　址		联系电话	
经 办 人		身份证号	

（以上内容由被委托单位填写）

代理（专业）报关企业章及法人代表章		委托单位章及法人代表章	

年　　月　　日

任务一 缮制出口收汇核销单

一、最新出口收汇核销业务流程

(一) 核销开户

出口单位申请办理“中国电子口岸”IC 卡及办理出口收汇核销开户登记手续应提供以下材料：

(1) 单位介绍信、开户申请书，核销员身份证及复印件；

(2) 经贸部门批准经营进出口业务批件正本及复印件；

(3) 工商营业执照副本及复印件；

(4) 企业法人代码证书及复印件；

(5) 海关注册登记证明书复印件；

(6) 出口企业为外商投资企业的需提供《外汇登记证》。

(二) 申领核销单

出口单位申领出口收汇核销单应提供以下材料：

(1) 企业核销员证(首次申领出口收汇核销单，应提供单位介绍信，内容包括核销员姓名、领单份数及出口合同复印件)；

(2) 出口企业核销员本人“中国电子口岸”操作员 IC 卡；

(3) 申领专用章；

(4) 核销员身份证及复印件。

(三) 收汇核销

▶ 1. 全额收汇核销

(1) 企、业出口收汇核销手册；

(2) 加盖海关“验讫章”的核销单正本及退税联；

(3) 加盖海关“验讫章”的出口货物报关单正本；

(4) 商业发票正本，外商投资企业应提供由税务部门统一制定的出口发票，加盖企业公章或发票专用章，其他出口企业提供的出口发票须加盖企业发票专用章；

(5) 银行出具的出口收汇核销专用联(应具备银行“业务公章”和“出口收汇核销专用章”“出口收汇核销专用联”字样、相应的核销单编号等必备要素)，异地收汇核销专用联的，应加盖收汇地外汇局“出口收汇核销业务监管专用章”确认的水单。

▶ 2. 来料加工、来件装配方式出口按照缴费单办理收汇核销

(1) 企业出口收汇核销手册；

(2) 全额核销符合条件的单据；

(3) 海关登记手册、企业合同及外经贸部门批准件(正本及复印件)。

▶ 3. 进料加工抵扣出口收汇差额核销

外商投资企业每次申请办理抵扣差额核销时，应提供以下材料：

(1) 外经贸主管部门签发的《加工贸易业务批准证》、海关进出口登记手册、进出口合同(须经外经贸主管部门、海关审批备案)；

(2) 全额收汇核销符合条件的单据；

(3) 进口货物报关单正本及企业外汇核销 IC 卡。

▶ 4. 特殊贸易方式出口

其他特殊贸易方式出口，按照相关规定办理出口收汇核销。

▶ 5. 企业货物报关出口后发生退货办理核销

(1) 出口收汇核销手册；

(2) 加盖海关"验讫章"的核销单正本；

(3) 加盖海关"验讫章"的出口货物报关单正本；

(4) 加盖企业公章或发票专用章的出口发票正本；

(5) 加盖海关"验讫章"的退运进口货物报关单正本；

(6) 进口发票正本(应为红字)；

(7) 企业外汇核销 IC 卡。

二、出口收汇核销单的填制方法

▶ 1. 出口单位名称

该栏填写对外签订合同或执行出口贸易合同的、有出口经营权的我国外贸公司或企业名称的全称。委托报关时，应填写委托单位名称；委托出口，以代理出口单位名义签订出口合同并负责收汇时，应填写代理单位名称，两个或两个以上出口单位联合出口时，应填写负责办理报关手续的出口单位的名称。

▶ 2. 编号

该栏由发放空白核销单的当地外汇管理部门预先编号。

▶ 3. 寄单日期

寄单日期指信用证或托收项下银行寄单日期。该栏由受托行或解付行根据对外实际寄单日期填写；自寄单据的，由出口企业自填对外寄单索汇的实际日期。

▶ 4. BP/OC 号(Bill Purchased/Out ward Collection)

BP 号指信用证项下议付通知书编号，OC 号指托收项下托收委托书编号，该栏由受托行或解付行根据信用证项下议付通知书编号或托收项下托收委托书编号填写。如果为自寄单据出口，则在 BP/OC 号栏中填写"自寄单据"。

▶ 5. 结汇/收账日期

该栏由解付行填写从国外银行或进口商处收妥货款的实际日期。

▶ 6. 有关费用及货款处理方式

有关费用及货款处理方式指出口项下从属费用及经批准保留现汇的货款金额，填写时，在所列的项目中，如发生一项即在项目前“□”内画“√”，并填写费用金额；如未发生该项，则不填。

▶ 7. 海关核放情况

海关审核报关单与出口收汇核销单核对无误后，在此栏内加盖“验讫”章放行。

▶ 8. 受托行/解付行备注

该栏由受托行或解付行根据收款情况在必要时填写。

▶ 9. 出口单位备注

该栏由出口单位根据实际情况在必要时填写。

▶ 10. 外汇管理部门核销意见

该栏由当地外汇管理部门根据核销实际情况填写。

▶ 11. 出口货物数量、总价

该栏根据报关单填报内容，填写出口商品品种、数量、成交条件、总价及应收汇的币种。

▶ 12. 收汇方式

该栏必须严格按合同内容填写，每种收汇方式应列明即期或远期及远期天数。若为分期付款方式，则应列明每项付款日期的金额。

▶ 13. 预计收款日期

根据合同规定的财务付款日期或根据合同推算的收款日期填写。

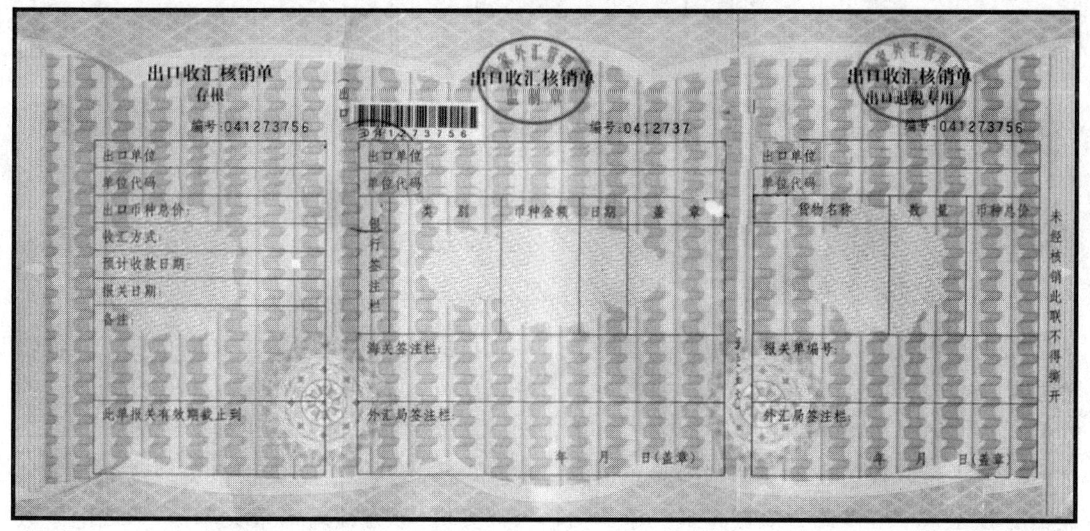

出口收汇核销单
存根
编号:041273756

出口单位
单位代码
出口币种总价:
收汇方式:
预计收款日期:
报关日期:
备注:
此单报关有效期截止到

出口收汇核销单
编号:0412737

出口单位				
单位代码				
银行签注栏	类别	币种金额	日期	盖章
海关签注栏:				
外汇局签注栏: 年 月 日(盖章)				

出口收汇核销单
出口退税专用
编号:041273756

出口单位		
单位代码		
货物名称	数量	币种总价
报关单编号:		
外汇局签注栏: 年 月 日(盖章)		

未经核销此联不得撕开

三、本项目参考出口收汇核销单

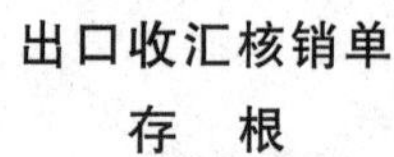
出口收汇核销单
存　根

(沪)编号：28/1555300　　(沪)编号：28/1555300　　(沪)编号：28/1555300

出口收汇核销单 存根
出口单位： 常州亚峰进出口有限公司
单位编码：3204367617
出口币种总价：USD71 400.00
收汇方式：L/C
约计收款日期：2016.8.30
报关日期：2016.7.12
备注：
此单报关有效期截止到

（出口单位盖章）

出口单位： 常州亚峰进出口有限公司				
单位编码：3204367617				
银行签注栏	类别	币种金额	日期	盖章
海关签注栏：				
外汇局签注栏： 年　月　日(盖章)				

出口单位： 常州亚峰进出口有限公司		
单位编码：3204367617		
货物名称	数量	币种总价
钩针地毯	500CTNS	USD71 400.00
报关单编号：		
外汇局签注栏： 年　月　日(盖章)		

任务二　缮制报关单

报关是履行海关进出境手续的必要环节之一，指的是进出境运输工具的负责人、货物和物品的收发货人或其代理人，在通过海关监管口岸时，依法进行申报并办理有关手续的过程。报关单是报关单位和人员向海关申报货物、运输工具、物品进出境的单证。

一般而言，报关员手工填制报关单(称为报关单录入凭单)后，交给报关现场的预录入中心，预录入中心以此为依据将报关单数据输入计算机(称为预录入报关单)，形成电子数据并传输至管辖地海关审单中心。海关审单中心审核无误后，数据返回报关现场的预录入中心，这时候就可以打印出正式的报关单，随附相关单证后，向现场海关提交。

纸质进口货物报关单一式五联，分别是海关作业联、海关留存联、企业留存联、海关核销联、进口付汇证明联。

纸质出口货物报关单一式六联，分别是海关作业联、海关留存联、企业留存联、海关核销联、出口收汇证明联、出口退税证明联。

知识链接

各种新版报关单使用说明

JG01. 进口货物报关单：蓝色底纹、黑字

JG02. 出口货物报关单：蓝色底纹、黑字

JG03. 进口货物报关单：进料加工专用，红色底纹、黑字

JG04. 出口货物报关单：进料加工专用，红色底纹、黑字

JG05. 进口货物报关单：来料加工补偿贸易专用，绿色底纹、黑字

JG06. 出口货物报关单：来料加工补偿贸易专用，绿色底纹、黑字

JG07. 出口货物报关单：出口退税专用，黄红色底纹、黑字

JG08. 进口货物报关单：付汇证明联，灰色底纹、黑字

JG09. 出口货物报关单：收汇核销联，绿色底纹、黑字

JG10. 进口货物报关单：便捷通关担保验放专用，分为第一联、第二联、第三联，黄色底纹、黑字

JG11. 出口货物报关单：便捷通关担保验放专用，分为第一联、第二联、第三联，黄色底纹、黑字

JG12. 进出境快件 KJ1 报关单：分为第一联、第二联，单据为白色、灰标志、黑字

JG13. 进出境快件 KJ2 报关单：分为第一联、第二联，单据为白色、灰标志、黑字

JG14. 进出境快件 KJ3 报关单：分为第一联、第二联，单据为白色、灰标志、黑字

中华人民共和国海关出口货物报关单

预录入编号：　　　　海关编号：

<table>
<tr><td>出口口岸</td><td colspan="2">备案号</td><td>出口日期</td><td>申报日期</td></tr>
<tr><td>经营单位</td><td colspan="2">运输方式</td><td>运输工具名称</td><td>提运单号</td></tr>
<tr><td>发货单位</td><td colspan="2">贸易方式</td><td>征免性质</td><td>结汇方式</td></tr>
<tr><td>许可证号</td><td colspan="2">运抵国（地区）</td><td>指运港</td><td>境内货源地</td></tr>
<tr><td>批准文号</td><td>成交方式</td><td>运费</td><td>保费</td><td>杂费</td></tr>
<tr><td>合同协议号</td><td>件数</td><td>包装种类</td><td>毛重（千克）</td><td>净重（千克）</td></tr>
<tr><td>集装箱号</td><td colspan="3">随附单据</td><td>生产厂家</td></tr>
<tr><td colspan="5">标记唛码及备注</td></tr>
</table>

续表

项号　商品编号　商品名称、规格型号　数量及单位　最终目的国(地区)单价　总价　币制　征免		
税费征收情况		
录入员　录入单位	兹声明以上申报无讹并承担法律责任	海关审单批注及放行日期(签章) 审单　审价
报关员 单位地址 邮编　电话	申报单位(签章) 填制日期	征税　统计 查验　放行

中华人民共和国海关进口货物报关单

预录入编号：　　　　海关编号：

进口口岸	备案号	进口日期		申报日期
经营单位	运输方式	运输工具名称		提运单号
收货单位	贸易方式	征免性质		征税比例
许可证号	起运国(地区)	装货港		境内目的地
批准文号	成交方式	运费	保费	杂费
合同协议号	件数	包装种类	毛重(千克)	净重(千克)
集装箱号	随附单据		用途	
标记唛码及备注				
项号　商品编号　商品名称、规格型号　数量及单位　原产国(地区)　单价　总价　币制　征免				
税费征收情况				

续表

录入员　　录入单位	兹声明以上申报无讹并承担法律责任	海关审单批注及放行日期(签章)
报关员	申报单位(签章)	审单　　审价
单位地址		征税　　统计
邮编　　电话　　填制日期		查验　　放行

一、进出口货物报关单内容及缮制

▶ 1. 预录入编号

预录入编号指预录入单位预录入报关单的编号，用于申报单位与海关之间引用其申报后尚未接受申报的报关单。

预录入编号由接受申报的海关决定编号规则。报关单录入凭单的编号规则由申报单位自行决定。

▶ 2. 海关编号

海关编号指海关接受申报时给予报关单的编号，应标识在报关单的每一联上。

报关单海关编号为18位数字，其中第1～4位为接受申报海关的编号(《关区代码表》中相应海关代码)，第5～8位为海关接受申报的公历年份，第9位为进出口标志(“1”为进口，“0”为出口)，后9位为顺序编号。

▶ 3. 进口口岸/出口口岸

进口口岸/出口口岸指货物实际进出我国关境口岸海关的名称。

本栏目应根据货物实际进出关境的口岸海关填报《关区代码表》中相应的口岸海关名称及代码。

进口转关运输货物应填报货物进境地海关名称及代码，出口转关运输货物应填报货物出境地海关名称及代码。按转关运输方式监管的跨关区深加工结转货物，出口报关单填报转出地海关名称及代码，进口报关单填报转入地海关名称及代码。

在不同出口加工区之间转让的货物，填报对方出口加工区海关名称及代码。

其他无实际进出境的货物，填报接受申报的海关名称及代码。

▶ 4. 备案号

备案号指进出口企业在海关办理加工贸易合同备案或征、减、免税审批备案等手续时，海关给予《进料加工登记手册》《来料加工及中小型补偿贸易登记手册》《外商投资企业履行产品出口合同进口料件及加工出口成品登记手册》电子账册及其分册(以下均简称《加工贸易手册》)、《进出口货物征免税证明》(以下简称《征免税证明》)或其他有关备案审批文件的编号。

一份报关单只允许填报一个备案号。备案号栏目为12位字符，其中第1位是标记代码。

无备案审批文件的报关单，本栏目免予填报。

具体填报要求如下：

(1)加工贸易合同项下货物，除少量低价值辅料按规定不使用《加工贸易手册》外，其余均应填报《加工贸易手册》编号。

(2)涉及征、减、免税备案审批的报关单，填报《征免税证明》编号。

(3)出入出口加工区的保税货物，应填报标记代码为“H”的电子账册备案号；出入出口加工区的征免税货物、物品，应填报标记代码为“H”、第六位为“D”的电子账册备案号。

(4)使用异地直接报关分册和异地深加工结转出口分册在异地口岸报关的，本栏目应填报分册号；本地直接报关分册和本地深加工结转分册限制在本地报关，本栏目应填报总册号。

(5)加工贸易成品凭《征免税证明》转为享受减免税进口货物的，进口报关单填报《征免税证明》编号，出口报关单填报《加工贸易手册》编号。

(6)对于减免税设备及加工贸易设备之间的结转，转入和转出企业分别填制进、出口报关单，在报关单“备案号”栏目分别填报《加工贸易手册》编号、《征免税证明》编号或免予填报。

(7)优惠贸易协定项下实行原产地证书联网管理的货物，应填报原产地证书代码“Y”和原产地证书编号；未实行原产地证书联网管理的货物，本栏目免予填报。

▶ 5. 合同协议号

本栏目应填报进(出)口货物合同(协议)的全部字头和号码。

▶ 6. 进口日期/出口日期

进口日期指运载所申报货物的运输工具申报进境的日期。本栏目填报的日期必须与相应的运输工具进境日期一致。

进口申报时无法确知相应的运输工具的实际进境日期时，本栏目免予填报。

出口日期指运载所申报货物的运输工具办结出境手续的日期。本栏目供海关打印报关单证明联用，在申报时免予填报。

无实际进出境的报关单填报办理申报手续的日期，以海关接受申报的日期为准。

本栏目为8位数字，顺序为年(4位数字)、月(2位数字)、日(2位数字)。

▶ 7. 申报日期

申报日期指海关接受进出口货物的收、发货人或受其委托的报关企业申请的日期。

以电子数据报关单方式申报的，申报日期为海关计算机系统接受申报数据时记录的日期。以纸质报关单方式申报的，申报日期为海关接受纸质报关单并对报关单进行登记处理的日期。

本栏目为8位数字，顺序为年(4位数字)、月(2位数字)、日(2位数字)。

▶ 8. 经营单位

经营单位指对外签订并执行进出口贸易合同的中国境内企业、单位或个体工商户。

本栏目应填报经营单位名称及经营单位编码。

经营单位编码是经营单位在海关办理注册登记手续时，海关给予的注册登记10位编码。

特殊情况下，确定经营单位的原则如下。

(1)援助、赠送、捐赠的货物，填报直接接受货物的单位。

(2)进出口企业之间相互代理进出口的，填报代理方。

(3)外商投资企业委托进出口企业进口投资设备、物品的，填报外商投资企业，并在标记唛码及备注栏注明“委托某进出口企业进口”。

(4)有代理报关权的进出口企业在本企业进出口或代理其他企业进出口时，填报本企业的经营单位编码；代理其他企业办理进出口报关手续时，填报委托方经营单位编码。

▶ 9. 收货单位/发货单位

收货单位指已知的进口货物在境内的最终消费、使用单位，包括自行从境外进口货物的单位和委托进出口企业进口货物的单位。

发货单位指出口货物在境内的生产或销售单位，包括自行出口货物的单位和委托进出口企业出口货物的单位。

备有海关注册编号或加工生产企业编号的收、发货单位，本栏目必须填报其经营单位编码或加工生产企业编号；否则填报其中文名称。加工贸易报关单的收、发货单位应与《加工贸易手册》的“货主单位”一致；减免税货物报关单的收、发货单位应与《征免税证明》的“申请单位”一致。

▶ 10. 申报单位

申报单位指对申报内容的真实性直接向海关负责的企业或单位。自理报关的，应填报进(出)口货物的经营单位名称及编码；委托代理报关的，应填报经海关批准的报关企业名称及编码。

本栏目还包括报关单左下方用于填报申报单位有关情况的相关栏目，包括报关员、报关单位地址、邮政编码和电话号码等栏目。

▶ 11. 运输方式

运输方式指载运货物进出关境所使用的运输工具的分类，包括实际运输方式和海关规定的特殊运输方式。

本栏目应根据实际运输方式按海关规定的《运输方式代码表》选择填报相应的运输方式。

特殊情况下，运输方式的填报原则如下。

(1)非邮政方式进出口的快递货物，按实际运输方式填报。

(2)进出境旅客随身携带的货物，按旅客所乘运输工具填报。

(3)进口转关运输货物，按载运货物抵达进境地的运输工具填报；出口转关运输货物，按载运货物驶离出境地的运输工具填报。

(4)出口加工区与区外之间进出的货物，区内企业填报“9”，区外企业填报“Z”。

(5)其他无实际进出境的，根据实际情况选择填报《运输方式代码表》中运输方式“0”(非保税区运入保税区和保税区退区)、“1”(境内存入出口监管仓库和出口监管仓库退仓)、“7”(保税区运往非保税区)、“8”(保税仓库转内销)或“9”(其他运输)。

(6)同一出口加工区内或不同出口加工区的企业之间相互结转、调拨的货物，出口加工区与其他海关特殊监管区域之间、不同保税区之间、同一保税区内不同企业之间、保税区与出口加工区等海关特殊监管区域之间转移、调拨的货物，填报“9”(其他运输)。

▶ 12. 运输工具名称

运输工具名称指载运货物进出境的运输工具的名称或运输工具编号。

本栏目填报内容应与运输部门向海关申报的载货清单所列相应内容一致。

一份报关单只允许填报一个运输工具名称。

▶ 13. 航次号

航次号指载运货物进出境的运输工具的航次编号。

▶ 14. 提运单号

提运单号指进出口货物提单或运单的编号。

本栏目填报的内容应与运输部门向海关申报的载货清单所列相应内容一致。

一份报关单只允许填报一个提运单号，一票货物对应多个提运单时，应分单填报。

▶ 15. 贸易方式(监管方式)

本栏目应根据实际情况按海关规定的《贸易方式代码表》选择填报相应的贸易方式简称或代码。

出口加工区内企业填制的《出口加工区进(出)境货物备案清单》应选择填报适用于出口加工区货物的监管方式简称或代码。

一份报关单只允许填报一种贸易方式。

▶ 16. 征免性质

征免性质指海关对进出口货物实施征、减、免税管理的性质类别。

本栏目应按照海关核发的《征免税证明》中批注的征免性质填报，或根据实际情况按海关规定的《征免性质代码表》选择填报相应的征免性质简称或代码。

加工贸易报关单本栏目应按照海关核发的《加工贸易手册》中批注的征免性质填报相应的征免性质简称或代码。

▶ 17. 征税比例/结汇方式

征税比例仅用于"非对口合同进料加工"(代码 0715)贸易方式下进口料件的进口报关单，填报海关规定的实际应征税比率，例如 5%填报"5"，15%填报"15"。

结汇方式用于出口报关单，即出口货物的发货人或其代理人收结外汇的方式。本栏目应按海关规定的《结汇方式代码表》选择填报相应的结汇方式名称或代码。

▶ 18. 许可证号

应申领进(出)口许可证的货物，必须在此栏目填报商务部及其授权发证机关签发的进(出)口货物许可证的编号。

一份报关单只允许填报一个许可证号。

▶ 19. 起运国(地区)/运抵国(地区)

起运国(地区)指进口货物直接运抵或者在运输中转国(地)未发生任何商业性交易的情况下运抵我国的起始发出的国家(地区)。

运抵国(地区)指出口货物离开我国关境直接运抵或者在运输中转国(地)未发生任何商业性交易的情况下最后运抵的国家(地区)。

对发生运输中转的货物，如中转地未发生任何商业性交易，则起、抵地不变，如中转地发生商业性交易，则以中转地作为起运/运抵国(地区)填报。

本栏目应按海关规定的《国别(地区)代码表》选择填报相应的起运国(地区)或运抵国(地区)中文名称或代码。

无实际进出境的，本栏目填报“中国”(代码 0142)。

▶ 20. 装货港/指运港

装货港指进口货物在运抵我国关境前的最后一个境外装运港。

指运港指出口货物运往境外的最终目的港；最终目的港不可预知的，可按尽可能预知的目的港填报。

本栏目应根据实际情况按海关规定的《港口航线代码表》选择填报相应的港口中文名称或代码。

无实际进出境的，本栏目填报“中国境内”(代码 0142)。

▶ 21. 境内目的地/境内货源地

境内目的地指已知的进口货物在国内的消费、使用地或最终运抵地。

境内货源地指出口货物在国内的产地或原始发货地。

本栏目应根据进口货物的收货单位、出口货物生产厂家或发货单位所属国内地区，并按海关规定的《国内地区代码表》选择填报相应的国内地区名称或代码。

▶ 22. 批准文号

出口报关单本栏目用于填报《出口收汇核销单》编号。

▶ 23. 成交方式

本栏目应根据实际成交价格条款按海关规定的《成交方式代码表》选择填报相应的成交方式代码。

无实际进出境的，进口填报 CIF 价，出口填报 FOB 价。

▶ 24. 运费

本栏目用于成交价格中不包含运费的进口货物或成交价格中含有运费的出口货物，应填报该份报关单所含全部货物的国际运输费用。可按运费单价、总价或运费率三种方式之一填报，同时注明运费标记，并按海关规定的《货币代码表》选择填报相应的币种代码。

运保费合并计算的，运保费填报在本栏目。

运费标记“1”表示运费率；“2”表示每吨货物的运费单价；“3”表示运费总价。

▶ 25. 保费

本栏目用于成交价格中不包含保险费的进口货物或成交价格中含有保险费的出口货物，应填报该份报关单所含全部货物国际运输的保险费用。可按保险费总价或保险费率两种方式之一填报，同时注明保险费标记，并按海关规定的《货币代码表》选择填报相应的币种代码。

运保费合并计算的，运保费填报在运费栏目中，本栏目免予填报。

保险费标记“1”表示保险费率；“3”表示保险费总价。

▶ 26. 杂费

杂费指成交价格以外的、按照《中华人民共和国进出口关税条例》相关规定应计入完税价格或应从完税价格中扣除的费用，可按杂费总价或杂费率两种方式之一填报，同时注明杂费标记，并按海关规定的《货币代码表》选择填报相应的币种代码。

应计入完税价格的杂费填报为正值或正率；应从完税价格中扣除的杂费填报为负值或负率。

杂费标记“1”表示杂费率；“3”表示杂费总价。

▶ 27. 件数

本栏目应填报有外包装的进(出)口货物的实际件数。特殊情况填报要求如下：舱单件数为集装箱的，填报集装箱个数；舱单件数为托盘的，填报托盘数。

本栏目不得填报为“0”，裸装货物填报为“1”。

▶ 28. 包装种类

本栏目应根据进出口货物的实际外包装种类，按海关规定的《包装种类代码表》选择填报相应的包装种类代码。

▶ 29. 毛重(千克)

毛重(千克)指货物及其包装材料的重量之和。

本栏目填报进(出)口货物实际毛重，计量单位为千克，不足1千克的填报为“1”。

▶ 30. 净重(千克)

净重(千克)指货物的毛重减去外包装材料后的重量，即商品本身的实际重量。

本栏目填报进(出)口货物的实际净重，计量单位为千克，不足1千克的填报为“1”。

▶ 31. 集装箱号

集装箱号是在每个集装箱箱体两侧标示的全球唯一的编号。

本栏目用于填报和打印集装箱编号及数量。集装箱数量四舍五入填报整数，非集装箱货物填报为“0”。

集装箱号填报在集装箱表中，一个集装箱填一条记录，分别填报集装箱号、规格和自重。

▶ 32. 随附单据

随附单据指随进(出)口货物报关单一并向海关递交的单证或文件。合同、发票、装箱单、进出口许可证等必备的随附单证不在本栏目填报。

本栏目分为随附单据代码和随附单据编号两项，其中代码栏应按海关规定的《监管证件名称代码表》选择填报相应证件的代码填报；编号栏应填报许可证件编号。

▶ 33. 用途/生产厂家

进口货物填报用途，应根据进口货物的实际用途按海关规定的《用途代码表》选择填报相应的用途代码，如“以产顶进”填报“13”。

生产厂家指出口货物的境内生产企业。必要时本栏目可手工填写。

▶ 34. 标记唛码及备注

标记唛码指除图形以外的文字、数字。

备注填报受外商投资企业委托代理其进口投资设备、物品的进出口企业名称。

与本报关单有关联关系的，同时在业务管理规范方面又要求填报的备案号，如加工贸易结转货物及凭《征免税证明》转内销货物，其对应的备案号应填报在“关联备案”栏。

与本报关单有关联关系的，同时在业务管理规范方面又要求填报的报关单号，应填报在“关联报关单”栏。

加工贸易结转类的报关单，应先办理进口报关，并将进口报关单号填入出口报关单的关联报关单号栏。

▶ 35. 项号

本栏目分两行填报及打印。

第一行打印报关单中的商品排列序号；第二行专用于加工贸易等已备案的货物，填报和打印该项货物在《加工贸易手册》中的项号。

加工贸易合同项下进出口货物，必须填报与《加工贸易手册》一致的商品项号，所填报项号用于核销对应项号下的料件或成品数量。

▶ 36. 商品编号

商品编号指按商品分类编码规则确定的进出口货物的商品编号。此栏目分为商品编号和附加编号两栏，其中商品编号栏应填报《中华人民共和国海关进出口税则》8 位税则号列，附加编号栏应填报商品编号附加的第 9、10 位附加编号。《加工贸易手册》中商品编号与实际商品编号不符的，应按实际商品编号填报。

▶ 37. 商品名称、规格型号

本栏目分两行填报及打印。

第一行打印进出口货物规范的中文商品名称；第二行打印规格型号，必要时可加注原文。

▶ 38. 数量及单位

数量及单位指进出口商品的实际数量及计量单位。

本栏目分三行填报及打印。

▶ 39. 原产国(地区)/最终目的国(地区)

原产国(地区)指进口货物的生产、开采或加工制造国家(地区)。

最终目的国(地区)指已知的出口货物的最终实际消费、使用或进一步加工制造国家(地区)。

本栏目应按海关规定的《国别(地区)代码表》选择填报相应的国家(地区)名称或代码。

▶ 40. 单价

本栏目应填报同一项号下进出口货物实际成交的商品单位价格。

海关估价时，应在 H2000 通关系统"海关单价"栏修改。

无实际成交价格的，本栏目填报货值。

▶ 41. 总价

本栏目应填报同一项号下进出口货物实际成交的商品总价。

海关估价时，应在 H2000 通关系统"海关总价"栏修改。

无实际成交价格的，本栏目填报货值。

▶ 42. 币制

币制指进出口货物实际成交价格的币种。

本栏目应根据实际成交情况按海关规定的《货币代码表》选择填报相应的货币名称或代码，如《货币代码表》中无实际成交币种，需转换后填报。

▶ 43. 征免

征免指海关对进出口货物进行征税、减税、免税或特案处理的实际操作方式。

本栏目应按照海关核发的《征免税证明》或有关政策规定，对报关单所列每项商品选择填报海关规定的《征减免税方式代码表》中相应的征减免税方式。

加工贸易报关单应根据《加工贸易手册》中备案的征免规定填报。

《加工贸易手册》中备案的征免规定为“保金”或“保函”的，不能按备案的征免规定填报，而应填报“全免”。

▶ 44. 税费征收情况

本栏目供海关批注进(出)口货物税费征收及减免情况。

▶ 45. 录入员

本栏目用于记录预录入操作人员的姓名并打印。

▶ 46. 录入单位

本栏目用于记录并打印电子数据报关单的录入单位名称。

▶ 47. 填制日期

填制日期指报关单的填制日期。电子数据报关单的填制日期由计算机自动打印。

本栏目为8位数字，顺序为年(4位数字)、月(2位数字)、日(2位数字)。

▶ 48. 海关审单批注栏

本栏目指供海关内部作业时签注的总栏目，由海关关员手工填写在预录入报关单上。

其中“放行”栏填写海关对接受申报的进出口货物做出放行决定的日期。

二、本项目的参考报关单

我公司在办好装运、保险后，于2016年7月3日由外运公司代为报关，并于2016年7月6日正式出口，以下是我公司收到外运公司递来的报关单。

中华人民共和国海关出口货物报关单

预录入编号：527695940　　　　海关编号：

出口口岸 上海吴淞海关2202	备案号	出口日期 2016.7.6	申报日期 2016.7.3
经营单位 常州亚峰进出口有限公司3309115020	运输方式 江海运输(2)	运输工具名称 HANJIN V.014E	提运单号 RNSL060627
发货单位 无锡工艺地毯厂	贸易方式 一般贸易 0110	征免性质 一般征税 101	结汇方式 信用证6
许可证号 CN617032	运抵国(地区) 美国502	指运港 旧金山	境内货源地 无锡新区 32023

续表

<table>
<tr><td>批准文号</td><td>成交方式
CIF 1</td><td>运费
502/4000/3</td><td>保费 0.27/1</td><td>杂费</td></tr>
<tr><td>合同协议号
04F3—780</td><td>件数
500</td><td>包装种类
纸箱</td><td>毛重(千克)
6 900</td><td>净重(千克)
6 650</td></tr>
<tr><td>集装箱号</td><td>随附单据</td><td></td><td colspan="2">生产厂家
无锡工艺地毯厂</td></tr>
<tr><td colspan="5">标记唛码及备注 N/M</td></tr>
<tr><td colspan="5">项号 商品编号 商品名称、规格型号 数量及单位 最终目的国(地区) 单价 总价 币制 征免</td></tr>
<tr><td colspan="5">01 570241 钩针地毯 美国 USD 全免
ART. NO. JF211 2×3'2 000 条 1114.8m² (502) 17.10 34 200.00(502)
ART. NO. JF211 3×5'1 000 条 1393.5m² 18.10 18 100.00
ART. NO. CZ310 2×3'1 000 条 557.4m² 19.10 19 100.00</td></tr>
<tr><td colspan="5">税费征收情况</td></tr>
<tr><td colspan="3">录入员 录入单位 兹声明以上申报无讹并承担法律责任

申报单位(签章)

报关员 张小强

单位地址

常州亚峰进出口有限公司 报关专用章
邮编 213100 电话 6332136 填制日期 2016 年 7 月 3 日</td><td colspan="2">海关审单批注及放行日期(签章)

审单 审价

征税 统计

查验 放行</td></tr>
</table>

项目练习

报关单填制练习题

资料 1：上海顺达贸易发展公司(经营单位代码：2201213070)于 2018 年 11 月 1 日进口货物一批，次日凭“入境货物通关单”(代码及编号 A：440300201016448)、“机电产品证明”(代码及编号 O：D1014540)及有关单证，由该公司自理向上海浦东海关(关区代码 2201)报关。商品编码为 8441.1000，法定计量单位为台，保险费率 0.3%。集装箱自重 4 000千克。

资料 2：

中华人民共和国海关进口货物报关单

预录入编号： 海关编号：

<table>
<tr><td>进口口岸</td><td>备案号</td><td colspan="2">进口日期</td><td>申报日期</td></tr>
<tr><td>经营单位</td><td>运输方式</td><td colspan="2">运输工具名称</td><td>提运单号</td></tr>
<tr><td>收货单位</td><td>贸易方式</td><td colspan="2">征免性质</td><td>征税比例</td></tr>
<tr><td>许可证号</td><td>起运国(地区)</td><td colspan="2">装货港</td><td>境内目的地</td></tr>
<tr><td>批准文号</td><td>成交方式</td><td>运费</td><td>保费</td><td>杂费</td></tr>
<tr><td>合同协议号</td><td>件数</td><td>包装种类</td><td>毛重(千克)</td><td>净重(千克)</td></tr>
<tr><td>集装箱号</td><td colspan="3">随附单据</td><td>用途</td></tr>
<tr><td colspan="5">标记唛码及备注</td></tr>
<tr><td colspan="5">项号 商品编号 商品名称、规格型号 数量及单位 原产国(地区) 单价 总价 币制 征免</td></tr>
<tr><td colspan="5"></td></tr>
<tr><td colspan="5">税费征收情况</td></tr>
<tr><td>录入员 录入单位</td><td colspan="2">兹声明以上申报无讹并承担法律责任</td><td colspan="2">海关审单批注及放行日期(签章)</td></tr>
<tr><td>报关员</td><td colspan="2">申报单位(签章)</td><td colspan="2">审单 审价</td></tr>
<tr><td colspan="3">单位地址</td><td colspan="2">征税 统计</td></tr>
<tr><td>邮编</td><td colspan="2">电话 填制日期</td><td colspan="2">查验 放行</td></tr>
</table>

资料 3：发票

HAIDA HEALTH MANAGEMENT LTD.

TONG SHING BUILDING A，80 SHEUNG SHA WAN ROAD

KOWLOON，U. S. A.

INVOICE

No. SH04-10-001 Date：October 28. 2018

INVOICE of

For account and risk Messrs. SHANGHAI SHUNDA TRADE DEVELOPMENT CORP

9/F No. 266 DONG FENG XI RD，SHANGHAI P. R. CHINA 上海顺达贸易发展公司 2201213070（上海浦东新区）

Shipped by HAIDA HEALTH MANAGEMENT LED Per QIAN JIN 308

Sailing on or about Oct，31，2018 From BOSTON U. S. A to PUDONG PORT，SHANGHAI CHINA

L/C No. 360LC010050115 Contract No. SHDI01-16HH024

Marks & Nos.	Description of Goods	Quantity	Unit Price	Amount
			CFR SHANG HAI	
VADI BOSTON U. S. A. C/No. 1-10	VIDD CUTTING MACHINES （VI-400） （VIDD 牌 切纸机 VI-400） COUNTRY OF ORIGIN：GERMANY	80 PCS	USD 6，500. 00	USD 52，000. 00
		80 PCS		USD 52，000. 00
	SAY TOTAL U. S. DOLLARS FIFTY TWO THOUSAND ONLY.			

HAIDA HEALTH MANAGEMENT LID. USA

资料 4：装箱单

HAIDA HEALTH MANAGEMENT LTD.

TONG SHING BUILDING A，80 SHEUNG SHA WAN ROAD

KOWLOON，U. S. A.

PACKING LIST

No. SH04-10-001　　　　Date：October 28. 2018

PACKING LIST of　　　　B/L NO：SH0103580

For account and risk of Messrs. SHANG HAI SHUNDA TRADE DEVELOPMENT CORP MRKS&NOS.

9/F No. 266 DONG FENG XI RD，SHANGHAI P. R. CHINA　　　　VADI

Shipped by HAIDA HEALTH MANAGEMENT LTD Per QIAN JIN 308　　　　(IN TRI)

Sailing on or about Oct. 31，2018　　　　BOSTON U. S. A

From BOSTON U. S. Ato PUDONG PORT，SHANGHAI CHINA　　　　C/No. 1-10

Packing No.	Description	Quantity	Net Weight	Gross Weight	Measurement
1-10	VIDD CUTTING MACHINES(VI-400) (VIDD 牌 切纸机 VI-400)	@ 8 PCS 80 PCS	@144.00 kg 1 440.00 kg	@156.00 kg 1 560.00 kg	
	TOTAL：10 CASES	80 PCS	1 440.00 kg	1 560.00 kg	
	SAY TOTAL TEN(10)GASES ONLY.				
	2×40'CONTAINER CONTAINER NO： ABTU136898-9 . ABTU136899-8				

HAIDA HEALTH MANAGEMENT LTD. U. S. A

项目八 缮制办理保险相关单证

学习目标

1. 掌握保险单据的种类及主要内容；
2. 了解投保单的填写；
3. 读懂信用证中与保险单据有关的条款；
4. 能够根据信用证或合同内容缮制投保单；
5. 掌握信用证项下保险单的缮制。

我国出口货物一般采取逐笔投保的办法。按 FOB 或 CFR 术语成交的出口货物，卖方无办理投保的义务，但卖方在履行交货之前，货物自仓库到装船这一段时间内，仍承担货物可能遭受意外损失的风险，需要自行安排这段时间内的保险事宜。按 CIF 或 CIP 等术语成交的出口货物，卖方负有办理保险的责任，一般应在货物从装运仓库运往码头或车站之前办妥投保手续。我国进口货物大多采用预约保险的办法，各专业进出口公司或其收货代理人与保险公司事先签有预约保险合同。签订合同后，保险公司负有自动承保的责任。

投保是指投保人、被保险人与保险人协商保险合同条件，签订海运货物保险合同的全过程。投保的日期应不迟于货物装船的日期。投保金额若合同没有明示规定，应按 CIF 或 CIP 价格加成 10%，如买方要求提高加成比率，一般情况下可以接受，但增加的保险费应由买方负担。

任务一 缮制投保单

一、投保单及其填制

投保单是企业向保险公司申请订立保险合同的文字依据，也是保险公司签发保险单接受投保的重要依据。投保人应翔实、清楚地填写投保单的各项。

“海运货物投保单”通常记明以下内容：被保险人的名称、货物的名称、数量和其他明细、货物的保险条件和保险金额、运输区段、运输方法和运输工具、保险赔偿金的支付地、是否存在预约保险、投保人的签名或盖章等。

凡按 CIF 和 CIP 条件成交的出口货物，由出口企业向当地保险公司逐笔办理投保手续。在办理时要注意，应根据出口合同或信用证规定，在备妥货物并已确定装运日期和运输工具后，按约定的保险险别和保险金额向保险公司投保。投保时应填制投保单，并支付保险费(保险费＝保险金额×保险费率)，保险公司凭此出具保险单或保险凭证。

投保的日期应不迟于货物装船的日期。投保金额若合同没有明确规定，应按 CIF 或 CIP 价格加成 10%，如买方要求提高加成比率，一般情况下可以接受，但增加的保险费应由买方负担。

▶ 1. 投保人

投保人指投保人公司名称(如为出口商投保请填公司中文名称)。

▶ 2. 投保日期

投保日期指投保单的日期。

▶ 3. 发票号码

填写此批货物的发票号码。

▶ 4. 被保险人

被保险人即投保人或称“抬头”，这一栏填投保人公司的名称。实务中，有些公司会填写“见发票”字样。

货物出运后，风险转由进口商负担。因此，如属于出口商投保，可将自己公司的中文名称填在“客户抬头”栏，而将进口商公司名称填在“过户”栏，便于货物发生意外后进口商向保险公司索赔；如属于进口商投保，则直接将自己公司名称填在“抬头”栏，而“过户”栏留空。

▶ 5. 保险金额

保险金额＝CIF 货价×(1＋保险加成率)

在进出口贸易中，根据有关的国际贸易惯例，保险加成率通常为10%，当然，出口人也可以根据进口人的要求与保险公司约定不同的保险加成率。

由于保险金额的计算是以 CIF(或 CIP)货价为基础的，因此，对外报价时如果需要将 CFR(或 CPT)价格变为 CIF(CIP)价格，或是在 CFR(或 CPT)合同项下买方要求卖方代为投保时，均不应以 CFR 价格为基础直接加保险费来计算，而应先将 CFR(或 CPT)价格换算为 CIF(或 CIP)价格后再求出相应的保险金额和保险费。

按 CIF 进口时：保险金额＝CIF 货价×1.1；

按 CFR 进口时：保险金额＝CFR 货价×1.1 /(1－1.1 × r)，其中 r 为保险费率；

按 FOB 进口时：保险金额＝(FOB 货价＋海运费)×1.1 /(1－1.1 × r)，其中海运费请在装船通知中查找，由出口商根据配舱通知填写。

中国人民保险公司分公司
出口运输险投保单

编号：

兹将我出口物资依照信用证规定拟向你处投保国外运输险：

<table>
<tr><td colspan="6">(中文)
被保险人过户
(英文)</td></tr>
<tr><td>标记或发票号码</td><td>件数</td><td colspan="2">物资名称</td><td colspan="2">保险金额</td></tr>
<tr><td></td><td></td><td colspan="2"></td><td colspan="2"></td></tr>
<tr><td>运输工具
(及转载工具)</td><td></td><td colspan="2">约启
于运</td><td>赔款偿
付地点</td><td></td></tr>
<tr><td>运输路程</td><td>自经到</td><td>转载
地点</td><td colspan="3"></td></tr>
<tr><td colspan="2">要保险别：</td><td colspan="4">投保单位签章

年 月 日</td></tr>
</table>

知识链接

出口运输保险如何既安全又省钱

在国际贸易的运输业务中，买卖双方为保证货物在运输途中受损时能得到赔偿，均必须向保险公司投保。因价格条款不同，投保方可能是卖方，也可能是买方。

由于投保险别不同，其保险费率各异，赔偿的范围也有区别。所以，外贸公司应根据出口商品的性质、不同的运输工具、路程的远近、季节性天气的变化，以及运抵国当时的具体情况等有关因素决定投保哪一种险别较合理。

决定投保险别之前，必须了解各种险别有关的责任范围。目前，我国保险公司各种运输保险条款所规定的范围，都与国际上保险公司同类条款所规定的范围相似。但对个别外商坚持要使用伦敦协会条款(INSTITUTE CARGO CLAUSE，ICC)的，我国保险公司一般都会接受。伦敦协会把三种基本险条款分为ICC(A)(B)(C)。

ICC 条款中的(A)(B)(C)的责任范围实质上与我国保险公司的一切险(ALL RISKS)，包括水渍险(WITH PARTICULAR AVERAGE，APA)和平安险(FREE FROM PARTICULAR AVERAG，FPA)相似。外商要求用 ICC 或 CIC(海洋货物运输保险条款)条款均可接受，但必须明确规定投保其中的任何一种基本险。同时，可根据商品和当时当地的具体情况，加保一些适当的附加险别。

由于投保的险别不同，保险公司的责任范围也不同，因此，其收取保费的费率就不一样。自 20 世纪 70 年代末以来，国际贸易的运输工具及其卫星导航设备不断改进，我国出口商品的品质和外包装也在不断改进和提高，更加适应远洋运输。除粮食、饲料、化肥、石油、钢材等大宗商品是整船散装之外，其他大量出口的杂货基本上是集装箱运输，安全性大大提高。然而目前我国不少进出口公司在出口合同中的保险条款仍不分时间、国别和地区的远近等情况或集装箱整箱(FCL)装运的现实，在合同保险条款中投保一切险和兵险。这种不区分情况的投保增加了险费的支出，浪费了不少外汇。例如，运输到我国港澳地区的商品，投保平安险的费率为千分之 0.8，而投保一切险的费率是千分之 2.5。但从广东各岸水陆运输到我国港澳地区的航程均不足一天，如遇台风或雷暴时，码头均不装卸，船舶也停航不开，而很多外贸公司仍投保一切险，有的甚至加保兵险，实在是一种浪费。如果全广东各口岸运输到我国港澳地区每年的投保金额为 100 亿美元计，投保平安险的保费是 80 万美元，而投保一切险的保费是 250 万美元，若投保平安险一年即可节约保费 170 万美元。

各外贸公司的业务员如果对出口运输投保工作能依据不同情况，认真研究该批出口应投保哪些险别，做到既安全又省钱，预计全国每年可节约上亿美元的保费支出。

(摘自：http：//blog. globalimporter. net/article _ 1544-14931. htm.)

二、本项目的参考投保单

由于投保单的内容很简单，在前面基本上都有接触，这里不再赘述。只提醒一下，“投保人”是货物的所有人，一般就是出口商；“保险人”就是接受投保的保险公司。以下是我方向中国人民保险公司常州分公司投保的单据。

中国人民保险公司常州分公司

出口运输险投保单

编号：03811184

兹将我出口物资依照信用证规定拟向你处投保国外运输险：

被保险人	(中文)常州亚峰进出口有限公司 过户 (英文)CHANGZHOU YAFENG IMP. AND EXP. CORP. LTD		
标记或发票号码	件数	物资名称	保险金额
INV. NO. F93002897	500 CTNS	钩针地毯 HOOK RUG	USD 785 400.00

续表

<table>
<tr><td>运输工具
（及转载工具）</td><td>HANJIN V. 014E</td><td>约启
2016 年 7 月 9 日
于运</td><td>赔款偿
付地点</td><td>SAN
FRANCISCO</td></tr>
<tr><td>运输路程</td><td>自上海经到 SAN FRANCISCO</td><td>转载地点</td><td colspan="2"></td></tr>
<tr><td colspan="2">要保险别：

FOR 110 PCT OF INVOICE VALVE，COVERING ALL RISKS AS PER PICC DATED 1. 1. 1981</td><td colspan="3">投保单位签章
常州亚峰进出口有限公司
CHANGZHOU YAFENG I/E CO.,LTD.
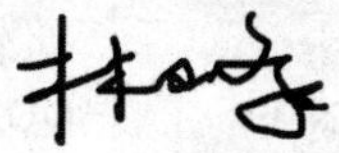
2016 年 7 月 2 日</td></tr>
</table>

任务二 缮制货物保险单

保险单是保险人接受被保险人的申请，并缴纳保险费后而订立的保险契约，是保险人和被保险人之间权利与义务的说明，是当事人处理理赔和索赔的重要依据，是出口商在 CIF 条件下向银行办理结汇所必须提交的单据。

保险单就是一份保险合同，在保险单的正面，是特定的一笔保险交易，同时，该笔保险交易的当事人、保险标的物、保险金额险别、费率等应一一列出。在单据的背面，详细地列出了投保人、保险人、保险受益人的权利、义务及各自的免责条款。

PICC

中国人民保险公司
The People's Insurance Company of China
总公司设于北京　一九四九年创立
Head Office Beijing　Established in 1949

货物运输保险单
CARGO TRANSPORTATION INSURANCE POLICY

发票号(INVOICE NO.)

保单号次
POLICY NO.

合同号(CONTRACT NO.)

信用证号(L/C NO.)

被保险人：
INSURED：

中国人民保险公司(以下简称本公司)根据被保险人的要求，由被保险人向本公司缴付约定的保险费，按照本保险单承保险别和背面所载条款与下列特款承保下述货物运输保险，特立本保险单。
THIS POLICY OF INSURANCE WITNESSES THAT THE PEOPLE'S INSURANCE COMPANY OF CHINA(HEREINAFTER CALLED "THE COMPANY") AT THE REQUEST OF THE INSURED AND IN CONSIDERATION OF THE AGREED PREMIUM PAID TO THE COMPANY BY THE INSURED, UNDERTAKES TO INSURE THE UNDERMENTIONED GOODS IN TRANSPORTATION SUBJECT TO THE CONDITIONS OF THIS OF THIS POLICY AS PER THE CLAUSES PRINTED OVERLEAF AND OTHER SPECIAL CLAUSES ATTACHED HEREON.

标记 MARKS & NOS	包装及数量 QUANTITY	保险货物项目 DESCRIPTION OF GOODS	保险金额 AMOUNT INSURED

总保险金额
TOTAL AMOUNT
INSURED: ____________________

保费：PERMIUM: AS ARRANGED ________ 启运日期：DATE OF COMMENCEMENT: ________ 装载运输工具：PER CONVEYANCE: ________

自 FROM: ____________ 经 VIA ____________ 至 TO ____________

承保险别：
CONDITIONS:

所保货物，如发生保险单项下可能引起索赔的损失或损坏，应立即通知本公司下属代理人查勘。如有索赔，应向本公司提交保单正本(本保险单共有____份正本)及有关文件。如一份正本已用于索赔，其余正本自动失效。

IN THE EVENT OF LOSS OR DAMAGE WITCH MAY RESULT IN A CLAIM UNDER THIS POLICY, IMMEDIATE NOTICE MUST BE GIVEN TO THE

COMPANY'S AGENT AS MENTIONED HEREUNDER. CLAIMS, IF ANY, ONE OF THE ORIGINAL POLICY WHICH HAS BEEN ISSUED IN ORIGINAL(____S)

TOGETHER WITH THE RELEVANT DOCUMENTS SHALL BE SURRENDERED TO THE COMPANY. IF ONE OF THE ORIGINAL POLICY HAS BEEN

ACCOMPLISHED. THE OTHERS TO BE VOID.

中国人民保险公司
The People's Insurance Company of China

赔款偿付地点
CLAIM PAYABLE
AT ________________

出单日期
ISSUING DATE ________________

Authorized Signature

一、保险单内容及缮制

▶ 1. 发票号码(INVOICE NO.)

此栏填写投保海洋货物运输保险货物商业发票的号码。

▶ 2. 保险单号(NO.)

此栏填写保险单号码。

▶ 3. 被保险人(Insured)

如 L/C 和合同无特别规定，此栏一般填信用证的受益人，即出口公司名称。如 L/C 无特殊要求，或要求"Endorsed in blank "填 L/C 受益人名称，则可不填详细地址，但出口公司应在保险单背面背书。

▶ 4. 标记 & 唛头(Marks & Nos.)

按信用证规定，保险单上标记应与发票、提单上一致。可单独填写，若来证无特殊规定，一般可简单填成"AS PER INV. NO. ××× "。

▶ 5. 包装及数量(Quantity)

此栏填制大包装件数，并应与提单上同一栏目内容相同。有包装的填写最大包装件数，有包装但以重量计价的，应把包装重量与计价重量都注上；裸装货物要注明本身件数；煤炭、石油等散装货注明"IN BULK" 再填净重；如以单位包装件数计价者，可只填总件数。

▶ 6. 保险物资项目(Description of goods)

保险物资项目又称货物名称或保险货物项目，要根据投保单填写，与提单此栏目的填写一致。一般允许使用统称，但不同类别的多种货物应注明不同类别的各自总称。

▶ 7. 保险金额(Amount Insured)

保险金额应严格按照信用证和合同上的要求填制，保险金额应为发票金额加上投保加成后的金额，如信用证和合同无明确规定，一般都以发票金额加一成(即 110%的发票金额)填写。也可按含佣价加成投保，但须按扣除折扣后的价格加成投保。信用证支付方式下，应严格按信用证规定。

▶ 8. 保险费及保险费率(Premium And Rate)

此栏一般由保险公司填制或已印好 AS ARRANGED，除非信用证另有规定，如“INOURANCE POLICY ENDORSED IN BLANK FULL INVOICE VALUE PLUS10% MARKED PREMIUM PAID”时，此栏就填入“PAID”或把已印好的“AS ARRANGED”删去加盖校对章后打上“PAID”字样。

▶ 9. 装载运输工具(Per Conveyance S. S)

要与运输单据一致，并应按照实际情况填写。

▶ 10. 开航日期(Slg on or abt.)

此栏填制应按 B/L 中的签发日期或签发日期前 5 天内的任何一天填写，或可简单填上 AS PER B/L。

▶ 11. 起讫地点(FROM... TO...)

此栏填制货物实际装运的起运港口和目的港口名称，货物如转船，也应把转船地点填上，如 FROM WUHAN，CHINA TO NEW YORK，USA VIA HONGKONG(OR W/T HONGKONG)。

▶ 12. 承保险别(Conditions)

本栏系保险单的核心内容，填写时应注意保险险别及文句与信用证严格一致，投保的险别除注明险别名称外，还应注明险别适用的文本及日期。

▶ 13. 赔款偿付地点(Claim payable at)

此栏应严格按照信用证或合同规定填制地点和币种两项内容，地点按信用证或投保单，币种应与保险金额一致。

▶ 14. 日期(Date)

此栏填制保险单的日期。由于保险公司提供仓至仓服务，所以保险手续要求货物离开出口仓库前办理，保险单的签发日期应为货物离开仓库的日期或至少填写早于提单签发的日期、发运日或接受监管日。

▶ 15. 投保地点(Place)

此栏一般填制装运港口名称。

▶ 16. 签字(Signature)

此栏应有与第一栏相同的保险公司印章及其负责人的签字。实际操作中，其签章一般已经印刷在保险单上。保险单须经保险公司签章后方才生效。

▶ 17. 特殊条款(Special Conditions)

如信用证和合同中对保险单据有特殊要求就填在此栏中。如来证要求“L/C NO. ××× MUST BE INDICATED IN ALL DOCUMENTS”，即在此栏中填写 L/C NO. ×××。

▶ 18. “ORIGINAL”字样

《跟单信用证统一惯例》条款中规定，正本保险单上必须有“ORIGINAL”字样。

二、本项目的参考保险单

我方向保险公司投保后，保险公司就会签一张保险单，以下是本次业务中保险公司给我方的保险单。

中国人民保险公司

THE PEOPLE'S INSURANCE COMPANY OF CHINA

总公司设于北京　　一九四九年创立

Head Office：BEIJING　　Established in 1949

保险单

INSURANCE POLICY

保险单次号次

INVOICE No. F93002897　　POLICY No. 1046HKA

中国人民保险公司(以下简称本公司)

THIS POLICY OF INSURANCE WITNESSSES THAT PEOPLE'S COMPANY OF CHINA(HERENAFTER CALLED. "THE COMPANY")

根据

AT THE REQUEST OF CHANGZHOU YAFENG IMP. AND EXP. CORP. LTD

(以下简称被保险人)的要求，由被保险人向本公司缴付约

(HEREINAFTER CALLED "THE INSURED") AND IN CONSIDERATION OF THE AGREED PREMIUM PAID TO THE COMPANY BY THE

定的保险费，按照本保险单承保险别和背面所载条款与下列

INSURED UNDERTAKES TO INSURE THE UNDERMENTIONED GOODS IN TRANSPORTATION SUBJECT TO THE CONDITIONS OF THIS POLICY

特款承保下述货物运输保险，特立本保险单。

AS PER THE CLAUSES PRINTED OVERLEAF AND OTHER SPECIAL CLAUSES ATTACHED HEREON.

标记 MARKS & NOS.	包装及数量 QUANTITY	保险货物项目 DESCRIPTION OF GOODS	保险金额 AMOUNT INSURED
N/M	500 CTNS	HOOK RUG	USD 78 540.00

总保险金额：

TOTAL AMOUNT INSURED SAY US DOLLARS SEVENTY EIGHT THOUSAND FIVE HUNDRED AND FORTY ONLY ____________

保费____________　费率____________　装载运输工具____________

PREMIUM AS ARRANGED RATE AS ARRANGEDPER CONVEYANCE S. S. *HANJIN V. 014E*

开航日期________自________至________

SLG. ON OR ABT. *AS B/L* FROM *SHANGHAI* TO *SAN FRANCISCO*

承保险别：*FOR 110 PCT INVOICE VALVE，COVERING ALL RISKS AS PER PICC DATED 1.1.81，UP TO SAN FRANCISCO*

CONDITIONS

所保货物，如遇出险，本公司凭本险单及其他有关证件给付赔偿。

CLAIMS IF ANY PAYABLE ON SURRENDER OF THIS POLICY TOGETHER WITH OTHER RELEVANT DOCUMENTS

所保货物，如果发生本保险单项下负责赔偿的损失或事故，IN THE EVENT OF ACCIDENT WHERE-

BY LOSS OR DAMAGE MAY RESULT IN A CLAIM UNDER THIS POLICY IMMEDIATE NOTICE
应立即通知本公司下属代理人查勘。
APPLYING FOR SURVEY MUST BE GIVEN TO THE COMPANY'S AGENT AS MENTIONED HEREUNDER.
中国人民保险公司上海分公司
THE PEORLE'S INSURANCE CO. OF CHINA SHANGHAI
BRANCH
赔款偿付地点
CLAIM PAYABLE AT/IN *SAN FRANCISCO IN USD*
日期
DAT *JUL.* 10. 2005

地址：中国上海中山东一路 23 号　TEL 323405　3217466-44
Address：23 Zhongshan Dong Yi Lu Shanghai，China Cable 42001 Shanghai General Manager TELEX：33128 PICCS CN.

项目练习

一、单选题

1. 在海洋运输货物保险业务中，共同海损(　　)。
   A. 是部分损失的一种　　B. 是全部损失的一种
   C. 有时为部分损失，有时为全部损失　　D. 是推定全损
2. 根据我国"海洋货物运输保险条款"规定，一切险包括(　　)。
   A. 平安险加 11 种一般附加险　　B. 一切险加 11 种一般附加险
   C. 水渍险加 11 种一般附加险　　D. 11 种一般附加险加特殊附加险
3. 预约保险以(　　)代替投保单，说明投保的一方已办理了投保手续。
   A. 提单　　B. 国外的装运通知
   C. 大副收据　　D. 买卖合同
4. 按国际保险市场惯例，投保金额通常在 CIF 总值的基础上(　　)。
   A. 加一成　　B. 加二成　　C. 加三成　　D. 加四成
5. "仓至仓"条款是(　　)。
   A. 承运人负责运输起讫的条款　　B. 保险人负责保险责任起讫的条款
   C. 出口人负责交货责任起讫的条款　　D. 进口人负责付款责任起讫的条款
6. 我某公司出口稻谷一批，因保险事故被海水浸泡多时而丧失其原有用途，货到目的港后只能低价出售，这种损失属于(　　)。
   A. 单独损失　　B. 共同损失
   C. 实际全损　　D. 推定全损
7. CIC 特殊附加险是指在特殊情况下，要求保险公司承保的险别，(　　)。
   A. 一般可以单独投保
   B. 不能单独投保
   C. 可单独投保两项以上的特殊附加险
   D. 在被保险人同意的情况下，可以单独投保

8. 某批出口货物投保了水渍险，在运输过程中由于雨淋致使货物遭受部分损失，这样的损失保险公司将(　　)。

A. 负责赔偿整批货物

B. 负责赔偿被雨淋湿的部分

C. 不给予赔偿

D. 在被保险人同意的情况下，保险公司负责赔偿被雨淋湿的部分

9. 有一批出口服装，在海上运输途中，因船体触礁导致服装严重受浸，如果将这批服装漂洗后再运至原定目的港所花费的费用已超过服装的保险价值，这批服装应属于(　　)。

A. 共同海损　B. 实际全损　C. 推定全损　D. 单独海损

10. 我方按 CIF 条件成交出口一批罐头食品，卖方投保时，按(　　)投保是正确的。

A. 平安险＋水渍险　B. 一切险＋偷窃提货不着险

C. 水渍险＋偷窃提货不着险　D. 平安险＋一切险

二、多选题

1. 共同海损分摊时，涉及的受益方包括(　　)。

A. 货方　B. 船方　C. 运费方　D. 救助方

2. 在我国海洋运输货物保险业务中，(　　)险别均可适用“仓至仓”条款。

A. ALL RISKS　B. WA or WPA　C. FPA　D. WAR RISK

3. 在发生以下(　　)的情况下，可判定货物发生了实际全损。

A. 为避免实际全损所支出的费用与继续将货物运抵目的地的费用之和超过了保险价值

B. 货物发生了全部损失

C. 货物完全变质

D. 货物不可能归还被保险人

4. 某载货船只载着甲货主的 3 000 箱棉织品、乙货主的 50 公吨小麦、丙货主的 200 公吨大理石驶往美国纽约。货轮起航的第二天不幸遭遇触礁事故，导致船底出现裂缝，海水入侵严重，使甲货主的 250 箱棉织品和乙货主约 5 公吨的小麦被海水浸湿。因裂口太大，船长为解除船、货的共同危险，使船舶浮起并及时修理，下令将丙货主的 50 公吨大理石货物抛入海中，船舶修复后继续航行。货轮继续航行的第三天又遭遇恶劣气候：使甲货主另外 50 箱货物被海水浸湿，此时，(　　)是正确的。

A. 因触礁而产生的船底裂缝及甲、乙货主的货物损失属于单独海损

B. 为使船舶浮起并及时修理而抛入海中的丙货主货物的损失属于共同海损

C. 因恶劣气候而导致的甲货主 50 箱货物的损失属于单独海损

D. 本案中各货主若都投保了平安险，保险公司将对以上 A、B、C 的损失给予赔偿

5. 运输工具在运输途中发生了搁浅、触礁、沉没等意外事故，不论意外发生之前或之后货物在海上遭遇恶劣气候、雷电、海啸等自然灾害造成的被保险货物的部分损失，属于(　　)的承保范围。

A. 平安险　B. 水渍险　C. 一切险　D. 附加险

6. 共同海损与单独海损的区别是(　　)。
   A. 共同海损属于全部损失，单独海损属于部分损失
   B. 共同海损由保险公司负责赔偿，单独海损由受损方自行承担
   C. 共同海损是为了解除或减轻风险而人为造成的损失，单独海损是承保范围内的风险直接导致的损失
   D. 共同海损由受益各方按受益大小的比例分摊，单独海损由受损方自行承担
7. 我国对外贸易货运保险可分为(　　)。
   A. 海上运输保险　　B. 陆上运输保险
   C. 航空运输保险　　D. 邮包运输保险
8. 伦敦保险协会海运货物保险条款所规定的险别中可单独投保的是(　　)。
   A. ICC(A)、ICC(B)、ICC(C)　　B. 协会战争条款
   C. 协会罢工条款　　D. 恶意损害险条款
9. 共同海损的构成条件有(　　)。
   A. 必须确有共同危险
   B. 采取的措施是有意的、合理的
   C. 牺牲和费用支出是非常性质的
   D. 构成共同海损的牺牲和费用的开支最终必须是有效的
10. 根据“我国海运货物保险条款”(CIC 条款)的规定，海洋运输货物保险中的基本险可分为(　　)。
   A. 平安险　　B. 水渍险　　C. 一切险　　D. 附加险

三、判断题

1. 保险单出具后，如需要补充或变更保险内容，保险公司可根据投保人的请求出具修改保险内容的凭证，该项凭证称为批单。(　　)
2. 保险公司对陆运战争险的承保责任起讫与海运战争险的承保责任起讫都是“仓至仓”。(　　)
3. 按国际保险市场惯例，大保单与小保单具有同等法律效力。(　　)
4. 如果被保险货物运达保险单所载明的目的地，收货人提货后即将货物转运，则保险公司的保险责任于转运到达目的地仓库时终止。(　　)
5. 海运提单的签发日期应早于保险单的签发日期。(　　)
6. 按 CFR 术语进口时，我方在国内投保了一切险，我方承担的风险起讫应为“仓至仓”。(　　)
7. 在国际贸易中，向保险公司投保了一切险后，货物运输途中由于任何外来原因造成的一切货损，均可向保险公司索赔。(　　)
8. 按照中国人民保险公司现行的保险条款规定，凡已投保了战争险，若再加保罢工险，保险公司不另行增收保险费。(　　)
9. 根据 CIC 条款，平安险是指保险公司对单独海损不负赔偿责任。(　　)
10. 伦敦保险协会制定的“协会货物条款”中的 A 险、B 险和 C 险，其保险公司承保的范围与我国海运货物保险的 FPA、WA 和 ALL RISKS 三种险别的承保范围大致相当。(　　)

四、计算题

1. 设我方以 50 美元/袋 CIF 新加坡出口某商品 1 000 袋，货物出口前，由我方向中国人民保险公司投保水渍险、串味险及淡水雨淋险。水渍险、串味险及淡水雨淋险的保险费率分别为 0.6%、0.2%和 0.3%，按发票金额 110%投保，问：该批货物的投保金额和保险费各是多少？
2. 某货主在货物装船前，按发票金额的 110%办理了货物投保手续，投保一切险加保战争险。该批货物以 CIF 成交的总价值为 20.75 万美元，一切险和战争险的保险费率合计为 0.6%。问：①该货主应交的保险费是多少？②若发生了保险公司承保范围内的风险，导致该批货物全部灭失，保险公司的最高赔偿金额是多少？

五、根据给定的材料制作保险单

出口商(托运人)：DAYU CUTTING TOOLS I/E CORP
774 DONG FENG EAST ROAD，TIANJIN，CHINA
进口商(收货人)：FAR EASTERN TRADING COMPANY LIMITED
336 LONG STREET，NEW YORK
发票日期：2018 年 5 月 15 日
发票号：X118
合同号：MK007
信用证号：41-19-03
装运港：TIANJIN
中转港：HONG KONG
目的港：NEW YORK
运输标志：FETC
MK007
NEW YORK
C/NO. 1-UP
化名：CUTTING TOOLS
数量：1 500 SETS
包装：纸箱装，每箱 3 SETS
单价：CIF NEW YORK USD 128/SET
原产地证书号：IBO12345678
商品编码：12970400
保险单号：ABX999
保险单日期：2018 年 5 月 18 日
保险加成率：10%
提单日期：2018 年 5 月 20 日
船名航次：HONGXING V. 777
险别：COVERING ICC(A)AS PER INSTITUTE CARGO CLAUSE OF 1982
赔付地点：NEW YORK IN USD

中保财产保险有限公司

The People's Insurance(Property)Company of China, Ltd

Invoice No. (1)	Policy No. (2)

海洋货物运输保险单

MARINE CARGO TRANSPORTATION INSURANCE POLICY

Insured: (3)

中保财产保险有限公司(以下简称本公司)根据被保险人的要求，及其所缴付约定的保险费，按照本保险单承担险别和背面所载条款与下列特别条款承保下列货物运输保险，特签发本保险单。

This policy of Insurance witnesses that the People's Insurance(Property)Company of China, Ltd. (hereinafter called"The Company"), at the request of the Insured and in consideration of the agreed premium paid by the Insured, undertakes to insure the undemetioned goods in transportation subject to conditions of the Policy as per the Clauses printed overleaf and other special clauses attached hereon.

货物标记(4) Marks of Goods	包装单位(5) Packing Unit	保险货物项目(6) Descriptions of Goods	保险金额(7) Amount Insured

总保险金额：(8)
Total Amount Insured:

保费 Premium AS ARRANGED	开航日期(9) Slg. on or abt	载运输工具(10) Per conveyance S. S

承保险别(11)
Conditions

起运港 Form TIANJIN	中转港 VIA HONGKONG	目的港 To NEW YORK

所保货物，如发生本保险单项下可能引起索赔的损失或损坏，应立即通知本公司下属代理人查勘。如有索赔，应向本公司提交保险单正本(本保险单共有2份正本)及有关文件。如一份正本已用于索赔，其余正本则自动失效。

In the event of loss or damage which may result in acclaim under this Policy, immediate notice must be given to the Company's Agent as mentioned hereunder. Claims, if any, one of the Original Policy which has been issued in two original(s)together with the relevant documents shall be surrendered to the Company. If one of the Original Policy has been accomplished, the others to be void.

赔款偿付地点(12)
Claim payable at

日期(13)
Date

中保财产保险有限公司天津分公司
The People's Insurance(Property)Company of China, Ltd. Tianjin Branch
×××

项目九 缮制货物出运单证

学习目标

1. 了解海运提单、航空运单等运输单据的基本知识；
2. 熟悉海运提单的格式及主要内容；
3. 掌握海运提单的填制及制单技巧；
4. 掌握不同装运条款下提单的灵活处理；
5. 能独立制作符合信用证要求的装船通知。

任务一 缮制提单

卖方将货物交给大副，拿着大副签发的大副收据到船公司交运费，换取正式提单。海运提单简称提单(Bill of Lading，B/L)，由承运人或船长(代理)签发，证明收到特定的货物，允许将货物运至指定的目的地并交付于收货人的收据，是国际结算中最重要的单据之一。

知识链接

海运单与海运提单

海运单又称海上运送单或海上货运单，它是承运人向托运人或其代理人表明货物已收妥待装的单据，是一种不可转让的单证，即不须以在目的港揭示该单据作为收货条件，不须持单据寄到，船主或其代理人可凭收货人收到的货到通知或其身份证明而向其交货。

(1) 提单是货物收据、运输合同的证明，也是物权凭证。海运单只具有货物收据和运输合同这两种性质，不是物权凭证。

(2) 提单可以是指示抬头形式，可以背书流通转让；海运单是一种非流动性单据，海运单上标明了确定的收货人，不能转让流通。

(3) 海运单和提单都可以做成“已装船”(Shippedonboard)形式，也可以是“收妥备运”(Receivedforshipment)形式。海运单的正面各栏目格式和缮制方法与海运单提单基本相同，只是海运单收货人栏不能做成指示性抬头应缮制确定的具体收货人。

(4) 提单的合法持有人和承运人凭提单提货及交货，海运单上的收货人并不出示海运单，仅凭提货通知或其身份证明提货，承运人凭收货人出示适当身份证明交付货物。

(5) 提单有全式和简式提单之分，而海运单是简式单证，背面不列详细货运条款，但载有一条可援用海运提单背面内容的条款。

(6) 海运单和记名提单(Straight B/L)，虽然都具有收货人，不做背书转让，但它们有着本质的不同。记名提单属于提单的一种，是物权凭证，收货人持记名提单可以提货却不能凭海运单提货。

<table>
<tr><td colspan="2">1. Shipper Insert Name, Address and Phone</td><td rowspan="6">B/L No.

中远集装箱运输有限公司
COSCO CONTAINER LINES
TLX: 33057 COSCO CN
FAX: +86(021)6545 8984

ORIGINAL
Port-to-Port or Combined Transport
BILL OF LADING
RECEIVED in external apparent good order and condition except as other wise noted. The total number of packages or unites stuffed in the container, The description of the goods and the weights shown in this Bill of Lading are Furnished by the Merchants, and which the carrier has no reasonable means. Of checking and is not a part of this Bill of Lading contract. The carrier has Issued the number of Bills of Lading stated below, all of this tenor and date, one of the original Bills of Lading must be surrendered and endorsed or signed against the delivery of the shipment and whereupon any other original Bills of Lading shall be void. The Merchants agree to be bound by the terms and conditions of this Bill of Lading as if each had personally signed this Bill of Lading.
SEE clause 4 on the back of this Bill of Lading (Terms continued on the back Hereof, please read carefully).
* Applicable Only When Document Used as a Combined Transport Bill of Lading.</td></tr>
<tr><td colspan="2">2. Consignee Insert Name, Address and Phone</td></tr>
<tr><td colspan="2">3. Notify Party Insert Name, Address and Phone
(It is agreed that no responsibility shall attsch to the Carrier or his agents for failure to notify)</td></tr>
<tr><td>4. Combined Transport*
Pre-carriage by</td><td>5. Combined Transport*
Place of Receipt</td></tr>
<tr><td>6. Ocean Vessel Voy. No.</td><td>7. Port of Loading</td></tr>
<tr><td>8. Port of Discharge</td><td>9. Combined Transport*
Place of Delivery</td></tr>
</table>

续表

<table>
<tr><td rowspan="2">Marks & Nos.
Container / Seal No.</td><td rowspan="2">No. of Containers or Packages</td><td>Description of Goods (If Dangerous Goods, See Clause 20)</td><td>Gross Weight Kgs</td><td>Measurement</td></tr>
<tr><td colspan="3">Description of Contents for Shipper's Use Only (Not part of This B/L Contract)</td></tr>
<tr><td colspan="5">10. Total Number of Containers and/or Packages (in words)
Subject to Clause 7 Limitation</td></tr>
</table>

<table>
<tr><td>11. Freight & Charges</td><td>Revenue Tons</td><td>Rate</td><td>Per</td><td>Prepaid</td><td>Collect</td></tr>
<tr><td>Declared
Value Charge</td><td></td><td></td><td></td><td></td><td></td></tr>
</table>

<table>
<tr><td rowspan="2">Ex. Rate:</td><td>Prepaid at</td><td>Payable at</td><td>Place and Date of Issue</td></tr>
<tr><td>Total Prepaid</td><td>No. of Original B(s)/L</td><td>Signed for the Carrier, COSCO CONTAINER LINES</td></tr>
</table>

LADEN ON BOARD THE VESSEL

DATE　　　　BY

一、提单内容及缮制

每家船公司都有自己不同的海运提单格式，但各项栏目、内容基本一致。出口商缮制提单和银行审核提单的基本要求是“单证相符”。

海运提单的内容分为固定部分和可变部分。固定部分是指提单背面的运输契约，这一部分一般是不做更改的。可变部分是指正面的内容，主要包括承运人名称、托运人、收货人(也称抬头)、被通知人、装运港、卸货港、船名、航次、唛头、货名、件数、毛重、体积、运费付讫说明、承运人或其代理人签字盖章、签发日期和正本提单的份数等。

▶ 1. Shipper，托运人、发货人

托运人也称发货人，是指委托运输的当事人。如信用证无特殊规定，则应以受益人为托运人。如果受益人是中间商，货物是从产地直接装运的，这时也可以实际卖方为发货人。因为按《UCP600》规定，如信用证无特殊规定，银行将接受以第三者为发货人的提单。不过此时必须考虑各方面是否可行的问题。

▶ 2. Consignee，收货人

B/L 的抬头，是银行审核的重点项目，应与托运单中“收货人”的填写完全一致，并符合信用证的规定。

例 1：来证要求 Full set of B/L Consigned to ABC Co.，则提单收货人一栏中填 Consigned to ABC Co.。

例 2：来证要求 B/L issued to order of Bank of China Nanjing Branch，则提单收货人一栏中填 to order of Bank of China Nanjing Branch。

▶ 3. Notify Party，被通知人

被通知人即买方的代理人，货到目的港时由承运人通知其办理报关提货等手续。

如果信用证中有规定，应严格按信用证规定填写，如详细地址、电话、电传、传真号码等，以使通知顺利。

如果来证中没有具体说明被通知人，那么就应将开证申请人名称、地址填入提单副本的这一栏中，而正本的这一栏保持空白或填写买方亦可。副本提单必须填写被通知人，是为了方便目的港代理通知联系收货人提货。

如果来证中规定 Notify... only，意指仅通知某某，则 Only 一词不能漏掉。

▶ 4. Pre-carriage by，前段运输

第一段运输方式的运输工具的统称，如“Train”。

▶ 5. Place of Receipt，接货地、最终目的地

承运人接受货物的地点。

▶ 6. Ocean Vessel Voy. No.，船名、船次

如果货物不需转运，则在此栏填写第一程船的船名，如果货物需转运，则是否填写第二程船名，主要是根据信用证的要求。如果信用证并无要求，即使需转船，也不必填写第二程船名。如来证要求 In case transshipment is effected. Name and sailing date of 2ND ocean vessel calling Rotterdam must be shown on B/L，如果转船，至鹿特丹的第二程船船名，日期必须在提单上表示，只有在这种条款或类似的明确表示注明第二程船名的条款下，才应填写第二程船船名。

▶ 7. Port of Loading，装运港

应严格按信用证规定填写，装运港之前或之后有行政区的，如 Xingang/Tianjin，应照加。

一些国外开来的信用证笼统规定装运港名称，仅规定为“中国港口”，如 Chinese ports，Shipment from China to...，这种规定对受益人来说比较灵活，如果需要由附近其他港口装运时，可以由受益人自行选择。制单时应根据实际情况填写具体港口名称。若信用证规定“Your port”，受益人只能在本市港口装运，若本市没有港口，则事先须洽开证

人改证。

如信用证同时列明几个装运港地，提单只填写实际装运的港口名称。

▶ 8. Port of Discharge，卸货港

卸货港指海运承运人中止承运责任的港口。在直达运输情况下一般填目的港，在转船运输情况下一般填转运港。对于 L/C 中尚未确定目的港的情形(如 ONE MAIN INDIAN PORT AT BUYER'S OPTION)，提单上应按 L/C 规定照打。

▶ 9. Place of Delivery，交货地点

略。

▶ 10. Mark & No.，标志和号码

标志和号码俗称唛头，是为了装卸、运输及存储过程中便于识别而刷在外包装上的装运标记，是提单的一项重要内容，是提单与货物的主要联系要素，也是收货人提货的重要依据。提单上的唛头应与发票等其他单据及实际货物保持一致，否则会给提货和结算带来困难。

▶ 11. Container/Seal No.，集装箱箱号

填写集装箱箱号和封号，如果有多个集装箱，依次由上至下填写。铅封，上面有号码，即铅封号，集装箱只有破坏了铅封才能打开。

▶ 12. No. of Containers or Packages，集装箱数量或包装数量

本栏填写集装箱数量或包装数量。

如果散装货物无件数时，可表示为"In bulk"，即散装，此时应加上具体件数，如 1 Unit、100Heads。

如果托盘装运，则填写托盘数+货物的包装件数。

如果有两种或多种包装，应求和。

例：100 CARTONS 150 WOODENCASES

250 PACKAGES

注意：包装种类一定要与信用证一致。

▶ 13. Description of goods，商品名称

商品名称应按信用证规定的品名及其他单据如发票品名来填写，应注意避免不必要的描述，更不能画蛇添足地增加内容。如信用证上商品是 Shoes(鞋子)，绝不能擅自详细描述成 Men's canvas shoes(男式帆布鞋)或 Ladies' casual shoes(女式轻便鞋)，不得与信用证中货物的描述有抵触。如果信用证规定以法语或其他语种表示品名时，亦应按其语种表示。

▶ 14. Gross Weight，毛重

毛重应与发票或包装单相符。如裸装货物没有毛重只有净重，应先加 Net weight 或 N. W.，再注明具体的净重数量。

▶ 15. Measurement，尺码

尺码即货物的体积，以立方米为计量单位，小数点以下保留三位。FOB 价格条件下可免填尺码。

▶ 16. Total Number of Containers and/or Packages(in words)，总的集装箱数量和(或)包装数量

例如，SAY：FORTY DRUMS ONLY。

▶ 17. Freight & Charges，Declared Value Charge，运费条款

运费条款应按信用证规定注明。如信用证未明确，可根据价格条件是否包含运费决定如何批注。

▶ 18. Place and Date of Issue，提单签发地点和日期

签单地址通常是承运人收受货物或装船的地址，但也有时不一致，例如，收受或装运货物在新港(Xingang)而签单在天津。也有的甚至不在同一国家。提单签发的日期不得晚于信用证规定的装运期，这对出口商能否安全收汇很重要。本提单正面条款中已有装上船条款(Shipped on board the vessel named above...)，在这种情况下签单日期即被视为装船日期。

▶ 19. No. of Original B(s)/L，正本提单的份数

只有正本提单可流通、交单、议付，副本则不行。《UCP500》第 23 条指出，提单可以是一套单独一份的正本单据，但如果签发给发货人的正本超过一份，则应该包括全套正本。出口商应按信用证规定来要求承运人签发正副本提单份数，并在交单议付时，应提交信用证要求的份数。单据上忘记打上正本份数或某份提单没有"正本"字样，都是不符点。

信用证中对份数的各种表示法：

例 1：Full set of B/L，是指全套提单，按习惯做两份正本解释。

例 2：Full set 3/3 plus 2 N/N copies of original forwarded through bills of lading，本证要求提交制作的全部正本三份。这里的 3/3：分子的数字指交银行的份数，分母的数字指应制作的份数。N/N Non-Negotiation 意为不可议付，即副本。

例 3：Full set less one copy on board marine bills of lading，指应向议付行提交已装船海运提单，是全套正本，至少一份正本。

例 4：2/3 original clean on board ocean bills of lading，指制作三份正本提单，其中两份向议付行提交。

▶ 20. Laden on Board the Vessel，已装船批注

有些提单正面没有预先印就类似已装上船的条款，这种提单便称为备运提单。备运提单转化为已装船提单的方式有两种：

(1)在提单的空白处加"已装船"批注或加盖类似内容的图章。例如"Shipped on Board"，有的只加"On Board"，然后加装船日期并加提单签发的签字或简签。所谓简签，是指签字人以最简单的签字形式通常只签本人姓名中的一个单词或一个字母来代替正式签字。

(2)在备运提单下端印有专供填写装船条款的栏目(Laden on Board the Vessel)，有人称为"装船备忘录"。装船后，在此栏处加注必要内容，如船名等，并填写装船日并由签字人签字或简签。

▶ 21. DATE BY，装运日期及提单签发人签字

收货待运提单的加批注日期为装船日期。

按照《UCP600》规定，有权签发提单的是承运人或作为承运人的具名代理或代表，或

船长或作为船长的具名代理或代表。如果是代理人签字，代理人的名称和身份与被代理人的名称和身份都应该列明。

二、本项目的参考提单

我方将货物交给大副，外代在装货的 24 小时前报关后，我方可以凭大副签发的大副收据到船公司交运费，换取正式提单。以下是我方拿到的正式提单。

1. Shipper Insert Name, Address and Phone

CHANGZHOU YAFENG IMP. & EXP. CORP. LTD
3 GEHU MIDDLE ROAD, CHANGZHOU, JIANGSU, CHINA
Telex: 0985 Fax: 6332136 Tel: 6332138

2. Consignee Insert Name, Address and Phone

TO ORDER OF SHIPPER

3. Notify Party Insert Name, Address and Phone
(It is agreed that no responsibility shall attsch to the Carrier or his agents for failure to notify)

THE LOOKING HANDCRAFT, INC
138 SAN MATEC AVENUE, SAN FRANCISCO
CA-94080-6501, U. S.

4. Combined Transport *	5. Combined Transport *
Pre-carriage by	Place of Receipt
6. Ocean Vessel Voy. No.	7. Port of Loading
HANJIN	SHANGHAI
8. Port of Discharge	9. Combined Transport *
SAN FRANCISO	Place of Delivery

B/L No. RNSL060627

中远集装箱运输有限公司
COSCO CONTAINER LINES
TLX: 33057 COSCO CN
FAX: +86(021) 6545 8984

ORIGINAL

Port-to-Port or Combined Transport
BILL OF LADING

RECEIVED in external apparent good order and condition except as other-Wise noted. The total number of packages or unites stuffed in the container, The description of the goods and the weights shown in this Bill of Lading are Furnished by the Merchants, and which the carrier has no reasonable means. Of checking and is not a part of this Bill of Lading contract. The carrier has Issued the number of Bills of Lading stated below, all of this tenor and date, One of the original Bills of Lading must be surrendered and endorsed or sig-Ned against the delivery of the shipment and whereupon any other original Bills of Lading shall be void. The Merchants agree to be bound by the terms And conditions of this Bill of Lading as if each had personally signed this Bill of Lading. SEE clause 4 on the back of this Bill of Lading (Terms continued on the back Hereof, please read carefully). * Applicable Only When Document Used as a Combined Transport Bill of Lading.

Marks & Nos. Container / Seal No.	No. of Containers or Packages	Description of Goods (If Dangerous Goods, See Clause 20)	Gross Weight KGS	Measurement

续表

<table>
<tr><td>N/M</td><td>50CTNS
HOOK
RUG
AS PER S/C
NO.
04F3－780</td><td colspan="4">ART. NO. CZ212 2×3′
ART. NO. CZ287 3×5′
ART. NO. CZ310 2×3′</td><td>645KGS</td><td>4.00 m³</td></tr>
<tr><td></td><td></td><td colspan="6">Description of Contents for Shipper's Use Only (Not part of This B/L Contract)</td></tr>
<tr><td colspan="8">10. Total Number of containers and/or packages (in words)</td></tr>
<tr><td>Subject to Clause 7 Limitation</td><td colspan="7">SAY PACKED IN FIFTY CARTONS ONLY</td></tr>
<tr><td>11. Freight & Charges</td><td>Revenue Tons</td><td>Rate</td><td>Per</td><td>Prepaid</td><td colspan="3">Collect</td></tr>
<tr><td>FREIGHT PREPAID</td><td></td><td></td><td></td><td></td><td colspan="3"></td></tr>
<tr><td>Declared Value Charge</td><td></td><td></td><td></td><td></td><td colspan="3"></td></tr>
<tr><td>Ex. Rate:</td><td>Prepaid at</td><td colspan="2">Payable at</td><td colspan="4">Place and Date of Issue SHIPPED ON BOARD
JUL. 9, 2016 JUL.9,2016</td></tr>
<tr><td></td><td>Total Prepaid</td><td colspan="2">No. of Original B(s)/L</td><td colspan="4">Signed for the Carrier, COSCO CONTAINER LINES</td></tr>
<tr><td></td><td></td><td colspan="2">1/3</td><td colspan="4"></td></tr>
</table>

LADEN ON BOARD THE VESSEL

DATE BY

任务二 缮制装船通知

装船通知也称装运通知，主要指出口商在货物装船后发给进口方的包括货物详细装运情况的通知，其目的在于让进口商做好筹措资金、付款和接货的准备。如成交条件为FOB/FCA、CFR/CPT等，还需要向进口国保险公司发出该通知以便为进口商办理货物保险手续，出口装船通知应按合同或信用证规定的时间发出，该通知副本常作为向银行交单议付的单据之一；在进口方派船接货的交易条件下，进口商为了使船、货衔接得当也会向出口方发出有关通知。通知以英文制作，无统一格式，内容一定要符合信用证的规定，一般只提供一份。

一、装船通知的主要内容及其缮制

▶ 1. 单据名称

单据名称主要表现为Shipping/Shipment Advice、Advice of shipment 等，也有人将其称为 shipping statement/declaration，如信用证有具体要求，从其规定。

▶ 2. 通知对象

应按信用证规定填写，具体内容可以是开证申请人、申请人的指定人或保险公司等。

▶ 3. 通知内容

通知内容主要包括所发运货物的合同号或信用证号、品名、数量、金额、运输工具名称、开航日期、启运地和目的地、提运单号码、运输标志等，并且与其他相关单据保持一致，如信用证提出具体项目要求，应严格按规定出单。此外，通知中还可能出现包装说明、ETD(船舶预离港时间)、ETA(船舶预抵港时间)、ETC(预计开始装船时间)等内容。

▶ 4. 制作和发出日期

日期不能超过信用证约定的时间，常见的有以小时(within 24/48 hours)为准和以天(within 2 days after shipment date)为准两种情形，信用证没有规定时应在装船后立即发出，如信用证规定"Immediately after shipment"(装船后立即通知)，应掌握在提单后三天之内。

▶ 5. 签署

一般可以不签署，如信用证要求"certified copy of shipping advice"，通常加盖受益人条形章。

知识链接

缮制装船通知应注意的事项

(1)CFR/CPT 交易条件下拍发装运通知的必要性：因货物运输和保险分别由不同的当事人操作，所以受益人有义务向申请人对货物装运情况给予及时、充分的通知，以便进口商保险，否则如漏发通知，则货物越过船舷后的风险仍由受益人承担。

(2)通知应按规定的方式、时间、内容、份数发出。

(3)几个近似概念的区别：shipping advice(装运通知)是由出口商(受益人)发给进口商(申请人)的；shipping instructions 意思是"装运须知"，一般是进口商发给出口商的；shipping note/ bill 指装货通知单/船货清单；shipping order 简称 S/O，指装货单/关单/下货纸，是海关放行和命令船方将单据上载明的货物装船的文件。

二、本项目的参考装船通知

CHANGZHOU YAFENG IMP. & EXP. CORP. LTD

3 GEHU MIDDLE ROAD, CHANGZHOU, JIANGSU, CHINA

Telex: 0985 Fax: 6332136 Tel: 6332138

SHIPPING ADVICE

TO:	THE LOOKING HANDCRAFT, INC 138 SAN MATEC AVENUE, SAN FRANCISCO CA-94080-6501, U. S.	ISSUE DATE: OUR REF. NO.:	JUL. 10, 2016

Dear Sir or Madam:

We are Please to Advice you that the following mentioned goods has been shipped out, Full details were shown as follows:

Invoice Number:	F93002897
Bill of loading Number:	RNSL060627
Ocean Vessel:	HANJIN
Port of Loading:	SHANGHAI
Date of shipment:	JUL. 9 2016
Port of Destination:	SAN FRANCISCO
Estimated date of arrival:	BEFORE JUL. 30 2016
Containers/Seals Number:	PHI F707663 SAN FRANCISO NO. 1—50
Description of goods:	ART. NO. CZ212 2×3' ART. NO. CZ287 3×5' ART. NO. CZ310 2×3'
Shipping Marks:	N/M
Quantity:	50 CTNS
Gross Weight:	645KGS
Net Weight:	620KGS
Total Value:	USD 71 400. 00

常州亚峰进出口有限公司
CHANGZHOU YAFENG I/E CO.,LTD.

Thank you for your patronage. We look forward to the pleasure of receiving your valuable repeat orders.

Sincerely yours,

项目练习

一、单选题

1. 国际贸易中，海运提单的签发日期是指(　　)。

A. 货物开始装船的日期　　B. 货物全部装船完毕的日期

C. 货物装船完毕船舶启航日期　　D. 货物到达目的港的日期

2. 班轮运输的运费应该(　　)。

A. 包括装卸费，但不计入滞期费和速遣费

B. 包括装卸费，并应计入滞期费和速遣费

C. 包括装卸费和应计入滞期费，但不计入速遣费

D. 包括装卸费和应计入速遣费，不计入滞期费

3. "W/M plus Ad. val"的含义为(　　)。

A. 货物重量或尺码

B. 货物重量加尺码

C. 货物重量、尺码或价值选较高的

D. 货物重量或尺码选较高的，再加上从价运费

4. 班轮运送货物，如果运费计收标准为"A. V."，则表示(　　)。

A. 按货物毛重计收　　B. 按货物体积计收

C. 按商品价格计收　　D. 按货物件数计收

5. 签发多式联运提单的承运人的责任是(　　)。

A. 只对第一程运输负责　　B. 必须对全程运输负责

C. 对运输不负责　　D. 只对最后一程运输负责

6. 下列说法中，不属于班轮运输特点的是(　　)。

A. 具有定线、定港、定期和相对稳定的运费费率

B. 由船方负责对货物的装卸，运费中包括装卸费

C. 以运送大宗货物为主

D. 不规定滞期、速遣条款

7. 必须经过背书才能进行转让的提单是(　　)。

A. 记名提单　　B. 不记名提单

C. 指示提单　　D. 记名与不记名提单

8. 航空运输的运费收取标准为(　　)。

A. 按 M 收取　　B. 按 W 收取

C. 按 W/M 收取　　D. 按 W/M or A. V. 收取

9. 银行在结汇时，一般只接受(　　)。

A. 清洁提单　　B. 备运提单　　C. 不清洁提单　　D. 记名提单

10. 铁路货物运到期限不包括(　　)。

A. 发送期间　　B. 运送期间　　C. 特殊作业时间　　D. 逾期时间

二、多选题

1. 规定承运人、托运人之间权利、义务、责任豁免的公约有(　　)。

A. 海牙规则　B. 维斯比规则　C. 汉堡规则
D. 国际商会　E. 600 号出版物

2. 以集装箱为媒介的国际多式联运，其意义在于(　　)。
A. 简化发运手续　B. 加快货运速度　C. 降低运输成本
D. 提高货运质量　E. 促进交易达成

3. 海运提单是(　　)。
A. 货物收据　B. 物权凭证　C. 运输契约的证明　D. 交易合同

4. 按承运人在提单上对运输货物表面状况有无不良批注可分(　　)。
A. 清洁提单　B. 不清洁提单　C. 记名提单　D. 不记名提单

5. 海运提单按运输方式分为(　　)。
A. 直达提单　B. 转船提单　C. 联运提单　D. 指示提单

6. 装运时间的规定方法有(　　)。
A. 明确规定具体装运时间
B. 在收到信用证后若干天或若干月装运
C. 收到信汇、电汇或票汇后若干天装运
D. 随卖方而定

7. 买方一般不愿接受的提单有(　　)。
A. 已装船提单　B. 备货提单　C. 清洁提单
D. 不清洁提单　E. 指示提单

8. 按照提单收货人抬头分类，提单有(　　)。
A. 清洁提单　B. 不清洁提单　C. 记名提单
D. 不记名提单　E. 指示提单

9. 班轮运费中的附加费包括(　　)。
A. 基本运费　B. 绕航附加费　C. 港口拥挤附加费
D. 转船附加费　E. 变更装运港附加费

10. 航空运输的特点有(　　)。
A. 运行时间短　B. 货物中途破损率小　C. 运输量大
D. 运费一般较高　E. 速度快

三、判断题

1. 某商品每箱体积为 30cm×40cm×50cm，毛重为 62kg，如果班轮运费计收的标准为 W/M 则船公司应该按照尺码吨计算运费有利。(　　)
2. 重量吨和尺码吨统称运费吨。(　　)
3. 同一包装、同一票货物和同一提单内出现混装情况时，班轮公司的收费原则是就低不就高。(　　)
4. 班轮运费计收标准的"W/M Plus Ad Val"是指计收运费时，应选三者中较高者计收。(　　)
5. 不清洁提单是说提单上有污渍。(　　)
6. 国际铁路联运过程中，如果运到逾期，则逾期罚款应由参与联运的各国铁路分摊。(　　)

7. 有一批货物要空运到国外，其体积为 21 000 cm^3，实际重量为 2 kg，在计算运价时，计费重量是 2 kg。 （ ）
8. 小陆桥运输是多式联运。 （ ）
9. “OCP”运输是多式联运。 （ ）
10. 我国香港地区的铁路运输采用国际铁路联运方式。 （ ）

四、计算题

1. 我方按 CFR 价格出口洗衣粉 100 箱，该商品内包装为塑料袋，每袋 0.5 千克，外包装为纸箱，每箱 100 袋，纸箱的尺寸为：长 47cm，宽 30cm，高 20cm，基本运费为每尺码公吨 HK$367，另加收燃油附加费 33%、港口附加费 5%、转船附加费 15%，计费标准为 M。试计算该批商品的运费为多少？
2. 我国某外贸公司出口商品 200 件，每件毛重 95kg，体积为 100cm×40cm×25cm，查轮船公司运费表，该商品计费标准为 W/M，等级为 8 级，每吨运费为 80 美元，另收港口附加费 10%、直航附加费 15%。问：该批货物共计运费多少？我方原报 CFR 上海每件 400 美元，客户要求改报 FOB 价，我方应报多少？

五、根据信用证和相关材料制作提单和装船通知

FM：HABIB BANK LTD.，DUBAI
TO：BANK OF CHINA，NANJING BRANCH

Form of Doc. Credit	*40 A：	IRREVOCABLE
Doc. Credit Number	*20：	LC-2008-1098
Date of Issue	31C：	081010
Expiry	*31 D：	Date 081230 Place CHINA
Applicant	*50：	AL-HADON TRADING COMPANY P. O. BOX NO. 1198，DUBAI U A E
Beneficiary	*59：	NANJING GARMENTS IMP. AND EXP. CO.，LTD. NO. 301 ZHEN AN TONG ROAD NANJING CHINA
Amount	*32B：	Currency USD Amount 40 750.00
Pos. / Neg. Tol. (%)	39A：	5/5
Available with /by	*41D：	ANY BANK BY NEGOTIATION
Draft at...	42C：	DRAFTS AT 60 DAYS AFTER SIGHT FOR FULL INVOICE VALUE
Drawee	42A：	* HABIB BANK LTD.，DUBAI * TRADING SERVICES，POX 1106， * DUBAI U A E
Partial Shipments	43P：	ALLOWED
Transshipment	43T：	ALLOWED
Port of loading	44E：	NANJING CHINA

Port of discharge	44F：	DUBAI U A E
Latest Date of Ship.	44C：	081215
Descript. of Goods	45A：	MEN'S UNDERWEAR 2 PCS SET CFR DUBAI ART NO. 3124A，U. PRICE USD52. 50/DOZ，300DOZ ART NO. 3125A，U. PRICE USD50. 00/DOZ，500DOZ ALL OTHER DETAILS AS PER PROFORMA INVOICE NO. HT-2578 OF M/S. HALLSON TRADING P. O. BOX 2512 DUBAI U A E
Documents required	46A：	+SIGNED COMMERCIAL INVOICE IN TRIPLICATE + PACKING AND ASSORTMENT LIST IN TRIPLICATE STATING THAT THE GOODS OF SIZE S，M，L，XL ARE PACKED INTO 4 DOZ PER ONE EXPORT CARTON，EACH SIZE EACH DOZEN + MANUALLY SIGNED CERTIFICATE OF ORIGIN IN TRIPLICATE SHOWING B/L NOTIFY PARTY AS CONSIGNEE AND INDICATING THE NAME OF THE MANUFACTURER +FULL SET OF CLEAN ON BOARD BILLS OF LADING MADE OUT TO ORDER OF SHIPPER AND BLANK ENDORSED AND MARKED FREIGHT PREPAID，NOTIFY M/S HALLSON TRADING，P. O. BOX NO. 2512 DUBAI U A E AND ALSO SHOWING THE NAME，ADDRESS，TEL. NO. OR FAX NO. OF THE CARRYING VESSEL'S AGENT AT PORT OF DISCHARGE +A SEPARATE CERTIFICATE FROM THE SHIPPING CO. OR ITS AGENT CERTIFYING THAT THE CARRYING VESSEL IS ALLOWED BY ARAB AUTHORITIES TO CALL AT ARABIAN PORTS AND IS NOT SCHEDULED TO CALL AT ANY ISRAELI PORTS DURING ITS TRIP TO ARABIAN COUNTRIES + SHIPPING ADVICE MUST BE SENT TO THE DUBAI INSURANCE COMPANY ON

		FAX NO. 82354322 SHOWING THE SHIPPING DETAILS +ONE SET OF NON-NEGOTIABLE SHIPPING DOCUMENTS AND SHIPMENT SAMPLES SHOULD BE SENT DIRECTLY TO THE OPENERS AND A CERTIFICATE AND RELATIVE POST RECEIPT FOR THIS EFFECT IS REQUIRED
Additional Conditions	47A:	1. INSURANCE TO BE EFFECTED BY BUYER 2. REIMBURSEMENT UNDER THIS CREDIT IS SUBJECT TO UNIFORM RULES FOR BANK TO BANK REIMBURSEMENT UNDER DOCUMENTARY ICC PUBLICATION NO. 525 3. WE SHALL ARRANGE REMITTANCE OF THE PROCEEDS TO YOU ON RECEIPT OF DOCUMENTS COMPLYING WITH THE TERMS OF THIS L/C CONFIRMING THAT THE DRAFT AMOUNT HAS BEEN ENDORSED ON THIS LETTER OF CREDIT. 4. AMOUNT AND QUANTITY 5 PCT MORE OR LESS ARE ALLOWED. 5. ALL DOCUMENTS MUST SHOW OUR L/C NUMBER. 6. THIS L/C IS UNRESTRICTED FOR NEGOTIATION.
Details of Charges	71B:	ALL BANKING CHARGES OUTSIDE DUBAI ARE FOR A/C OF BENEFICIARY
Presentation Period	48:	DOCUMENTS TO BE PRESENTED WITHIN 15 DAYS AFTER THE DATE OF SHIPMENT, BUT WITHIN THE VALIDITY OF THE CREDIT

相关资料：

发票号码：2008-1500	发票日期：2008年11月30日
提单号码：HSKK50088	提单日期：2008年12月10日
船名：CMA CROWN V. 987	集装箱：1×20’ LCL CFS/CFS
集装箱号：TRIU287756	封号：80709
原产地证号：08NJ98699	商品编号：6302.2900
包装：4DOZ/CTN	体积：58 cm×40 cm×25 cm
净重：20.00千克/CTN	毛重：22.00千克/CTN

合同号：NG08-2578　　　　　　　　预约保单号：08-236147

议付银行：中国银行南京分行(BANK OF CHINA，NANJING BRANCH)

生产厂家：南京佳美服装厂(NANJING JUSTMADE GARMENTS FACTORY)

唛头：

HALLSON
HT-2578
DUBAI
NO. 1-200

1. 提单

<table>
<tr><td colspan="2">1. Shipper Insert Name，Address and Phone
(2)</td><td colspan="3" rowspan="6">B/L No.
(1)

中远集装箱运输有限公司
COSCO CONTAINER LINES
TLX：33057 COSCO CN
FAX：＋86(021)6545 8984

ORIGINAL
Port-to-Port or Combined Transport
BILL OF LADING</td></tr>
<tr><td colspan="2">2. Consignee Insert Name，Address and Phone
(3)</td></tr>
<tr><td colspan="2">3. Notify Party Insert Name，Address and Phone
(It is agreed that no responsibility shall attsch to the Carrier or his agents for failure to notify)
(4)</td></tr>
<tr><td>4. Combined Transport*
Pre-carriage by</td><td>5. Combined Transport*
Place of Receipt</td></tr>
<tr><td>6. Ocean Vessel Voy. No.
(5)</td><td>7. Port of Loading
(6)</td></tr>
<tr><td>8. Port of Discharge
(7)</td><td>9. Combined Transport*
Place of Delivery</td></tr>
<tr><td>Marks & Nos.
Container / Seal No.
(8)</td><td>No. of Containers or Packages
(9)</td><td>Description of Goods (If Dangerous Goods，See Clause 20)
(10)</td><td>Gross Weight Kgs
(11)</td><td>Measurement
(12)</td></tr>
<tr><td></td><td></td><td colspan="3">Description of Contents for Shipper's Use Only(Not part of This B/L Contract)</td></tr>
</table>

续表

10. Total Number of containers and/or packages(in words) (13) Subject to Clause 7 Limitation					
11. Freight & Charges	Revenue Tons	Rate	Per	Prepaid	Collect
Declared Value Charge					
Ex. Rate:	Prepaid at	Payable at	Place and date of issue		
	Total Prepaid	No. of Original B(s)/L	Signed for the Carrier, COSCO CONTAINER LINES		

LADEN ON BOARD THE VESSEL

DATE BY

2. 装船通知

南京服装进出口有限公司

NANJING GARMENTS IMP. AND EXP. CO., LTD.

NO. 301 ZHEN AN TONG ROAD NANJING CHINA

装船通知

SHIPPING ADVICE

L/C No. LC-2008-1098

Date: (1)

To: (2)

To whom it may concern:

We hereby state that the goods under the Open Policy No. 08-236147 have been shipped. The shipping details are as follow:

Description of goods: (3)

Number of package: (4)

Quantity: 800DOZ

Goods value: (5)

Container & Seal No. (6)

Port of loading：　　(7)

Port of discharge：　　(8)

Bill of Lading No：　　(9)

Vessel Name & Voy：　　(10)

南京服装进出口有限公司(章)
NANJING GARMENTS IMP. & EXP. CO. LTD

张红(章)

项目十 缮制结汇所需单证

学习目标

1. 了解各种结汇单据制作的要求；
2. 掌握各种结汇单据的制作要领；
3. 能根据信用证和合同制作汇票、受益人证明等其他结汇单证。

任务一 缮制汇票

一、汇票的基本知识

汇票(DRAFT/BILL OF EXCHANGE)是出票人(DRAWER)签发的，要求受票人(DRAWEE)在见票时或在指定的日期无条件支付一定金额给其指定的受款人(PAYEE)的书面命令。

根据汇票定义，汇票的当事人一般有三个：出票人、受票人和受款人。

(1) 出票人(DRAWER)，即签发汇票的人。在进出口业务中，通常是出口商。

(2) 受票人(DRAWEE)，即汇票的付款人。在进出口业务中，通常是进口商或其指定的银行。在信用证结算方式下，若信用证没有指定付款人，根据《UCP500》规定，开证行即是付款人。

(3) 受款人(PAYEE)，即汇票规定的可受领金额的人。在进出口业务中，若信用证没有特别指定，受款人通常是出口商本人或其指定银行。

除此之外，汇票在使用中还可能出现一些非基本当事人，如背书人(ENDORSER)、保证人(GUARANTOR)等。

在信用证项下的国际结算业务中，即期付款有时不一定需要汇票，可以用发票代替。而对于远期付款，汇票一般都是必要的，因付款人须凭汇票承兑，并承担到期付款的责任。而持票人必要时可凭承兑的汇票贴现或经背书转让。其汇票式样如下。

BILL OF EXCHANGE

凭 不可撤销信用证
Drawn Under Irrevocable L/C No.

日期 支取
Date Payable With interest @ % 按 息 付款

号码 汇票金额 南京
No. Exchange for Nanjing

见票 日后(本汇票之副本未付)付交
at sight of this FIRST of Exchange(Second of Exchange Being unpaid) Pay to the order of

金额
the sum of

此致
To

二、汇票的缮制方法

(一) 托收项下汇票内容及缮制

托收结算方式汇票的填制，有以下 9 个项目需要填写：

(1) 托收汇票须在出票条款栏内或其他位置加注“FOR COLLECTION”。

(2) 汇票号码(NUMBER)，一般填写发票号码。

(3) 小写金额(AMOUNT IN FIGURES)，即托收总金额，也就是发票金额，表示方法为币制＋以阿拉伯数字表示的金额，小数点后保留两位，第三位小数四舍五入，应端正地打印在虚线内，不得涂改。

(4) 出票地点和日期(PLACE AND DATE OF ISSUE)，一般由银行代填。

(5) 支付方式和付款期限(TENOR AND MODE OF PAYMENT)，支付方式一般为 D/P 或者 D/A，填写在 AT 的前面，付款期限应填写在 AT 与 SIGHT 的中间。如为远期付款见票后 60 天，则填“AT 60 DAYS SIGHT”；如为即期付款，则为“AT ***** SIGHT”。

(6) 收款人，一般填写托收银行。

(7) 大写金额(AMOUNT IN WORDS)，表示方法为货币名称＋英文大写托收金额，大小写应一致。句尾加打“ONLY”。

(8) 付款人(DRAWEE 或 PAYER)，即汇票右下角的“TO”栏，根据合同规定填写买方(进口商名称和地址)。

(9) 出票人签字(SIGNATURE OF THE DRAWER)，在汇票右下角打出或盖上出口方公司名称并由负责人签字或盖章。

(二) 信用证项下汇票的填写

信用证结算方式下的汇票缮制，不仅要严格符合信用证的要求，还要符合汇票的规范制法。

▶ 1. 出票依据(DRAWN UNDER)

出票依据表明汇票起源交易是允许的。出票依据是说明开证行在一定的期限内对汇票的金额履行保证付款责任的法律根据，是信用证项下汇票不可缺少的重要内容之一。

▶ 2. 信用证号码及开证日期(L/C NUMBER AND DATE)

此栏填写信用证号码及开证日期。注意此栏不能错填成汇票的出票日期。

▶ 3. 利息(INTEREST)

此栏填写合同或信用证规定的利息率。若没有规定，则此栏留空。

▶ 4. 号码(NUMBER)

一般填写商业发票的号码。

▶ 5. 小写金额(AMOUNT IN FIGURES)

一般填写确切的金额数目。除非信用证另有规定，汇票金额所使用的货币应与信用证和发票所使用的货币一致。在通常的情况下，汇票金额为发票金额的100%，但以不得超过信用证规定的最高金额为限。如果信用证金额有“大约”等字样，则有10%的增减幅度。

▶ 6. 付款期限(TENOR)

付款期限的填写应按照信用证的规定。如为即期汇票，要打上“AT SIGHT”。在汇票“AT”与“SIGHT”之间的空白处用“————————”连接，表示“见票即付”；如为远期汇票，应在“AT”后打上信用证规定的期限。

信用证中有关汇票期限的条款有以下几种：

(1) 以交单期限起算日期，如“This L/C is available with us by payment at 60 days after receipt of full set of documents at our counters”。

此条款规定付款日期为对方柜台收到单据后的60天，因此在填写汇票时只须写：“At 60 days after receipt of full set of documents at your counters”。

注意，信用证中的“OUR COUNTER”(我们的柜台)，系指开证行柜台，而在实际制单中，应改为“YOUR”(你们的)的柜台，指单据到达对方柜台起算的60天。

(2) 有的汇票是以装船日期为起算日期的，如“We hereby issue our irrevocable documentary letter of credit No. 194956 available at 60 days after B/L date by drafts”，那么，在制单时就要填写“60 days after B/L date”(提单日期后60天)，议付银行在其面函上注明提单的具体日期和计算汇票的到期日，即从提单日期后起算的60天到期日期。

(3) 也有少数汇票的起算日期是以发票日期起算的，如“Drafts at 60 days from invoice date”。因此，在制单时应在此栏目里填写“ At 60 days from invoice date”，从发票开出日期起算的60天。

▶ 7. 受款人(PAYEE)

受款人又称收款人，收款人一般称为汇票的抬头人，是出票人指定的接受票款的当事人，有的是以出口商或以其所指定的第三者为受款人。在国际票据市场上，汇票的抬头人通常有三种写法：

(1) 记名式抬头(DEMONST RATIVE ORDER)，即在受款人栏目中填写“付给×××人的指定人”(PAY TO THE ORDER OF ×××)，这种类型的抬头是最普遍使用的一种。

(2) 限制性抬头(RESTRICTIVE ORDER)，即在受款人栏目中填写“仅付给×××人”(PAY TO ××× ONLY)或“限付给×××人，不许转让”(PAY TO ××× ONLY, NOT TRANSFERABLE)，这是一种主要的抬头方式。如来证规定由中国银行指定或其他议付行，或来证对汇票受款人未做明确规定。通常汇票的受款人应打上“PAY TO THE ORDER OF BANK OF CHINA”(由中国银行指定)。

(3) 持票人抬头(PAYABLE TO BEARER)，即在受款人栏目中填写“付给持票人”(PAY TO BEARER)。

▶ 8. 大写金额(AMOUNT IN WORDS)

用大写英文字母表示，并在文字金额后面加上“ONLY”，以防止涂改，如“SAY UNITED STATES DOLLARS FIVE THOUSAND SIX HUNDRED ONLY”。信用证使用的货币、上面所使用的小写金额应与大写金额相一致。

▶ 9. 付款人及付款地点

汇票的付款人即汇票的受票人，也称致票人，在汇票中表示为“此致×××”。凡是要求开立汇票的信用证，证内一般都指定了付款人。如果信用证没有指定付款人，按照惯例，则一般做成开证行为付款人。填制汇票的一般做法如下：

(1) 当信用证规定须开立汇票而又要求明确规定有付款人时，应理解为开证行就是付款人，从而打上开证行的名称、地址；

(2) 当信用证的条款为“DRAFTS DRAWN ON APPLICANT”时，应填写该信用证的开证人名称及地址；

(3) 当信用证要求为“DRAWN ON US”时，应理解“US”为开证行名称及地址。

还有，付款人旁边的地点就是付款地点，它既是汇票金额的支付地，也是要求付款地或拒绝证书做出地。

▶ 10. 出票人签字(SIGNATURE OF DRAWER)

出票人即签发汇票的人，在进出口业务中，通常是出口商(信用证的受益人)。汇票的出票人栏目，一般打上出口商的全称，并由出口商经理签署或盖章。

汇票的出票人一般是信用证指定的受益人，按来证照打。汇票的出票人也应当与其他单据的签署人名称相符。

汇票必须注明出票地点，因为如果在一个国家出票，在另一个国家付款时，假如发生争议，确定以哪个国家的法律为依据来判断汇票所具备的必要项目是否齐全，从而使之有效。对此，各国采用出票地法律或行为地法律的原则，即出票行为当地的法律认为汇票已具备必要项目而生效时，付款地点也同样认为有效。

三、本项目的参考汇票

货物出运后，我方(出票人)立即出具一张汇票，连同其他单证一起，交于议付行议付。以下是我公司缮制好的汇票。

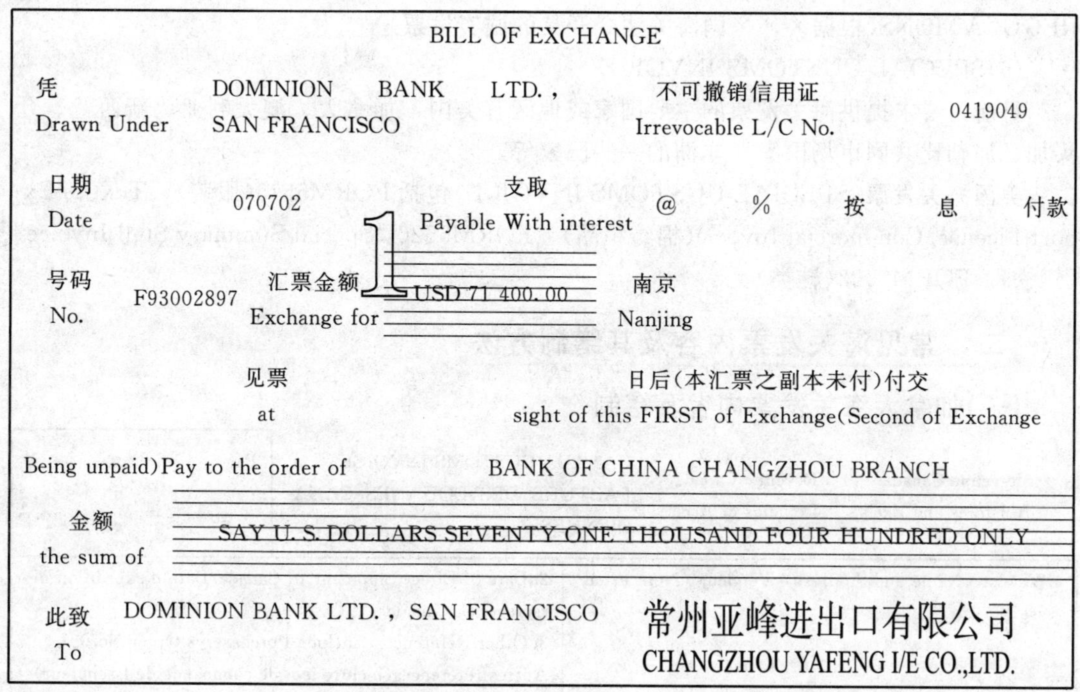
BILL OF EXCHANGE

凭 Drawn Under DOMINION BANK LTD., SAN FRANCISCO　不可撤销信用证 Irrevocable L/C No. 0419049

日期 Date 070702　支取 Payable With interest @ % 按 息 付款

号码 No. F93002897　汇票金额 Exchange for USD 71 400.00　南京 Nanjing

见票 at　日后(本汇票之副本未付)付交 sight of this FIRST of Exchange(Second of Exchange Being unpaid)Pay to the order of BANK OF CHINA CHANGZHOU BRANCH

金额 the sum of SAY U.S. DOLLARS SEVENTY ONE THOUSAND FOUR HUNDRED ONLY

此致 To DOMINION BANK LTD., SAN FRANCISCO

常州亚峰进出口有限公司
CHANGZHOU YAFENG I/E CO.,LTD.

任务二 缮制海关发票

一、海关发票简介

海关发票是根据某些进口国海关的规定，由出口商填制的一种特定格式的发票，它的作用是供进口商凭以向海关办理进口报关、纳税等手续。

进口国海关根据海关发票查核进口商品的价值和产地来确定该商品是否可以进口、是否可以享受优惠税率，查核货物在出口国市场的销售价格，以确定出口国是否以低价倾售而征收反倾售税，并据以计算进口商应纳的进口税款。因此，对进口商来说，海关发票是一种很重要的单据。

海关发票由出口方填制，有些国家或地区称其为“COMBINED CERTIFICATE OF VALUE AND ORIGIN”(价值与原产地联合证明书)或“CERTIFIED INVOICE”(证实发票)等。

信用证中，海关发票常用的名称如下。

(1)CUSTOMS INVOICE

(2)NVOICE AND COMBINED CERTIFICATE OF VALUE AND ORIGIN

(3)APPROPRIATE CERTIFIED CUSTOMS INVOICE

(4)SIGNED CERTIFICATE OF VALUE AND ORIGIN IN APPROPRIATE FORM

(5)CERTIFIED INVOICE IN ACCORDANCE WITH ××××(进口国)CUSTOMS

REGULATIONS(根据×××国海关法令开具的诚实发票)

(6)SPECIAL CUSTOMS INVOICE

目前，要求提供海关发票的主要国家或地区有美国、加拿大、澳大利亚、新西兰、牙买加、加勒比共同市场国家、非洲的一些国家等。

美国海关发票(SPECIAL CUSTOMS INVOICE)包括 FORM5515(服装)、Textile Export License/Commercial Invocie(棉纺织品)、FORM5520."Special Summary Stell Invoice"(钢铁)、FORM5523(鞋类)。

二、常见海关发票内容及其缮制方法

(一)加拿大海关发票内容及缮制

<table>
<tr><td>Revenue Canada
Customs and Excise</td><td>Revenue Canada
Douanes et Accise</td><td>CANADA CUSTOMS INVOICE
FACTURE DES DOUANES CANADIENNES</td><td>Page</td><td>of
de</td></tr>
<tr><td colspan="2">1. Vendor (Name and Address) Vendeur (Nom et adresse)</td><td colspan="3">2. Date of Direct Shipment to Canada/Date d'expedition directeversie Canade
3. Other References (include Purchaserys Order No.)
Autres reterences(inclure ie n de commande de Í acheteur)</td></tr>
<tr><td colspan="2" rowspan="3">4. Consignee (Name and Address) Destinataire (Nom et adresse)</td><td colspan="3">5. Purchaser's Name and Address(if other than Consignee)
Nom et adresse de Í acheteur(S'lldiffere du destinataire)</td></tr>
<tr><td colspan="3">6. Country of Transhipment/Pays de transbordement</td></tr>
<tr><td>7. Country of Origin of Goods
pays d'origine des marchandises</td><td colspan="2">IF SHIPMENT INCLUDES GOODS OF DIFFERENT ORIGINS ENTER ORIGINS AGAINST ITEMA IN12
SIL'EXPEDON COMPREND DES MARCHANDISES D'
ORIGINES
DIFFERENTES PRECISER LEUR PROVENANCE EN12</td></tr>
<tr><td colspan="2" rowspan="2">8. Transportation Give Mode and Place of Direct Shipment to Canada
Transport Preciser mode et point d'expedition directe verctevers ie
canada</td><td colspan="3">9. Condirtions of Sale and Terms of Payment
(i. e Saie. Consignment Shipment, Leased Goods, etd.)
Conditions de vente et modaitites de paiement
(P. exvente, expedition en consignation, location, de marchandises, etc.)</td></tr>
<tr><td colspan="3">10. Currency of Settlement/Devises du paiement</td></tr>
</table>

续表

<table>
<tr><td rowspan="2">11. No of Pkgs
Nore de colis</td><td rowspan="2">12. Specification of Commodities (Kind of Packages, Marks, and Numbers, General Description and Characteristics, ie Grade, Quality)
Designation des articles (Nature des colis, marques et numeros, description gererale et caracteristiques, P ex classe, qualite)</td><td rowspan="2">13. Quantity (State Unit)
Quantite (Preciser Í unite)</td><td colspan="2">Selling Price/Prix de vente</td></tr>
<tr><td>14. Unit Price
Prix unitaire</td><td>15. Total</td></tr>
<tr><td colspan="2" rowspan="3">18. if any Of fields 1 to 17 are included on an attached commercial invoice, check this box
si tout renseignement relatlvement aux zones 1 e 17 liguresuruneou des tactures
commerciaies ci-attacheescochercette case
commercial invoice No. 1 N de la factre commerciaie
☐</td><td colspan="2">16. Total Weight/Poids Total</td><td rowspan="3">17. Invoice Total
Total de la facture</td></tr>
<tr><td>Net</td><td>Gross/Brut</td></tr>
<tr><td></td><td></td></tr>
</table>

<table>
<tr><td>19. Exporter's Name and Address(if other than Vendor)
Nom et adresse de Í exportateur (s'll differe du vendeur)</td><td>20. Originator (Name and Address)/Expediteur d'origine (Nom et adresse)</td></tr>
<tr><td>21. Departmental Rulikg (if applicable)/Decision du Ministere (S'lly a lieu)</td><td>22. If fields 23 to 25 are not applicable, check this box
Si ies zones 23 e 25 sont sans objet, cochercette case ☐</td></tr>
</table>

<table>
<tr><td>23. if included in field 7 indicate amount
Si compris dans ie total a ia zone 17, preciser
(Ⅰ) Transportation charges, expenese and insurance from the place of direct shipment to Canada
Les frais de transport, depenses et assurances a partir du point of expedition directevers is Canada.
____
(Ⅱ) Costs for const: action, erection and assembly incurred atter importation into Canada
Les couts de construction, d'erection et d'assemblage, pres imporaation au. Canada
____
(Ⅲ) Export packing
Le cout de Íemballage d'exportation
________</td><td>24. If not included in field 17 indicate amount Si non compris dans le total a ie zone 17, Dreciser
(Ⅰ) Transportation charges, expense and insurance to the place of direct shipment to Canada
Les frais de transport, depenses et assurances Iusqu'au point d' of expedition directd vers ie Canada
____
(Ⅱ) Amounts for commissions other than buying commissions
Les commissions autres que celles versees
Pour Í achat
____
(Ⅲ) Export packing
Le cout de Í emballage d'exportation
________</td><td>25. Check (if applicable)
Cochet (s'lly a liso)
(Ⅱ) Royalty payments or subsequent proceede are paid or payable by the purchaser
Des redevances ou prodults ont eteouseront Verses par Í acheteur
☐
(Ⅱ) The purchaser has supplied goods or services for use in the production of these goods L'acheteur a fouml des merchandises ou des Services pour ia production des merchandises
☐</td></tr>
</table>

加拿大海关发票的主要栏目及缮制方法如下。

▶ 1. 卖方的名称与地址

填写出口商的名称及地址，包括城市和国家名称。信用证支付条件下此栏填写受益人名称、地址。

▶ 2. 直接运往加拿大的装运日期

填写直接运往加拿大的装运日期，应与提单日期相一致。如单据送银行预审，也可请银行按正本提单日期代为加注。

▶ 3. 其他参考事项

填写有关合同、订单或商业发票号码，包括买方订单号码(ORDER REFERENCE, INCLUDE PURCHASER'S ORDER NUMBER)。

▶ 4. 收货人名称及地址

填写加拿大收货人的名称与详细地址。信用证项下一般为信用证的开证人。

▶ 5. 买方

填写实际购货人的名称及地址。如与第四栏的收货人相同，则此栏可打上"SAME AS CONSIGNEE"。

▶ 6. 转运国家

应填写转船地点的名称。例如在香港转船，可填写"FROM SHANGHAI TO VANCOVER WITH TRANSHIPMENT AT HONGKONG BY VESSEL"。如果不转船，则可填 N/A，即 NOT APPLICCABLE。

▶ 7. 生产国别

填写 CHINA。若非单一的国产货物，则应在第 12 栏中详细地逐项列明各自的原产地国名。

▶ 8. 运输方式及直接运往加拿大的起运地点

只要货物不在国外加工，不论是否转船，均填写起运地和目的地名称及所用运载工具，如 FROM SHANGHAI TO MONTREAL BY VESSEL。

▶ 9. 价格条件及支付方式，如销售、委托发运、租赁商品等

按商业发票的价格术语及支付方式填写，如 CIF VANCOUVER D/P AT SIGHT 或 C AND F MONTREAL BY L/C AT SIGHT。

▶ 10. 货币名称

卖方要求买方支付货币的名称，须与商业发票使用的货币相一致，如 CAD。

▶ 11. 件数

填写该批商品的总包装件数，如 600 CARTONS。

▶ 12. 商品详细描述

应按商业发票的项目描述填写，并将包装情况及唛头填写此栏，包括种类、唛头、品名和特性，即等级、品质。

▶ 13. 数量

应填写商品的具体数量，而不是包装的件数。

▶ 14. 单价

应按商业发票记载的每项单价填写，使用的货币应与信用证和商业发票一致。

▶ 15. 总值

应按商业发票的总金额填写。

▶ 16. 净重及毛重的总数

填写总毛重和总净重，应与其他单据的总毛重和总净重相一致。

▶ 17. 发票总金额

按商业发票的总金额填写。

▶ 18. 如果 1～17 栏的任何内容均已包括

如果 1～17 栏的任何内容均已包括在随附的商业发票内，则在方框内填一个“√”记号，并将有关商业发票号填写在横线上。

▶ 19. 出口商名称及地址，如并非买方

如出口商与第 1 栏的卖方不是同一名称，则列入实际出口商名称；如出口商与第 1 栏卖方为同一名称，则在本栏打上“ THE SAME AS VENDOR”。

▶ 20. 负责人的姓名及地址

此栏仍填写出口公司名称、地址、负责人名称。

▶ 21. 主管当局现行管理条例

指加拿大海关和税务机关对该货进口的有关规定。如有，则要求填写；如无，则填“N/A”，即 NOT APPLICABLE。

▶ 22. 如果 23～25 三个栏目均不适用

如 23～25 栏不适用，可在方框内打“√”记号。

▶ 23. 如果以下金额已包括在第 17 栏内

自起运地至加拿大的运费和保险费可填运费和保险费的总和，允许以支付的原币填写；若不适用则填“N/A”。

货物进口到加拿大后进行建造、安装及组装而发生的成本费用，按实际情况填列；若不适用，可打上“N/A”。

▶ 24. 出口包装费用

可按实际情况将包装费用金额打上“√”；如无，则填“N/A”。

▶ 25. 如果以下金额不包括在第 17 栏内

若 17 栏不包括，则注明金额，Ⅰ、Ⅱ、Ⅲ 三项一般填“N/A”。如果在 FOB 等价格条件下，卖方又替买方租船订舱时，其运费于货到时支付，则Ⅰ栏可填实际运费额。

▶ 26. 是否适用

若适用，在方格内打“√”记号。本栏系补偿贸易、来件、来料加工、装配等贸易方式专用；一般贸易不适用，可在方格内填“N/A”。

（二）美国海关发票内容及缮制

DEPARTMENT OF THE TREASURY UNITED STATES CUSTOMS SERVICE 19 U. S. C. 1481，1482，1484	SPECIAL CUSTOMS INVOICE Use separate invoice for porchased and mon-porchased goods.	Form Approved. O. M. B. No. 48－R0342

<table>
<tr><td colspan="3" rowspan="2">1. SELLER</td><td colspan="2">2. DOCUMENT NR. *</td><td colspan="3">3. INVOICE NR. AND DATE*</td></tr>
<tr><td colspan="5">4. REFERENCES*</td></tr>
<tr><td colspan="3" rowspan="2">5. CONSIGNEE</td><td colspan="5">6. BUYER (if other than consignee)</td></tr>
<tr><td colspan="5">7. ORIGIN OF GOODS</td></tr>
<tr><td colspan="3">8. NOTIFY PARTY*</td><td colspan="5" rowspan="2">9. TERMS OF SALE. PAYMENT, AND DISCOUNT</td></tr>
<tr><td colspan="3" rowspan="2">10. ADDITIONAL TRANSPORTATION INFORMATION *</td></tr>
<tr><td>11. CURRENCY USED</td><td colspan="2">12. EXCH RATE (If fixed or agreed)</td><td colspan="2">13. DATE URUER ACCEPTED</td></tr>
<tr><td rowspan="2">14. MARKS AND NUMBERS ON SHIPPING PACKAGES</td><td rowspan="2">15. NUMBER OF PACKAGES</td><td rowspan="2">16. FULL DESCRIPTION OF GOODS</td><td rowspan="2">17. QUANTITY</td><td colspan="3">UNIT PRICE</td><td rowspan="2">20. INVOICE TOTALS</td></tr>
<tr><td>18. HOME MARKET</td><td colspan="2">19. INVOICE</td></tr>
<tr><td></td><td></td><td></td><td></td><td></td><td colspan="2"></td><td></td></tr>
</table>

续表

<table>
<tr><td>21. □</td><td colspan="3">If the production of these goods invoived furnishing goods or services to the seller(e. g. , assists such as dies, molds, toolas, engineering work)and the value is not included in the invoice price, check box(21)and explain below.</td><td colspan="2">22. PACKING COSTS</td></tr>
<tr><td colspan="4">27. DECLARATION OF SELIER/SHIPPER(OR AGENT)</td><td rowspan="2">23. OCEAN OR INTERNATIONAL FREIGHT</td><td rowspan="2"></td></tr>
<tr><td colspan="2" rowspan="5">I declare:

(A)□ If there are any rebates, drawbaclcs or bonnties allowed upon the exportation of goods, I have checked box (A) and itemized separately below.</td><td>(B)□</td><td>If the goods were not sold or agreed to be sold, I have checked box(B)and have indicated in column 19 the price I world be willing to receive.</td></tr>
<tr><td rowspan="4">(C)</td><td rowspan="4">SIGNATURE OF SELLER/SHIPPER (OR AGENT): I fur ther declare that there is no other invoice differing from this one (unless otherwise described below) and that all statements contained in this invoice and declarstion are true and correct</td><td>24. DOMESTIC FREIGHT CHARGES</td><td></td></tr>
<tr><td>25. INSURANCE COSTS</td><td></td></tr>
<tr><td>26. OTHER COSTS (Specify Below)</td><td></td></tr>
<tr></tr>
<tr><td colspan="6">28. THIS SPACE FOR CONTINUING ANSWERS</td></tr>
<tr><td colspan="6"></td></tr>
</table>

* Not necessary for U. S. Cnstoms purposes. Customs Form 5515(12—20—76)

美国海关发票(Special Customs Invoice，SCI)的主要栏目及缮制方法如下。

第 1 栏：卖方名称地址，信用证受益人、合同的卖方。

第 2、4、8、10 栏可留空。

第 3 栏：海关发票号码及日期。

第 5 栏：收货人名称地址，即货物运往目的地的实际收货人，如果该人地址要在到货目的地，则可以是信用证申请人、提单的收货人、指示式提单；如果信用证申请人不在到货目的地，则可以是被通知人。

第 6 栏：买方。如果买方不是第 5 栏的收货人，则填写实际买方。

第 7 栏：原产国别。

第 9 栏：价格术语、支付方式、佣金折扣。

第 11 栏：结算货币名称。

第 12 栏：汇率。

第 13 栏：订单接受日期。

第 14 栏：唛头与包装。

第 15 栏：件数。

第 16 栏：商品描述(品名)。

第 17 栏：数量。

第 18 栏：国内市场价。

第 19 栏：发票价格。

第 20 栏：发票总金额。

第 21 栏：货物生产时，对方提供的铸模、模型、工具、工程作业等费用未包括在内，则在此栏内打“√”，并在 28 栏内说明。

第 22 栏：包装费。

第 23 栏：海运或国际运费。

第 24 栏：国内运费。

第 25 栏：保险费。

第 26 栏：其他费用，一般是国际运费的 4%～5%。

海关发票的条款在其他各种单据中已涉及不少，由于本次出口业务没有要求缮制海关发票，这里就不提供缮制好的海关发票了。

任务三 缮制受益人证明

受益人证明(Beneficiary's Certificate/Statement/Declaration)也称出口商证明(Exporter's Certificate)，顾名思义是由受益人按合同、信用证和有关规定对外出具的说明其已履行了某义务、完成了某工作或行为符合进口商和进口国要求的各种证明文件，一般无固定格式，内容多种多样，以英文制作，通常签发一份。

一、受益人证明简介

(一) 基本要求

(1) 单据名称。这种单据的名称因所证明事项不同而略异，可能是寄单证明、寄样证明(船样、样卡和码样等)、取样证明、证明货物产地、品质、唛头、包装和标签情况、电抄形式的装运通知、证明产品生产过程、证明商品业已检验、环保人权方面的证明(非童工、非狱工制造)等。

(2) 证明上通常会显示发票号、合同号或信用证号以表明与其他单据的关系。

(3) 证明的内容应严格与合同或信用证规定相符。

(4) 因属于证明性质，按有关规定，证明人(受益人)必须签字。

(5) 单据一般都应在规定的时间内做出。

(二) 内容要求

▶ 1. 寄单证明

寄单证明是最常见的一种，通常是受益人根据规定，在货物装运前后一定时期内，邮寄、传真或快递给规定的收受人全套或部分副本单据，并将证明随其他单据交银行议付。例如：CERTIFICATE FROM THE BENEFICIARY STATING THAT ONE COPY OF THE DOCUMENTS CALLED FOR UNDER THE LC HAS BEEN DISPATCHED BY COURIER SERVICE DIRECT TO THE APPLICANT WITHIN 3 DAYS AFTER SHIPMENT。

▶ 2. 寄样证明

例如：CERTIFICATE TO SHOW THAT THE REQUIRED SHIPMENT SAMPLES HAVE BEEN SENT BY DHL TO THE APPLICANT ON JULY 10，2005，受益人只要按规定出单即可。

▶ 3. 包装和标签证明

例 1：某信用证要求：A CERTIFICATE FROM THE BENEFICIARY TO THE EFFECT THAT ONE SET OF INVOICE AND PACKING LIST HAS BEEN PLACED ON THE INNER SIDE OF THE DOOR OF EACH CONTAINER IN CASE OF FCL CARGO OR ATTACHED TO THE GOODS OR PACKAGES AT AN OBVIOUS PLACE IN CASE OF LCL CARGO，即受益人应证明已把一套发票和箱单贴在集装箱箱门内侧(整箱货)或拼箱货的显眼的地方。

例 2：BENEFICIARY CERTIFICATE IN TRIPLICATE STATING THE SHIPMENT DOES NOT INCLUDE NON-MANUFACTURED WOOD DUNNAGE，PALLETS，CRATING OR OTHER PACKAGING MATERIALS；THE SHIPMENT IS COMPLETELY FREE OF WOOD BARK，VISIBLE PESTS AND SIGNS OF LIVING PESTS，即要求三份单据，证明货物未再加工、非木制包装、无树皮、无肉眼可见虫害、无活虫。

▶ 4. 其他规定

例如：CERTIFICATE CONFIRMING THAT ALL GOODS ARE LABELLED IN ENGLISH(货物加贴英文标签)；BENEFICIARY'S CERTIFICATE STATING ORIGINAL B/L OF 1 SET CARRIED BY THE CAPTAIN OF THE VESSEL(一套正本提单已交由船长携带)；A STATEMENT FROM THE BENEFICARY EVIDENCING THAT PACKING EFFECTED IN 25KGS CTN(货物 25 千克箱装)；BENEFICIARY'S CERTIFICATE CONFIRMING THEIR ACCEPTANCE OF THE AMENDMENT DATED 10/09/2005 MADE UNDER THIS CREDIT QUOTING THE RELEVANT AMENDMENT NUMBER(确认改证内容)；CERTIFICATE TO SHOW GOODS ARE NOT OF ISRAELI ORIGIN AND DO NOT CONTAIN ANY ISRAELI MATERIAL(货物须保证非以色列产并且不含以色列的材料)。

二、受益人证明缮制的注意事项

(1) 单据名称应合适、恰当。

（2）一般的行文规则是以所提要求为准直接照搬照抄，但有时也应做必要的修改。例如，信用证规定“BENEFICIARY'S CERTIFICATE EVIDENCING THAT TWO COPIES OF NON-NEGOTIABLE B/L WILL BE DESPATCHED TO APPLICANT WITHIN TWO DAYS AFTER SHIPMENT”，在具体制作单据时应将要求里的“WILL BE DESPATCHED”改为“HAVE BEEN DESPATCHED”；又如，“BENEFICIARY'S CERTIFICATE STATING THAT CERTIFICATE OF MANUFACTURING PROCESS AND OF INGREDIENTS ISSUED BY ABC CO SHOULD BE SENT TO SUMITOMO CORP”的要求，“SHOULD BE SENT”最好改为“HAD/HAS BEEN SENT”。

（3）证明文件通常以“THIS IS TO CERTIFY”或“WE HEREBY CERTIFY”等开始。

三、本项目的参考受益人证明

<table>
<tr><td colspan="2">CHANGZHOU YAFENG IMP. & EXP. CORP. LTD
3 GEHU MIDDLE ROAD，CHANGZHOU，JIANGSU，CHINA
Telex：0985 Fax：6332136 Tel：6332138</td></tr>
<tr><td colspan="2">BENEFICIARY CERTIFICATE</td></tr>
<tr><td rowspan="2">To： THE LOOKING HANDCRAFT，INC
138 SAN MATEC AVENUE，SAN FRANCISCO
CA-94080-6501，U. S.</td><td>Invoice No.： F93002897</td></tr>
<tr><td>Date： JUL. 11，2016</td></tr>
<tr><td colspan="2">WE HEREBY CERTIFY THAT TWO COPIES OF NON-NEGOTIABLE B/L HAVE BEEN DESPATCHED TO APPLICANT WITHIN TWO DAYS AFTER SHIPMENT.

常州亚峰进出口有限公司
CHANGZHOU YAFENG I/E CO.,LTD.
林峰</td></tr>
</table>

项目练习

一、单选题

1. 支票的基本关系人中没有（　　）。

A. 出票人　　B. 付款人
C. 承兑人　　D. 收款人

2. 目前国际结算中最重要的支付工具是（　　）。

A. 汇票　　B. 支票
C. 现金　　D. 本票

3. Cashiers Order 是指(　　)。

A. 国际本票　　B. 银行券

C. 国库券　　D. 银行本票

4. 如果其他条件相同，对收款人最为有利的远期汇票是(　　)。

A. 出票后 60 天付款　　B. 见票后 60 天付款

C. 提单日后 60 天付款　　D. 货物抵达目的港后 60 天付款

5. 如果信用证规定汇票的期限为 30DAYS AFTER B/L DATE，提单上显示提单日期为 JANUARY 3，2005，则根据《国际银行标准实务》(ISBP)，以下汇票期限填制正确的为(　　)。

① AT 30 DAYS AFTER B/L DATE

② AT 30 ARYS AFTER B/L JANUARY3，2005

③ AT30 DARYS AFTER JANUARY3，2005

④ DATE：JANUARY3，2005，AT30DAYS DATE

A. ①　　B. ①或②

C. ①或③　　D. ②、③或④

6. 如果信用证规定汇票的期限为 15DAYS FROM THE BILL OF LADING DATE，提单日期为 JANUARY 3，2005，则根据《国际银行标准实务》(ISBP)，汇票的到期日应为(　　)。

A. 2005 年 1 月 18 日　　B. 2005 年 1 月 17 日

C. 2005 年 1 月 21 日　　D. 2005 年 1 月 24 日

7. 以下关于背书人的说法中，错误的是(　　)。

A. 对受让人而言，所有背书人及原出票人都是他的后手

B. 背书人对其后手承担票据付款或承兑的保证责任

C. 证明前手签字真实性

D. 背书的受让人即为被背书人

8. 一张汇票规定见票后 60 日付款，而持票人于 9 月 28 日提示承兑，则付款到期日为(　　)。

A. 11 月 28 日　　B. 11 月 27 日

C. 11 月 26 日　　D. 11 月 29 日

9. 以下英文与中文翻译正确的是(　　)。

A. BILL OF EXCHANGE：本票　　B. PROMISSORY NOTE：承兑汇票

C. ACCEPTANCE：承兑　　D. CHEQUE/CHECK：背书

10. 某银行签发一张汇票，以另一家银行为付款人，这张汇票是(　　)。

A. 商业汇票　　B. 跟单汇票

C. 银行承兑汇票　　D. 银行汇票

二、多选题

1. 支票的特性包括(　　)。

A. 仅作为支付工具　　B. 自己出票自己付款

C. 限于见票即付　　D. 限于银行为付款人

2. 本票与汇票的区别在于(　　)。
   A. 前者是无条件的支付承诺，后者是无条件支付命令
   B. 前者的票面的当事人为两个，后者则有三个
   C. 前者在使用过程中有承兑，后者则无须承兑
   D. 前者的主债务人不会变化，后者则因承兑而变化
3. 善意持票人应具备的条件是(　　)。
   A. 善意取得票据　　B. 票据需合格且未过期
   C. 曾遭拒付出　　D. 必须付对价
4. 票据的特性包括(　　)。
   A. 流通性　　B. 金钱证券
   C. 无因证券　　D. 要式证券
5. 各国票据法关于汇票的内容都有具体规定，绝对必要记载事项应包括(　　)。
   A. 出票人　　B. 有条件支付命令
   C. 出票条款　　D. 一定金额

三、判断题

1. 合格的汇票遭拒付时，持票人有权向背书人和出票人追索。(　　)
2. 票据是一种流通证券，所有票据的转让都必须经过背书手续。(　　)
3. 如果持票人未在规定时效内提示票据，则丧失对歉收的追索权。(　　)
4. 背书人对票据所负的责任与出票人相同，但对其后手没有担保责任。(　　)
5. 空白背书的汇票凭交付而转让，交付者可不负背书人责任。(　　)
6. 本票可以是远期的，远期本票像远期汇票一样也存在承兑行为。(　　)
7. 划线支票可以委托银行收款入账，也可以由持票人提取现金。(　　)
8. 一张已连续背书的票据，如果其中一个人背书时加注了“不得追索”字样，这张票据遭拒付时就丧失了追索权。(　　)
9. 一般而言，票据的背书次数越多，背书人越多，票据的担保性也越强。(　　)
10. 本票仅限于见票即期付款，而汇票和支票则有即期和远期付款之分。(　　)

四、根据信用证和相关材料制作汇票和受益人证明

FM：HABIB BANK LTD.，DUBAI
TO：BANK OF CHINA，NANJING BRANCH

Form of Doc. Credit	*40 A：	IRREVOCABLE
Doc. Credit Number	*20：	LC-2008-1098
Date of Issue	31C：	081010
Expiry	*31 D：	Date 081230 Place CHINA
Applicant	*50：	AL-HADON TRADING COMPANY P. O. BOX NO. 1198，DUBAI U A E
Beneficiary	*59：	NANJING GARMENTS IMP. AND EXP. CO.,LTD. NO. 301 ZHEN AN TONG ROAD NANJING CHINA

Amount	*32B:	Currency USD Amount 40 750.00
Pos. / Neg. Tol. (%)	39A:	5/5
Available with /by	*41D:	ANY BANK BY NEGOTIATION
Draft at...	42C:	DRAFTS AT 60 DAYS AFTER SIGHT FOR FULL INVOICE VALUE
Drawee	42A:	* HABIB BANK LTD., DUBAI * TRADING SERVICES, POX 1106, * DUBAI U A E
Port of loading	44E:	NANJING CHINA
Port of discharge	44F:	DUBAI U A E
Latest Date of Ship.	44C:	081215
Documents required	46A:	+BENEFICIARY'S CERTIFICATE CERTIFYING THAT ONE SET OF COPIES OF SHIPPING DOCUMENTS HAS BEEN SENT TO APPLICANT WHTHIN 5 DAYS AFTER SHIPMENT.
Additional Conditions	47A:	1. ALL DOCUMENTS MUST SHOW OUR L/C NUMBER. 2. THIS L/C IS UNRESTRICTED FOR NEGOTIATION.
Details of Charges	71B:	ALL BANKING CHARGES OUTSIDE DUBAI ARE FOR A/C OF BENEFICIARY
Presentation Period	48:	DOCUMENTS TO BE PRESENTED WITHIN 15 DAYS AFTER THE DATE OF SHIPMENT, BUT WITHIN THE VALIDITY OF THE CREDIT

发票号码：2008-1500	发票日期：2008 年 11 月 30 日
提单号码：HSKK50088	提单日期：2008 年 12 月 10 日
船名：CMA CROWN V. 987	集装箱：1×20' LCL CFS/CFS
集装箱号：TRIU287756	封号：80709
原产地证号：08NJ98699	商品编号：6302.2900
包装：4DOZ/CTN,	体积：58 cm×40 cm×25 cm
净重：20.00 千克/CTN	毛重：22.00 千克/CTN
合同号：NG08-2578	预约保单号：08-236147

议付银行：中国银行南京分行(BANK OF CHINA, NANJING BRANCH)

生产厂家：南京佳美服装厂(NANJING JUSTMADE GARMENTS FACTORY)

唛头：HALLSON/HT-2578/DUBAI/NO. 1-200

1. 填写汇票

BILL OF EXCHANGE

凭　　　　　　　　　　　　　　　　　　　　　信用证　第　号

Drawn under (1) **L/C No.** (2)

日期

Dated (3) 支取 Payable with interest @ % per annum 按年息 付款

号码　　　　汇票金额　　　　　　　南京　　　年　月　日

No. 2008-1500 **Exchange for** (4) **Nanjing** (5)

见票　　　　日后(本汇票之副本未付)付交

At (6) sight of this **FIRST** of Exchange(Second of exchange 金额

being unpaid) **Pay to the order of** (7) **The sum**

(8)

款已收讫

Value received

此致

To:

(9)

南京服装进出口有限公司(章)
NANJING GARMENTS IMP. & EXP. CO. LTD

(10)

2. 受益人证明

BENEFICIARY'S CERTIFICATE

Invoice No.:

To:

Date:

五、根据材料制作全套结汇单证

Form of Doc. Credit	*40 A:	IRREVOCABLE
Doc. Credit Number	*20:	LC0801-FTC-930
Date of Issue	31C:	08. 10. 12
Expiry	*31 D:	Date 08. 12. 15 Place CHINA
Applicant	*50:	JAMES BROWN INC. NO. 304 FILAMENT STREET MONTREAL, CANADA
Applicant bank	51D:	THE ROYAL BANK OF CANADA, MONTREAL
Beneficiary	*59:	HANGZHOU TRI-BEAUTY TRADE CO., LTD. NO. 381 RENMIN ROAD HANGZHOU, CHINA
Amount	*32B:	Currency USD Amount 21, 892. 00
Pos. / Neg. Tol. (%)	39A:	5/5
Available with /by	*41D:	ANY BANK BY NEGOTIATION
Draft at ...	42C:	DRAFTS AT 30 DAYS AFTER SIGHT FOR FULL INVOICE VALUE
Drawee	42A:	ROBOMCANA * THE ROYAL BANK OF CANADA * COMMERCIAL SERVICE * MONTREAL
Partial Shipments	43P:	ALLOWED
Transshipment	43T:	ALLOWED
Port of Loading	44E:	SHANGHAI / NINGBO CHINA
Port of Discharge	44F:	MONTREAL CANADA
Latest Date of Ship.	44C:	08. 11. 30
Descript. of Goods	45A:	HAND TOOLS FOB SHANGHAI / NINGBO PACKING IN STRONG SEA-WORTHY CASES AS PER PURCHASE ORDER NO JBI08678 DATED 08. 10. 10
Documents required	46A:	+FULL SET OF CLEAN ON BOARD OCEAN BILLS OF LADING MADE OUT TO ORDER OF THE ISSUING BANK AND MARKED FREIGHT COLLECT NOTIFY APPLICANT +SIGNED COMMERCIAL INVOICE IN TRIP-

LICATE
+PACKING LIST IN TRIPLICATE
+G S P CERTIFICATE OF ORIGIN FORM A
+BENEFICIARY'S CERTIFICATE STATING THAT ONE SET OF
N/N SHIPPING DOCUMENTS HAS BEEN SENT TO THE
APPLICANT DIRECTLY IMMEDIATELY AFTER SHIPMENT
+CERTIFICATE OF QUALITY ISSUED BY CIQ

Additional Conditions. 47A: 1. INSURANCE TO BE EFFECTED BY BUYER
2. TELEGRAPHIC REIMBURSENMENT CLAIM PROHIBITED
3. AMOUNT AND QNTY 5 PCT MORE OR LESS ALLOWED

Advised through 57A: BANK OF CHINA, HANGZHOU BRANCH

Details of Charges 71B: ALL BANKING CHARGES OUTSIDE CANADA ARE FOR
ACCOUNT OF BENEFICIARY

其他相关资料：

发票号码：08HT1107　发票日期：2008年11月07日

提单号码：GSOK50089　提单日期：2008年11月20日

船名：APL CROWN V.097E　装运港：宁波港

1×20' FCL CY/CY　箱号：APLU 156758，封号：853410

合同号：HTE080930　产地证号码：08NB38992

货物完全国产，不含进口成分，产品具体名称及包装细节：

(1) 9PC EXTRA LONG KEY SET, G/W 20KGS/CTN, N/W 18KGS/CTN, PACKED IN 1 CASE OF 20 SETS EACH, TOTAL 1200 SETS, USD1.76/SET；

(2) 8PCS DOUBLE OFFSET RING SPANNER, G/W 20KGS/CTN, N/W 18KGS/CTN, PACKED IN 1 CASE OF 20 SETS EACH, TOTAL 1200 SETS, USD3.10/SET；

(3) 12PCS DOUBLE OFFSET RING SPANNER, G/W 19KGS/CTN, N/W 17KGS/CTN, PACKED IN 1 CASE OF 16 SETS EACH, TOTAL 800SETS, USD7.50/SET；

(4) 12PCS COMBINATION SPANNER, G/W 19KGS/CTN, W/N 17KGS/CTN, PACKED IN 1 CASE OF 16 SET EACH, TOTAL 1200 SETS, USD3.55/SET；

(5) 10PC COMBINATION SPANNER, G/W 18KGS/CTN, N/W 16KGS/CTN, PACKED IN 1 CASE OF 20 SETS EACH, TOTAL 1000SETS, USD5.80/SET。

8 件套和 9 件套外箱尺码：60 厘米×30 厘米×40 厘米，共计 120 木箱；
10 件套外箱尺码：50 厘米×40 厘米×40 厘米，共计 50 木箱；
12 件套外箱尺码：60 厘米×40 厘米×40 厘米，共计 125 木箱。
议付银行：中国银行宁波分行
唛头：

JAMES
JBI08678
MONTREAL
NOS. 1-295

1. 把发票填写完整

<table>
<tr><td colspan="2">Issuer:
HANGZHOU TRI-BEAUTY TRADE CO., LTD.
NO. 381 RENMIN ROAD
HANGZHOU, CHINA</td><td colspan="3" rowspan="2">杭州三秀贸易有限公司
HANGZHOU TRI-BEAUTY
TRADE CO., LTD.
商业发票
COMMERCIAL INVOICE</td></tr>
<tr><td colspan="2" rowspan="2">To:
JAMES BROWN INC.
NO. 304 FILAMENT STREET
MONTREAL, CANADA</td></tr>
<tr><td>No. (1)</td><td colspan="2">Date (2)</td></tr>
<tr><td colspan="2" rowspan="2">Transport Details:
From: NINGBO CHINA
To: MONTREAL CANADA
By Vessel</td><td>S/C No. (3)</td><td colspan="2">L/C No. (4)</td></tr>
<tr><td colspan="3">Terms of Payment
(5)</td></tr>
<tr><td>Marks & Nos</td><td>Description of Goods
(6)</td><td>Quantity</td><td>Unit Price
(7)</td><td>Amount</td></tr>
<tr><td>JAMES
JBI08678
MONTREAL
NOS. 1-295</td><td>
9PC EXTRA LONG KEY SET
8PC DOUBLE OFFSET RING
SPANNER</td><td>(8)</td><td>USD/SET
1.76
3.10</td><td>(9)</td></tr>
</table>

续表

12PC DOUBLE OFFSET RING SPANNER	7.50
12PCS COMBINATION SPANNER	3.55
10 PCS COMBINATION SPANNER	5.80
TOTAL: 5 400SETS	USD21 892.00

SAY U. S. DOLLARS TWENTY ONE THOUSAND EIGHT HUNDRED AND NINETY TWO ONLY

TOTAL PACKED IN 295 CASES

GROSS WEIGHT: 5 675.00KGS

PACKING IN STRONG SEA-WORTHY CASES.

AS PER PURCHASE ORDER NO. JBI08678 DATED 08.10.10

(10)

2. 把装箱单填写完整

<table>
<tr><td colspan="3">Issuer：（2）</td><td colspan="4">杭州三秀贸易有限公司
HANGZHOU TRI-BEAUTY
TRADE CO.，LTD.
装箱单
（1）</td></tr>
<tr><td colspan="3" rowspan="2">To：（3）</td><td colspan="4"></td></tr>
<tr><td colspan="2">No.
08TH1107</td><td colspan="2">Date
07 NOV.，2008</td></tr>
<tr><td colspan="3">Transport Details：（4）
From：
To：
By Vessel</td><td colspan="4">Name of commodity
（5）</td></tr>
<tr><td>C/No.</td><td>Pkgs.
（6）</td><td>Description</td><td>Quantity
（7）</td><td>G. Weight</td><td>N. Weight</td><td>Measurement
（8）</td></tr>
<tr><td></td><td></td><td>9PC SET</td><td></td><td>1200KGS</td><td>1080KGS</td><td></td></tr>
<tr><td></td><td></td><td>8PC RING SPANNER</td><td></td><td>1200KGS</td><td>1080KGS</td><td></td></tr>
<tr><td></td><td></td><td>12PC RING SPANNER</td><td></td><td>950KGS</td><td>850KGS</td><td></td></tr>
<tr><td></td><td></td><td>12PC COM. SPANNER</td><td></td><td>1425KGS</td><td>1275KGS</td><td></td></tr>
<tr><td></td><td></td><td>10PC COM. SPANNER</td><td></td><td>900KGS</td><td>800KGS</td><td></td></tr>
<tr><td colspan="7">TOTAL：
（9）</td></tr>
</table>

续表

<table>
<tr><td>Shipping Marks:
(10)</td></tr>
<tr><td>杭州三秀贸易有限公司(章)
HANGZHOU TRI-BEAUTY TRADE
CO. LTD

王芸(章)</td></tr>
</table>

3. 把普惠制产地证填写完整

<table>
<tr><td>1. Goods consigned from(Exporter's business name address country)
(2)</td><td rowspan="2">Reference No. (1)

GENERALIZED SYSTEM OF PREFERENCES
CERTIFICATE OF ORIGIN
(Combined declaration and certificate)

FORM A

issued in THE PEOPLE'S REPUBLIC OF CHINA
(country)</td></tr>
<tr><td rowspan="2">2. Goods consigned to(Consignee's name, address, country)
(3)</td></tr>
<tr><td>4. For official use</td></tr>
</table>

续表

3. Means of transport and route (4)	

5. item number	6. Marks & Nos of packages	7. Number of kind of packages; Description of goods	8. Origin criterion	9. Gross weight & other Quantity	10. Number and date of Invoice
	(5)	(6)	(7)	(8)	(9)

11. Certification	**12. Declaration by the exporter**
It is hereby certified, on the basis of control carried out, that the declaration by the exporter is correct.	The undersigned hereby declares that the above details and statements are correct; that all goods were produced in **CHINA** (Country) and that they comply with the origin requirements specified for those goods in the **Generalized System of Preferences** forgoods exported to (10) (importing country)
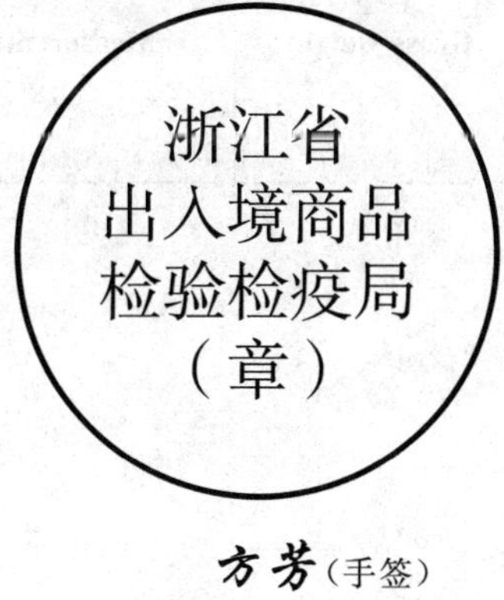 方芳(手签)	杭州三秀贸易有限公司(章) **HANGZHOU TRI-BEAUTY TRADE CO. LTD** 袁媛 (手签)
HANGZHOU 13 NOV., 2008 Place and date, signature and stamp of certifying authority	HANGZHOU 10 NOV., 2008 Place and date, signature of authorized signatory

4. 把提单填写完整

<table>
<tr><td colspan="2">Shipper
HANGZHOU TRI-BEAUTY TRADE CO., LTD.
NO. 381 RENMIN ROAD
HANGZHOU, CHINA</td><td colspan="3" rowspan="5">B/L No. GSOK50089

承运人
CARRIER
中远集装箱运输有限公司
COSCO CONTAINER LINES
Port-to-Port or Combined Transport
BILL OF LADING
ORIGINAL
RECEIVED in external apparent good order and condition except as otherwise noted. The total number of packages or units stuffed in the container. The weight, measure, marks, numbers, quality, contents and value mentioned in this Bill of Lading are to be considered unknown unless the contrary has expressly acknowledged and agreed to. The signing of this Bill of Loading is not to be considered as such an agreement. On presentation of this Bill of Lading duly endorsed to the Carrier by or on behalf of the Holder of Bill of Lading, the rights(Terms of Bill of Lading continued on the back hereof)</td></tr>
<tr><td colspan="2">Consignee(1)</td></tr>
<tr><td colspan="2">Notify party(2)</td></tr>
<tr><td>Pre—carriage by</td><td>Place of Receipt</td></tr>
<tr><td>Ocean Vessel Voy. No. (3)</td><td>Port of loading
NINGBO CHINA</td></tr>
<tr><td>Port of Discharge
MONTREAL CANADA</td><td>Place of delivery</td><td colspan="3"></td></tr>
<tr><td>Marks & Nos.
Container No.
JAMES</td><td>No. & kind of pkgs
(4)</td><td>Description of goods
HAND TOOLS</td><td>Gross weight
(5)</td><td>Measurement
(6)</td></tr>
<tr><td colspan="5">JBI08678
MONTREAL
NOS. 1-295

1X20'FCL, CY / CY
CN.: APLU156758
SN.: 853410</td></tr>
<tr><td>Total No. of container or other pkgs or units(in words)</td><td colspan="4">(7)</td></tr>
</table>

续表

<table>
<tr><td>Freight & charges
(8)</td><td colspan="2">Revenue Tons</td><td>Rate</td><td>Per</td><td>Prepaid</td><td>Collect</td></tr>
<tr><td rowspan="2">Ex rate</td><td>Prepaid at</td><td>Payable at</td><td colspan="4">Place and date of issue:
NINGBO 20 NOV., 2008</td></tr>
<tr><td>Total pre-paid</td><td>No. of B(s)/L
(9)</td><td colspan="4" rowspan="2">Signed by COSCO CONTAINER LINES
NINGBO BRANCH
As agent for the carrier named above 李四</td></tr>
<tr><td colspan="3">Laden on board the Vessel:
Date: (10)
By: C. C. L. NINGBO 李</td></tr>
<tr><td colspan="3">Issuer:
HANGZHOU TRI-BEAUTY TRADE CO., LTD.
NO. 381 RENMIN ROAD
HANGZHOU, CHINA</td><td colspan="4">杭州三秀贸易有限公司
HANGZHOU TRI-BEAUTY
TRADE CO., LTD.</td></tr>
</table>

项目十一 审核单据

学习目标

1. 掌握各种单据缮制及审核要求，能按照信用证或合同规定缮制结汇单据；
2. 掌握发票、提单、保险单据的特点、格式；
3. 掌握信用证业务中单据的审单原则；
4. 掌握发票、提单、保险单据审单的要项；
5. 掌握发票、提单、保险单据常见的不符点；
6. 能熟练运用《UCP600》及《URC522》等惯例处理单证。

单证审核是对已备妥的单据对照信用证（在信用证付款情况下）或合同（非信用证付款方式）的有关内容及时进行单单、单证检查和核对，发现问题，及时更正，达到安全收汇的目的。

任务一 审单方法的运用

一、审单的两个原则

▶ 1. 严格相符原则

严格相符原则亦称单证相符原则，是指卖方在向银行提交单据要求付款时，这些单据必须在表面上完全符合信用证的要求，银行才予以付款。根据《UCP600》第 14 条规定，应按指定行事的银行、保兑行及开证行须审核交单，并仅基于单据本身确定其是否在表面上构成相符交单。

严格相符原则应符合两方面的要求：一是受益人或单证合法持有人交付的单据必须与信用证的要求相符；二是受益人或单证合法持有人交付的单据之间必须相互一致。即“单证相符、单单相符”。

当然，作为受益人本身，还应注意“单货相符”和“证同相符”的问题，即单据反映的情况与货物的实际情况相符，信用证的条款与合约的内容没有矛盾。如发现单货不符应及时采取补救措施，如发现证同不符则应及时通知开证人修证。总之，做好“四相符”是安全收汇的保证。

▶ 2. 实质一致原则

所谓实质一致原则，指允许受益人所交的单据与信用证有差异，只要该差异不损害进口商或不违反法庭的合理、公平、善意的原则即可。在实务中，虽然有《UCP600》作为原则性的规定，但是因为理解不同、贸易习惯、文化背景等的不同，拒付很常见，但是有不少人专门在单据上找毛病借以延期付款或者压低价格，这对受益人和议付行造成了风险威胁。不少专家认为在操作实践中应该以实质一致原则为主。

二、常见的审单方法

为了提高单证工作的质量，除了要求审单人员在工作时思想必须高度集中之外，也要讲究工作方法以求取得事半功倍的效果。以信用证业务为例，有以下几种审单方法。

▶ 1. 纵横审单法

首先将信用证与出口单据的发票自上而下进行逐字逐句的核对，再将其他单据与信用证的有关条款核对，称为纵向审单；完成纵向审单之后，再以发票为中心与其他单据进行核对，特别注意共有项目是否一致，称为横向审单。这种方法可归纳为：先修改，再开始；证在左，单在右；逐条来，莫急躁；单证符，顺利过；若不符，写下来；单据间，亦相符；如不符，要记住；审单毕，洽前道；改单据，或担保。具体步骤分解如下。

(1) 拿到信用证和单据后，应先查看有无信用证修改，而且这些修改中是否有受益人“不接受”的批注。

(2) 如果该证有修改，而且受益人都接受，那么将修改内容在信用证的原条款上做好相应记录，确保信用证条款是有效完整的。

(3) 接下来，按信用证条款的先后顺序对单据逐一审核。条款不涉及哪种单据，就将这种单据找出并进行审阅，审毕将这种单据放在固定并便于翻阅的位置。

(4) 确保单据中的内容与信用证条款相一致，如不一致，应随手记录在工作单上。

(5) 除了将单据内容与信用证条款相核对外，还应注意单据中某些内容在信用证中虽然没有规定，但与其他单据有联系。这时也应找出相对应的单据进行核对，确保单据与单据之间内容一致。

(6) 审单完毕后，将所发现的不符点一并与前道业务环节沟通，落实解决的办法。

▶ 2. 先数字后文字审单法

在单据的数量比较集中时，可以先将单据的单价、总价、数量、毛净重、尺码、包装件数等数据进行全面的复核，然后再采用纵横审单法对其他内容进行审核。

▶ 3. 按装运日期审单法

为了保证及时收汇，出口业务量大、批次又多的企业可以按照货物装运日期的先后依次进行审单，争取在提单签发之前完成预审工作，及时改正差错，以便在取得正提单后可以立即向银行交单。

▶ 4. 分地区客户审单法

不同的国别地区、不同的进口商对出口单证的要求各异，但同一国别地区或同一客户对出口单据的要求则基本相同，审单人对世界各地区或进口商的单证特点往往不能全面掌握，因此，对某一地区客户的特殊要求往往会有所疏漏。为了提高效率和质量，业务量较大的单位可以采用分地区客户审单的工作方法。

▶ 5. 先读后审法

先读后审法即先将信用证从头到尾通读一遍，然后再按信用证条款依次进行审单。这种方法可归纳为：读全文，阅修改；有要点，做记号；通读后，再审单；证在左，单在右；单证符，顺利过；若不符，写下来；单据间，亦相符；如不符，要记住；审单毕，洽客户。具体步骤分解如下。

(1) 首先对信用证全文进行阅读，边读边记忆，并随手在需要特别注意的地方做记号，以便审单时引起重视。

(2) 同时查看有无信用证修改，而且这些修改中是否有受益人"不接受"的批注。

(3) 如果信用证有修改，而且受益人都接受，那么将修改内容在信用证的原条款上做好相应记录，确保信用证条款是有效、完整的。

(4) 接下来，按单据的主次关系审核。首先将一些核心单据，例如发票和提单先行审阅，然后以它们为参照物，将其他辅助单据，如装箱单和受益人证明等与之核对。同时注意将信用证有关这类单据的规定贯穿于此，做到单证一致、单单相符。如发现任何不符点，应立即记录在工作单上。

(5) 审单完毕后，将所发现的不符点一并与前道业务环节沟通，落实解决的办法。

▶ 6. 先审后读法

先审后读法即按信用证条款依次审核各种单据后，最后再通读信用证全文，确保每一个条款均未被遗漏。这种方法与先读后审法相似，只不过将通读全文放在最后，这里就不赘述了。

任务二 单证审核的要点识别

一、综合审核的要点

(1) 检查规定的单证是否齐全，包括所需单证的份数；

(2) 检查所提供的文件名称和类型是否符合要求；

(3) 有些单证是否按规定进行了认证；

(4) 单证之间的货物描述、数量、金额、重量、体积、运输标志等是否一致；

(5) 单证出具或提交的日期是否符合要求。

二、分类审核的要点

（一）汇票

（1）汇票的付款人名称、地址是否正确；

（2）汇票上金额的大、小写必须一致；

（3）付款期限要符合信用证或合同（非信用证付款条件下）规定；

（4）检查汇票金额是否超出信用证金额，如有信用证金额前有“大约”一词，则可按10%的增减幅度掌握；

（5）出票人、受款人、付款人都必须符合信用证或合同（非信用证付款条件下）的规定；

（6）币制名称信用证和发票上的应相一致；

（7）出票条款是否正确，如出票所依据的信用证或合同号码是否正确；

（8）是否按需要进行了背书；

（9）汇票是否由出票人进行了签字；

（10）汇票份数是否正确如“只此一张”或“汇票一式二份有第一汇票和第二汇票”。

（二）商业发票

（1）抬头人必须符合信用证规定；

（2）签发人必须是受益人；

（3）商品的描述必须完全符合信用证的要求；

（4）商品的数量必须符合信用证的规定；

（5）单价和价格条件必须符合信用证的规定；

（6）提交的正副本份数必须符合信用证的要求；

（7）信用证要求表明的内容和证明的内容不得遗漏；

（8）发票的金额不得超出信用证的金额，如数量、金额均有“大约”，可按10%的增减幅度掌握。

（三）保险单据

（1）保险单据必须由保险公司或其代理出具；

（2）投保加成必须符合信用证的规定；

（3）保险险别必须符合信用证的规定并且无遗漏；

（4）保险单据的类型应与信用证的要求相一致，除非信用证另有规定，保险经纪人出具的暂保单银行不予接受；

（5）保险单据的正副本份数应齐全，如保险单据注明出具一式多份正本，除非信用证另有规定，所有正本都必须提交；

（6）保险单据上的币制应与信用证上的币制相一致；

（7）包装件数、唛头等必须与发票和其他单据相一致；

（8）运输工具、起运地及目的地，都必须与信用证及其他单据相一致；

（9）如转运，保险期限必须包括全程运输；

（10）除非信用证另有规定，保险单的签发日期不得迟于运输单据的签发日期；

（11）除信用证另有规定，保险单据一般应做成可转让的形式，以受益人为投保人，由投保人背书。

(四) 运输单据

(1) 运输单据的类型须符合信用证的规定;

(2) 起运地、转运地、目的地须符合信用证的规定;

(3) 装运日期、出单日期须符合信用证的规定;

(4) 商品名称可使用货物的统称,但不得与发票上货物说明的写法相抵触;

(5) 运费预付或运费到付须正确表明;

(6) 正副本份数应符合信用证的要求;

(7) 运输单据上不应有不良批注;

(8) 包装件数须与其他单据相一致;

(9) 唛头须与其他单据相一致;

(10) 应加背书的运输单据须加背书。

项目练习

一、整理单据日期

资料:信用证规定交货期不晚于 2011 年 10 月 30 日;信用证有效期为 2011 年 11 月 15 日;实际装船期为 2011 年 10 月 25 日;

要求:根据已知资料和惯例,改正你认为错误的单据签发日期。

单据名称	签发日期	正确的签发日期
出口许可证	2011 年 10 月 28 日	
商业发票	2011 年 10 月 29 日	
装箱单	2011 年 10 月 12 日	
汇票	2011 年 10 月 16 日	
原产地证明书	2011 年 10 月 26 日	
出口商检证书	2011 年 10 月 27 日	
保险单	2011 年 10 月 27 日	
海运提单	2011 年 10 月 28 日	
出口货物报关单	2011 年 10 月 26 日	
装船通知	2011 年 10 月 30 日	

二、请写出在CIF合同履行中，出口商涉及的部分单据的出单机构

合同履行阶段	单据的名称	出单机构
1. 办理运输	货运订舱委托书	
	集装箱海运出口托运单	
	海运提单	
2. 办理保险	投保单	
	保险单	
3. 办理商检	出境货物报检单	
	商检证书/通关单	
4. 办理报关	出口报关单	
	商业发票	
	装箱单	

三、**2013年国际商务单证员考试真题**

根据相关材料，指出单证制作错误的地方。

买方：QINGDAO ECONOMIC TRADE INT I. CO.，LTD.

NO. 19，ZHUZHOU ROAD，QINGDAO

卖方：VICTOR MACHINERY INDUSTRY CO，LTD.

NO 338. BA DE STREET. SHU LIN CITY. TAIBEI

TEL/FAX：886-2-26689666/26809123

信用证对海运提单的要求：

FULL SET INCLUDING 3 ORIGINALS AND 3 NON-NEGOTIABLE COPIES OF CLEAN ON BOARD OCEAN BILL OF LADING MARKED FREIGHT PREPAID MADE OUT TO ORDER AND BLANK ENDORSED NOTIFYING APPLICANT WITH ITS FULL NAMK AND ADDRESS.

发票号：FU1011103

提单号：KEKTA0100933

船名、航次：YMHORIZON UT018NCNC

装船日期：MAY 10，2013

装运港：TAIWAN MAIN PORT

目的港：QINGDAO

唛头：E. T. I

QINGDAO

NOS. 1-2

保险单号：PO9810101

保险单日期：MAY 8，2013

发票金额：USD25 200.00

保险金额：按发票金额的110％投保

货物描述：ONE COMPLETE STE OF SHEET CUTTER

毛重：15 600KGS

体积：51CBM

包装：PACKED IN TWO WOODEN CASES

贸易术语：CIF QINGDAO

投保险别：

COVERING ALL RISKS AND WAR RISK AS PER CIC.

赔付地点：QINGDAO

<table>
<tr><td colspan="2">Shipper Insert Name，Address and Phone</td><td colspan="3">B/L No. KEETAO100935</td></tr>
<tr><td colspan="2">TO ORDER</td><td colspan="3" rowspan="11">EASY LINK OCEAN FREIGHT FORWARDER CO., LTD.
迅通海運承攬運送股份有限公司
TEL：(02) 2562-7299 FAX：(02) 2568-4558
海攬（基）字第1041號
台北市南京東路2段8號10樓-1

BILL of LADING</td></tr>
<tr><td colspan="2">Consignee Insert Name，Address and Phone</td></tr>
<tr><td colspan="2">VICTOR MACHINERY INDUSTRY CO.，LTD.
No. 338，BA DE STREET，SHU LIN CITY，TAIBEI
TEL/FAX：886－2－26689666/26809123</td></tr>
<tr><td colspan="2">Notify Party Insert Name，Address and Phone</td></tr>
<tr><td colspan="2">VICTOR MACHINERY INDUSTRY CO.，LTD.
NO. 338，BA DE STREET，SHU LIN CTTY，TAIBEI
TEL/FAX：886－2－26689666/26809123</td></tr>
<tr><td>Ocean Vessel Voy. No.</td><td>Port of Loading</td></tr>
<tr><td>YM
HORIZON UT018NCNC</td><td>QINGDAO</td></tr>
<tr><td>Port of Discharge</td><td>Port of Destination</td></tr>
<tr><td>KEELUNG</td><td></td></tr>
</table>

<table>
<tr><td>Marks & Nos. Container/ Seal No.</td><td>No. of Containers of Packages</td><td>Description of Goods</td><td>Gross Weight Kgs</td><td>Measurement</td></tr>
</table>

续表

<table>
<tr><td>E. T. I
QINGDAO
NOS. 1－5</td><td>5 WOODEN CASES</td><td colspan="2">ONE COMPLETE OF SHEET CUTTER</td><td>15 600KGS</td><td>51CBM</td></tr>
<tr><td></td><td></td><td colspan="2"></td><td>FREIGHT</td><td>COLLECT</td></tr>
<tr><td></td><td></td><td colspan="4">Description of Contents for Shipper's Use Only(Not part of This B/L Contract)</td></tr>
<tr><td colspan="6">Total Number of containers and/or packages(in words)
SAY TWO WOODEN CASES ONLY</td></tr>
<tr><td>EX. Rate：</td><td colspan="2">Prepaid at</td><td>Payable at</td><td colspan="2">Place and date of issue</td></tr>
<tr><td rowspan="3"></td><td colspan="2"></td><td>QINGDAO</td><td colspan="2">QINGDAO MAY. 13 2013</td></tr>
<tr><td colspan="2">Total Rrepaid</td><td>No. of original B(s)/L</td><td colspan="2">Signed for the carrier</td></tr>
<tr><td colspan="2"></td><td>THREE(3)</td><td colspan="2">EASY LINK OCEAN FREIGHT FORWARDER CO. LTD.
TONY</td></tr>
<tr><td colspan="6">LADEN ON BOARD THE VESSEL YM HORIZON UT018NCNC
DATE：MAY 13，2013 BY：EASY LINK OCEAN FREIGHT FORWARDER CO. LTD.
TONY</td></tr>
</table>

<table>
<tr><td colspan="2">海洋货物运输保险单
MARINE CARGO TRANSPORTATION INSURANCE POLICY</td></tr>
<tr><td>Invoice No. FU1011108</td><td>Policy No. PO9810107</td></tr>
<tr><td colspan="2">Insured：QINGDAO ECONOMIC TRADE INT'L CO.，LTD.</td></tr>
<tr><td colspan="2">中保财产保险有限公司(以下简称本公司)根据被保险人的要求，及其所缴付约定的保险费，按照本保险单承担险别和背面所载条款与下列特别条款承保下述货物运输保险，特签发本保险单。
This policy of Insurance witnesses that the People's Insurance(Property)Company of China，Ltd.(hereinafter called"The Company")，at the request of the Insured and in consideration of the agreed premium paid by the Insured，undertakes to insure the undermentioned goods in transportion subject to conditions of the Policy as per the Chauses printed overleaf and other special clauses attached hereon.</td></tr>
</table>

续表

<table>
<tr><td>货物标记
Marks of Goods</td><td>包装单位
Packing Unit</td><td>保险货物项目
Descriptions of Goods</td><td>保险金额
Amount Insured</td></tr>
<tr><td>E. T. I
QINGDAO
NOS. 1－5</td><td>5 WOODEN CASES</td><td>ONE COMPLETE OF
SHEET CUTTER</td><td>USD25 200.00</td></tr>
<tr><td colspan="4">总保险金额：
Total Amount Insured：SAY U. S. DOLLARS TWENTY FIVE THOUSAND TWO HUNDRED ONLY.</td></tr>
<tr><td colspan="2">保费
Premium AS ARRANGED</td><td>开航日期
Slg on or abt MAY 13，2013</td><td>运输工具
Per conveyance S. S YM HORIZON UT018NCNC</td></tr>
<tr><td colspan="4">承保险别
Conditions
COVERING ALL RISKS AND WAR RISK AS PER CIC DATED 01/01/1981.</td></tr>
<tr><td colspan="2">起运港
Form QINGDAO</td><td colspan="2">目的港
To KEELUNG</td></tr>
<tr><td colspan="4">所保货物，如发生本保险单项下可能引起索赔的损失或损坏，应立即通知本公司下属代理人查勘。如有索赔，应向本公司提交保险单正本(本保险单共有 2 份正本)及有关文件。如一份正本已用于索赔，其余正本则自动失效。
In the event of loss or damage which may result in acclaim under this Policy，immediate notice must be given to the Company's Agent as mentioned hereunder. Claims，if any，one of the Original Policy which has been issued in two original(s) together with the relevant documents shall be surrendered to the Company. If one of the Original Policy has been accomplished，the others to be void.</td></tr>
<tr><td colspan="4">赔款偿付地点
Claim payable at KEELUNG IN USD</td></tr>
<tr><td colspan="2">日期
Date MAY 15，2013</td><td colspan="2">亚洲保险有限公司台北分公司
ASIA INSURANCE CO.，LTD.，TAIBEI BRANCH
LUCY</td></tr>
</table>

海运提单中错误的地方有：

1. ____________________
2. ____________________
3. ____________________
4. ____________________
5. ____________________
6. ____________________
7. ____________________
8. ____________________
9. ____________________
10. ____________________
11. ____________________
12. ____________________

海洋货物运输保险单中错误的地方有：

1. ____________________
2. ____________________
3. ____________________
4. ____________________
5. ____________________
6. ____________________
7. ____________________
8. ____________________
9. ____________________
10. ____________________
11. ____________________
12. ____________________

四、2016 年国际商务单证员考试真题

卖方：La GUYENNOISE GROUP

3 RUE DES ANGIENS COMBATTANTS 33460 SOUSSANS FRANCE

授权签字人：MAITY

买方：TIANJIN LINBEICHEN COMMERCE AND TRADE CO.，LTD.

NO. 81 JINGSAN ROAD，TIANJIN，CHINA

授权签字人：林晓婉

货物描述：12 000PCS OF BOTTLED WINE

包装：2 000WOODEN CASES
W. G：21 000KGS
N. W：15 000KGS
MEAS.：31 CBM
开证行：BANK OF CHINA，TIANJIN BRANCH
信用证号：LC 14231679
开证日期：May. 15 2014
汇票金额：EUR83 340. 00
付款期限：即期
出票日期：MAY 1 2014
议付行：BANQUE NATIONALE PARIS
合同号：LBC14005
发票号：LBC2014015
贸易术语：FOB
装运港：FOS
目的港：TIANJIN

BILL OF EXCHANGE

Drawn under：BANQUE NATIONALE PARIS L/C NO. LC14231670 Dated：May. 15，2013
No. LBC2013015 Exchange for €83，430. 00 Paris　　Date：MAY 1，2013
AT 30 days after sight of this FIRST of Exchange(Second of Exchange being unpaid) pay to the order of BANK OF CHINA，TIANJIN BRANCH the sum of SAY EURO EIGHTY THREE THOUSAND FOUR HUNDRED AND THIRTY ONLY.
To：BANQUE NATIONALE PARIS

TIANJIN LINBEICHEN COMMERCE AND TRADE CO.，LTD.
Laura

<table>
<tr><td colspan="2">WQ 万侨物流</td><td colspan="3">海运进口货物订舱委托书</td></tr>
<tr><td>装运港：
TIANJIN</td><td>目的港：
FOS</td><td>合同号：
LBC13005</td><td>出口国：FRANCE</td><td>委托单位编号：
LBC2014016</td></tr>
<tr><td>唛头标记及号码</td><td>包装件数</td><td>货物描述</td><td>重量(千克)</td><td>尺码(立方米)</td></tr>
<tr><td rowspan="2">N/M</td><td rowspan="2">12000WOODEN CASES</td><td rowspan="2">BOTTLED RED WINE</td><td rowspan="2">W. G：20 000KGS
N. W：16 000KGS</td><td>30 CBM</td></tr>
<tr><td>价格条件：CFR</td></tr>
<tr><td colspan="4">托运人(Shipper)：
TIANJIN LINBEICHEN COMMERCE AND TRADE CO.，LTD.
NO. 81 JINGSAN ROAD，TIANJIN CHINA</td><td>需要提单正本 3 份：副本 3 份</td></tr>
</table>

续表

<table>
<tr><td rowspan="2">收货人(Consignee)：
TO ORDER</td><td>信用证号：
LC14231679</td></tr>
<tr><td>装期：140430
效期：140515</td></tr>
<tr><td rowspan="2">被通知人(Notify Party)：
LA GUYENNOISE GROUP
3 RUE DES ANCIENS COMBATTANTS 33460 SOUSSANS FRANCE</td><td>可否分批：NO
可否转运：NO</td></tr>
<tr><td>运费支付：
FREIGHT
COLLECT</td></tr>
<tr><td>特约事项：</td><td></td></tr>
<tr><td colspan="2">委托单位名称：TIANJIN LINBEICHEN COMMERCE AND TRADE CO.，LTD.
联系人：林晓婉　　电话：0086-022-86759221　　传真：0086-022-86759229</td></tr>
</table>

汇票中错误的地方有：

1. ______
2. ______
3. ______
4. ______
5. ______
6. ______
7. ______
8. ______
9. ______
10. ______
11. ______
12. ______

订舱委托书中错误的地方有：

1. ______
2. ______
3. ______

4. ______________________________

5. ______________________________

6. ______________________________

7. ______________________________

8. ______________________________

9. ______________________________

10. ______________________________

11. ______________________________

12. ______________________________

附　录

附录一　《2010 年国际贸易术语解释通则》解读

[摘要]《2010 年国际贸易术语解释通则》公布之后，就引发了学术界的热烈讨论，讨论的目的在于尽快使相关人士理解、参透新变化并应用到实践贸易中，与外贸业务有关的人员也一并加入这个讨论。学术界对国际贸易术语的研究热情高涨，并且将在很长时间内延续下去，也获得了丰硕的研究成果。本文将从不同角度分析、评价国际贸易术语，简要阐释修订内容，并有侧重地分析对国际货物买卖影响较重要的主要贸易术语，即CIF/CFR 和 FOB 术语，希望对国际贸易实践有所帮助，帮助外贸人员熟练地选择运用《2010 年国际贸易术语解释通则》，以防范贸易风险，提高经济效益。

[关键词]Incoterms 2010；贸易术语；CIF；CFR；FOB；变化

引言

长期的国际商事活动促成了商人们约定俗成又普遍遵守的习惯性做法，人们称之为"国际商业惯例"。在国际贸易运输方面，国际商会(ICC)于 1936 年为统一各种贸易术语的不同解释，编辑整理了《国际贸易术语解释通则》，为适应国际贸易商业实践发展的需要，国际商会又先后于 1953 年、1967 年、1980 年、1990 年、1999 年、2000 年、2010 年对其进行了多次修订。国际商会是国际非政府组织，其成员为不同国家的公司或非政府组织，没有立法权，故其制定的规则没有一般法律具有的强制性特点，但具有行业工会规则的性质与效力(由于历史影响的广泛性和地位被广泛承认，国际商会在 130 个国家拥有会员，是以此名义活动的唯一具有普遍接受力的跨行业国际商事组织，它所整理出版的《国际贸易术语解释通则》有国际商事示范规则的地位和作用)。

1990 年的修改主要使《国际贸易术语解释通则》的规定适应了电子数据交换和当时运输技术的变化；1999 年再次修订主要为适应世界上无关税区的发展；而贸易交通运输方

式、集装箱在运输领域的广泛运用、区域经济一体化、货物安全问题及国际分工的新变化，促使了国际商会对2000年版本进行再一次修订，来自全球130个国家的国际贸易领域专家及法学家提供了2 000多条修改意见，几经易稿，敲定了升级版本《2010年国际贸易术语解释通则》(简称《Incoterms 2010》)，于2010年9月公布，2011年1月1日正式生效。

《2010年国际贸易术语解释通则》是对《联合国货物销售合同公约》和当事人约定的补充，替代完整的买卖合同所需要订入的标准条款或商定条款。

《Incoterms 2010》并没有涉及买卖合同中许多重要事项，只涉及了责任、风险、费用的划分，不涉及所有权和其他产权的转移；只涉及买卖双方之间的责任，不调整买方或卖方与承运人之间的权利义务；只规定合同义务，不涉及违约、违约行为的后果及某些情况下的免责等。

贸易术语是相应贸易方式的英文缩写，缩写被冠以习惯性含义，多数不能按照字面意思直接解释，它用来表明在国际货物买卖过程中，买卖双方有关手续、费用、风险及责任划分的专门术语。

一、《Incoterms 2010》相对旧版本的主要变化

▶ 1. 贸易术语数量的变化

贸易术语由《Incoterms 2000》的13种变为《Incoterms 2010》的11种。《Incoterms 2010》删去了《Incoterms 2000》里的4个术语：DAF(Delivered at Frontier)边境交货、DES(Delivered Ex Ship)目地港船上交货、DEQ(Delivered Ex Quay)。又增加了2个：DAT(Delivered at terminal)在指定目的地或目的港的集散站交货、DAP(delivered at place)在指定目的地交货。致使D组只剩三个术语：DAP(运到)、DAT(运到、卸下)和DDP(运到、卸下、完税)。以前的DAF、DES、DEQ与DDU归纳为DAT及DAP。DAT用作替代DEQ，可以表明货物已经从运输工具在一个列明的“集散站”卸下就可以交货给买方，而集散站包括任何地方而不论它有没有上盖，如码头、仓库、集装箱堆场，或是公路/铁路或航空货物集散站。DAP用作替代DAF、DES及DDU，可以表明货物已经到达列明的目的地并准备好可以从运输工具卸下来交货给买方。

▶ 2. 贸易术语分类的调整

《Incoterms 2000》中的13种术语按术语缩写首字母分成四组：E为启运术语、F为主运费未付术语、C为主运费已付术语、D为到达术语，这种分类以风险转移的责任为主要分类标准。而《Incoterms 2010》改变了对贸易术语的分类标准，以是否适合于任何运输方式为界限，将贸易术语划分为两类：

一是适用于任何运输方式的七种：EXW、FCA、CPT、CIP、DAT、DAP、DDP；

二是适用于水上运输方式的四种：FAS、FOB、CFR、CIF。

▶ 3. 取消“船舷”概念

《Incoterms 2000》对FOB、CFR和CIF均强调以船舷为界限来划分风险。这里的风险损失指只是货物的意外损毁或灭失，是客观原因导致的一种后果。而“船舷”做法归根结底是人们约定俗成的假想的界限，它有很大弊端并饱受争议，这个风险临界点的选择决定的买卖双方责任划分，最终会影响利益分配，于是《Incoterms 2010》最终删除了“船舷”概念，

强调在 FOB、CFR 和 CIF 下，“明确的风险临界点”不复存在，买卖双方的风险以货物在装运港被装上船时为界。换种角度来看，在具体临界点的选择上，给了买卖双方一定的选择权(当然是相对既定的贸易术语来说，而惯例并无强制性)。

▶ 4. 补充了“连环贸易”

在大宗货物买卖中，相对直接销售的销售方式而言，货物在沿着销售链运转的过程中频繁地被销售了多次，由于货物由第一个卖方运输，作为中间环节的卖方因无须装运货物享受到的隐性实惠而须相应承担一定义务，于是《Incoterms 2010》对卖方的交付义务做了细分，实现了利益分配相对公平。

▶ 5. 增加了与安全有关的清关手续

出于贸易安全等考虑，运输货物的报关手续越来越多，相应的进出口商在某些情形下必须提前提供货物的安全扫描和检验的相关信息。

▶ 6. 明确阐明了地面操作费的承担方

新规则尽量去阐明目的港的集散站产生的操作费该由何方承担。虽然有时候卖方支付的运费中已包含此操作费，但承运方或地面操作代理还是会向买方收取同样的操作费。

▶ 7. 承认电子信息的效力

《Incoterms 2010》允许在双方同意或者惯常情况下，用对等的电子记录代替纸质票据，如 E-mail 的使用。

▶ 8. 贸易术语的适用范围扩大到国内

《Incoterms 2010》正式明确这些术语对国内和国际销售合同都是适用的。

二、FOB 和 CIF/CFR

《Incoterms 2010》的标准条文内容并不多，但它运用起来涉及贸易交往的方方面面，过程也极其复杂，因 FOB 和 CIF/CFR 术语是贸易交往中最传统、最重要的三个术语，而且修改后的《Incoterms 2010》对 FOB 和 CIF/CFR 术语的改动影响较大，所以本文将对这三个贸易术语的有关内容进行分析、比较，其余术语因使用频率不高将不再赘述。

(一) 关于三个贸易术语的变形问题

贸易术语的变形是指买卖双方为满足特定需求而在贸易术语后添加的条件，或者更改贸易术语中当事人权利、义务的分配，从而使之更能符合既定的交易习惯。贸易术语的变形不是对该术语的否定，也不是对该术语的解释或澄清，而是对该术语的进一步发展。

早在国际商会统一了国际贸易交易习惯并制定出《国际贸易术语解释通则》时，人们对贸易术语的运用就一直较为灵活，又因为贸易术语的非强制性，相对固定的贸易交往就渐渐形成演绎后的模式，产生的相对稳定的术语变形，具体介绍如下。

▶ 1. 关于 FOB

FOB 术语的含义此处不再赘述。按《Incoterms 2010》规定，在按 FOB 条件成交时，卖方要负责支付货物装上船之前的一切费用，但由于旧版本“船舷”概念，且各国对于“装船”一词并无统一解释，对装船各项费用由谁承担，各国习惯也不一致，所以造成装船费如何划分是不清楚的。如果采用班轮运输，船方负责装卸，装卸费计入搬运费之中，自然由负责租船的买方承担；而采用承租船运输，船方一般不负担装卸费。这就必须明确装卸费由谁承担。在FOB术语之后添列附加条件，就成了FOB的变形，主要包括以下几种情况。

(1) FOB Liner Tems(FOB班轮条件)，此做法按班轮做法处理，由船方或买方承担，卖方不负担有关装船费用。

(2) FOB Under Tackle(FOB吊钩下交货)，当货物在买方指派船的吊钩下交货，卖方承担的装船费用就以吊钩为界限。吊钩之前装船费由卖方承担，吊钩以后装船费用及其他各项费用由买方承担。

(3) FOB Stowed(FOB理舱费在内)，卖方把货物装入船舱内并被整理和安置后再交货，货物被整理和安置的地方就是卖方承担装船费用的终止点，此时，卖方负责把货物装入船舱并承担包括理舱费在内的装船费用(理舱费是指货物入舱后，工作人员对其进行安置和整理而产生的费用)。

(4) FOB Trimmed(FOB平仓费在内)，卖方负责把货物装入船舱并承担包括平舱费在内的装船费用(平仓费指平整装入船舱的散装货物所需的费用)。

这四种常见的变形在《Incoterms 2010》前后并无太大变化，因为它们在之前就已经规避掉了“船舷”概念。

▶ 2. 关于CIF/CFR

CIF/CFR术语的含义此处也不再赘述。与FOB变形同理，CIF/CFR的变形同样是规避“船舷”概念，为明确卸货费用的承担方而产生的，主要包括以下几种情况。

(1) CIF/CFR Tems(班轮条件)，此做法按班轮做法处理，由卖方承担，船方或买方不负担有关装船费用。

(2) CIF/CFR Landed(CIF卸到码头)，货物被卸到岸上交货，卖方承担的卸货费用到岸上为终止点，即卖方承担将货物卸到岸上的有关各项卸货费用(包括驳船费和码头费)。

(3) CIF/CFR Ex Tackle(CIF吊钩下交货)，货物运到目的港，货物从船舱吊起一直到吊钩所及之处(码头上或驳船上)进行交货。卖方承担货物从船舱吊起一直到吊钩所及之处(码头上或驳船上)的卸货费用，当船舶不能靠岸时，驳船费用由买方承担。

(4) CIF/CFR Ex Ship's Hold(CIF船底交货)，按此条件成交，船底就是卖方承担卸货费用的终止点，自船底去起吊直至卸到码头的卸货费用，由买方承担。

▶ 3. 贸易术语的变形产生的问题及解决

贸易术语的变形只是为了解决装卸费用的负担问题而出现，并不改变交货地点和风险划分的界限。但在实务中，由于当事人理解和掌握上的偏差，往往出现意见分歧，导致贸易纠纷。一般来讲，在不影响特定属于的性质和执行的前提下，当事人可以就某术语的特定条款做出有限的变更，但这种变通的实际意义需要根据某特定术语在某特定环境下的作用判断。要注意，某些内容的变通可能会恰巧改变了术语的性质。出现纠纷时，法院要根据相关证据和事实去衡量当事人的真实意思，是否是符合当事人缔约意志的术语。综上，要明确以下几点：

(1) 在签订买卖合同时，有必要明确规定贸易术语的变形是仅限于费用的划分，还是包括了风险划分在内。

(2) 尽量全面地搜集规则资料，找到公认的行业惯例。

(3) 若公认的行业惯例解决不了，则尽快求助其他的调整买卖合同的法律。

(二) 关于三个贸易术语的其他问题

在 FOB 条件下，卖方负担风险和费用，领取出口许可证或其他官方证件，并负责办理出口手续。采用 FOB 术语成交时，卖方还要自费提供证明其已按规定完成交货义务的证件，如果该证件并非运输单据，在买方要求下，并由买方承担风险和费用的情况下，卖方可以给予协助以取得提单或其他运输单据。FOB 术语只适用于海运和内河运输。

需要强调的是，按 CIF 术语成交，虽然由卖方安排货物运输和办理货运保险。但卖方并不承担保证把货送到约定目的港的义务，因为 CIF 是装运交货的术语，而不是目的港交货的术语，即 CIF 不是"到岸价"。CIF 通常是指运费＋保险费＋FOB。CFR(C&F)通常是指 FOB＋运费。

《Incoterms 2000》的 CIF/CFR 和 FOB 术语的交货地点均在装运港的船上，风险均在装运港越过船舷时转移；而《Incoterms 2010》中的 CIF/CFR 和 FOB 术语，由于取消了"船舷"这个概念，货物及风险在装运上船时一并转移给了买方。但同时，装运港作业时的意外风险仍可能存在，所以风险划分的临界点问题仍不可避免。《Incoterms 2010》间接鼓励商人们自行解决相关问题，这就需要当事人双方在订立合同时要考虑到该问题。

FOB 和 CIF/CFR 术语下，卖方承担在货物装运港越过船舷为止的一切费用，但由于货物装船是一个连续作业，各港口习惯做法又不一致，所以采用承租船的 FOB 合同要明确装船费由何方负担，CIF 和 CFR 合同要明确卸货费由何方负担。这三种术语在通常情况下，卖方应向买方提交已装船的清洁提单。

三种贸易术语最浅显易见的区分适用方法：若卖方愿意在装运港船上交货或者获得所要交付的货物时，可以优先考虑使用 FOB；若卖方除承担 FOB 所必须履行的义务外，还同意承担费用提供到指定目的港时，应优先考虑使用 CFR；若卖方除承担 CFR 所必须履行的义务外还同意承担到指定目的港的最低保险时，应优先考虑使用 CIF。

三、《Incoterms 2000》在贸易实务中应注意的问题

(1) 贸易术语并不是决定买卖合同性质的唯一因素。例如，买卖合同同时规定了"以货到约定的目的港作为买方支付货款的前提 & 货不到不付款"；又如，交易双方在买卖合同中规定使用，但同时又规定"卖方限某年某月将货运抵约定目的港，否则有权拒收货物"。显然，即使这个合同中使用了贸易术语，但都不是装运合同而是到达合同。由此可见，合同性质要综合考察，尽量考察准确、全面。

(2) 买卖双方应该尽可能具体地使用贸易术语，在合同中清楚地表述，同时写明出处、版本，如"FCA 36 Cours Albert 1er，Paris，France Incoterms 2010"。

(3)《Incoterms 2010》与《Incoterms 2000》都可造成引用的误解。《Incoterms 2010》的颁布实施并不代表《Incoterms 2000》自动作废，由于商人们的适应能力，2000 版本从贸易舞台退出需要一段时间，更何况贸易惯例不具有强制性，便不具备新法优于旧法的特性，所以即使当事人双方约定选用 2000 年版本也有效力，甚至是 1990 版本等。

(4) 由于集装箱的广泛应用等原因，陆上交通方式渐渐显示出优势，三种传统贸易术语 FOB、CIF/CFR 可以考虑改为 FCA、CIP、CPT 术语，商人们可以尝试采用新的术语，与时俱进。例如，鉴于对出口方风险责任可提早减轻、涉及内陆地区的出口业务在当地交单结汇、适于多种运输方式等多方面考虑，相比 CIF，使用 CIP 术语有相当大的推广潜

力。目前集装箱在运输领域的广泛运用为国际多式联运方式提供了生长土壤，也为内陆出口提供了便利。如有关学者提到的，我国许多沿海港口如青岛、连云港等都在争取“把口岸搬到内地”，以发展内陆地区对沿海陆运口岸的集装箱直通式运输，减少货物装卸、仓储时间，减低运输损耗，缩短报关、结汇的时间，减少贸易成本，同时带动内陆经济发展，促进经济繁荣。

四、结语

《Incoterms 2010》在多个方面有了明显改进，还增加了与反恐、海盗有关系等内容，但仍依赖于人们对贸易术语的灵活运用和熟练掌握。另外，即使假设条款已经被合理利用，其他相关合同(如信用证、包机协议、保险合同)也会影响交易的方式和效果，多个合同所形成的系统文件或口头约定才会真实反映交易的全貌及类型。对《Incoterms 2010》的研究工作还将继续进行，在贸易领域的应用还将更加复杂，国际贸易也将更加繁荣。

附录二 跟单信用证统一惯例

第一条 UCP 的适用范围

《跟单信用证统一惯例——2016 年修订本，国际商会第 600 号出版物》(简称 UCP)乃一套规则，适用于所有的其文本中明确表明受本惯例约束的跟单信用证(以下简称信用证)(在其可适用的范围内，包括备用信用证)。除非信用证明确修改或排除，本惯例各条文对信用证所有当事人均具有约束力。

第二条 定义

就本惯例而言：

通知行 指应开证行的要求通知信用证的银行。

申请人 指要求开立信用证的一方。

银行工作日 指银行在其履行受本惯例约束的行为的地点通常开业的一天。

受益人 指接受信用证并享受其利益的一方。

相符交单 指与信用证条款、本惯例的相关适用条款，以及国际标准银行实务一致的交单。

保兑 指保兑行在开证行承诺之外做出的承付或议付相符交单的确定承诺。

保兑行 指根据开证行的授权或要求对信用证加具保兑的银行。

信用证 指一项不可撤销的安排，无论其名称或描述如何，该项安排构成开证行对相符交单予以承付的确定承诺。

承付 指：

a. 如果信用证为即期付款信用证，则即期付款。

b. 如果信用证为延期付款信用证，则承诺延期付款并在承诺到期日付款。

c. 如果信用证为承兑信用证，则承兑受益人开出的汇票并在汇票到期日付款。

开证行　指应申请人要求或者代表自己开出信用证的银行。

议付　指指定银行在相符交单下，在其应获偿付的银行工作日当天或之前向受益人预付或者同意预付款项，从而购买汇票(其付款人为指定银行以外的其他银行)及/或单据的行为。

指定银行　指信用证可在其处兑用的银行，如信用证可在任意银行兑用，则任何银行均为指定银行。

交单　指向开证行或指定银行提交信用证项下单据的行为，或指按此方式提交的单据。

交单人　指实施交单行为的受益人、银行或其他人。

第三条　解释

就本惯例而言：

如情形适用，单数词形包含复数含义，复数词形包含单数含义。

信用证是不可撤销的，即使未如此表明。

单据签字可用手签、摹样签字、穿孔签字、印戳、符号或任何其他机械或电子的证实方法为之。

诸如单据须履行法定手续、签证、证明等类似要求，可由单据上任何看似满足该要求的签字、标记、印戳或标签来满足。

一家银行在不同国家的分支机构被视为不同的银行。

用诸如“第一流的”“著名的”“合格的”“独立的”“正式的”“有资格的”或“本地的”等词语描述单据的出单人时，允许除受益人之外的任何人出具该单据。

除非要求在单据中使用，否则诸如“迅速地”“立刻地”或“尽快地”等词语将不予理会。“在或大概在”(on or about)或类似用语将被视为规定事件发生在指定日期的前后五个日历日之间，起讫日期计算在内。“至”(to)、“直至”(until、till)、“从……开始”(from)及“在……之间”(between)等词用于确定发运日期时包含提及的日期，使用“在……之前”(before)及“在……之后”(after)时则不包含提及的日期。“从……开始”(from)及“在……之后”(after)等词用于确定到期日时不包含提及的日期。“前半月”及“后半月”分别指一个月的第一日到第十五日及第十六日到该月的最后一日，起讫日期计算在内。一个月的“开始”(beginning)、“中间”(middle)及“末尾”(end)分别指第一到第十日、第十一日到第二十日及第二十一日到该月的最后一日，起讫日期计算在内。

第四条　信用证与合同

a. 就其性质而言，信用证与可能作为其开立基础的销售合同或其他合同是相互独立的交易，即使信用证中含有对此类合同的任何援引，银行也与该合同无关，且不受其约束。因此，银行关于承付、议付或履行信用证项下其他义务的承诺，不受申请人基于与开证行或与受益人之间的关系而产生的任何请求或抗辩的影响。

受益人在任何情况下不得利用银行之间或申请人与开证行之间的合同关系。

b. 开证行应劝阻申请人试图将基础合同、形式发票等文件作为信用证组成部分的做法。

第五条　单据与货物、服务或履约行为

银行处理的是单据，而不是单据可能涉及的货物、服务或履约行为。

第六条　兑用方式、截止日和交单地点

a. 信用证必须规定可兑用的银行，或是否可在任意银行兑用。规定在指定银行兑用的信用证同时也可以在开证行兑用。

b. 信用证必须规定是以即期付款、延期付款、承兑，还是议付的方式兑用。

c. 信用证不得开成凭以申请人为付款人的汇票兑用。

d. i. 信用证必须定一个交单的截止日。规定的承付或议付的截止日将被视为交单的截止日。

ii. 可在其处兑用信用证的银行所在地即为交单地点。可在任意银行兑用的信用证其交单地点为任意银行所在地。除规定的交单地点外，开证行所在地也是交单地点。

e. 除非如第二十九条 a 款规定的情形，否则受益人或者代表受益人的交单应在截止日当天或之前完成。

第七条　开证行责任

a. 只要规定的单据提交给指定银行或开证行，并且构成相符交单，则开证行必须承付，如果信用证为以下情形之一：

i. 信用证规定由开证行即期付款，延期付款或承兑；

ii. 信用证规定由指定银行即期付款但其未付款；

iii. 信用证规定由指定银行延期付款但其未承诺延期付款，或虽已承诺延期付款，但未在到期日付款；

iv. 信用证规定由指定银行承兑，但未承兑以其为付款人的汇票，或虽然承兑了汇票，但未在到期日付款；

v. 信用证规定由指定银行议付但其未议付。

b. 开证行自开立信用证之时起即不可撤销地承担承付责任。

c. 指定银行承付或议付相符交单并将单据转给开证行之后，开证行即承担偿付该指定银行的责任。对承兑或延期付款信用证下相符交单金额的偿付应在到期日办理，无论指定银行是否在到期日之前预付或购买了单据。开证行偿付指定银行的责任独立于开证行对受益人的责任。

第八条　保兑行责任

a. 只要规定的单据提交给保兑行，或提交给其他任何指定银行，并且构成相符交单，保兑行必须：

i. 承付，如果信用证为以下情形之一：

① 信用证规定由保兑行即期付款、延期付款或承兑；

② 信用证规定由另一指定银行延期付款，但其未付款；

③ 信用证规定由另一指定银行延期付款，但其未承诺延期付款，或虽已承诺延期付

款但未在到期日付款；

④ 信用证规定由另一指定银行承兑，但未承兑以其为付款人的汇票，或虽已承兑汇票但未在到期日付款；

⑤ 信用证规定由另一指定银行议付，但其未议付。

ii. 无追索权地议付，如果信用证规定由保兑行议付。

b. 保兑行自对信用证加具保兑之时起即不可撤销地承担承付或议付的责任。

c. 其他指定银行承付或议付相符交单并将单据转往保兑行之后，保兑行即承担偿付该指定银行的责任。对承兑或延期付款信用证下相符交单金额的偿付应在到期日办理，无论指定银行是否在到期日之前预付或购买了单据。保兑行偿付指定银行的责任独立于保兑行对受益人的责任。

d. 如果开证行授权或要求某银行对信用证加具保兑，而其并不准备照办，则其必须毫不延误地通知开证行，并可通知此信用证而不加保兑。

第九条 信用证及其修改的通知

a. 信用证及其任何修改可以经由通知行通知给受益人。非保兑行的通知行通知信用及修改时不承担承付或议付的责任。

b. 通知行通知信用证或修改的行为表示其已确信信用证或修改的表面真实性，而且其通知准确地反映了其收到的信用证或修改的条款。

c. 通知行可以通过另一银行(第二通知行)向受益人通知信用证及修改。第二通知行通知信用证或修改的行为表明其已确信收到的通知的表面真实性，并且其通知准确地反映了收到的信用证或修改的条款。

d. 经由通知行或第二通知行通知信用证的银行必须经由同一银行通知其后的任何修改。

e. 如某银行被要求通知信用证或修改但其决定不予通知，则应毫不延误地告知自其处收到信用证、修改或通知的银行。

f. 如某银行被要求通知信用证或修改但其不能确信信用证、修改或通知的表面真实性，则应毫不延误地通知看似从其处收到指示的银行。如果通知行或第二通知行决定仍然通知信用证或修改，则应告知受益人或第二通知行其不能确信信用证、修改或通知的表面真实性。

第十条 修改

a. 除第三十八条另有规定者外，未经开证行、保兑行(如有的话)及受益人同意，信用证既不得修改，也不得撤销。

b. 开证行自发出修改之时起，即不可撤销地受其约束。保兑行可将其保兑扩展至修改，并自通知该修改时，即不可撤销地受其约束。但是，保兑行可以选择将修改通知受益人而不对其加具保兑。若然如此，其必须毫不延误地将此告知开证行，并在其给受益人的通知中告知受益人。

c. 在受益人告知通知修改的银行其接受该修改之前，原信用证(或含有先前被接受的修改的信用证)的条款对受益人仍然有效。受益人应提供接受或拒绝修改的通知。如果受益人未能给予通知，当交单与信用证及尚未表示接受的修改要求一致时，即视为受益人已做出接受修改的通知，并且从此时起，该信用证被修改。

d. 通知修改的银行应将任何接受或拒绝的通知转告发出修改的银行。

e. 对同一修改的内容不允许部分接受，部分接受将被视为拒绝修改的通知。

f. 修改中关于除非受益人在某一时间内拒绝修改否则修改生效的规定应被不予理会。

第十一条　电讯传输的和预先通知的信用证或信用证修改

a. 以经证实的电讯方式发出的信用证或信用证修改即被视为有效的信用证或修改文据，任何后续的邮寄确认书应被不予理会。

如电讯声明“详情后告”(或类似用语)或声明以邮寄确认书为有效信用证或修改，则该电讯不被视为有效信用证或修改。开证行必须随即不迟延地开立有效信用证或修改，其条款不得与该电讯矛盾。

b. 开证行只有在准备开立有效信用证或做出有效修改时，才可以发出关于开立或修改信用证的初步通知(预先通知)。开证行做出该预先通知，即不可撤销地保证不迟延地开立或修改信用证，且其条款不能与预先通知相矛盾。

第十二条　指定

a. 除非指定银行为保兑行，对于承付或议付的授权并不赋予指定银行承付或议付的义务，除非该指定银行明确表示同意并且告知受益人。

b. 开证行指定某银行承兑汇票或做出延期付款承诺，即为授权该指定银行预付或购买其已承兑的汇票或已做出的延期付款承诺。

c. 非保兑行的指定银行收到或审核并转递单据的行为并不使其承担承付或议付的责任，也不构成其承付或议付的行为。

第十三条　银行之间的偿付安排

a. 如果信用证规定指定银行(索偿行)向另一方(偿付行)获取偿付时，必须同时规定该偿付是否按信用证开立时有效的 ICC 银行间偿付规则进行。

b. 如果信用证没有规定偿付遵守 ICC 银行间偿付规则，则按照以下规定：

i. 开证行必须给予偿付行有关偿付的授权，授权应符合信用证关于兑用方式的规定，且不应设定截止日。

ii. 开证行不应要求索偿行向偿付行提供与信用证条款相符的证明。

iii. 如果偿付行未按信用证条款见索即偿，开证行将承担利息损失及产生的任何其他费用。

iv. 偿付行的费用应由开证行承担。然而，如果此项费用由受益人承担，开证行有责任在信用证及偿付授权中注明。如果偿付行的费用由受益人承担，该费用应在偿付时从付给索偿行的金额中扣取。如果偿付未发生，偿付行的费用仍由开证行负担。

c. 如果偿付行未能见索即偿，开证行不能免除偿付责任。

第十四条　单据审核标准

a. 按指定行事的指定银行、保兑行(如果有的话)及开证行须审核交单，并仅基于单据本身确定其是否在表面上构成相符交单。

b. 按指定行事的指定银行、保兑行(如有的话)及开证行各有从交单次日起至多五个银行工作日用于确定交单是否相符。这一期限不因在交单日当天或之后信用证截止日或最迟交单日届至而受到缩减或影响。

c. 如果单据中包含一份或多份受第十九、二十、二十一、二十二、二十三、二十四或二十五条规制的正本运输单据，则须由受益人或其代表在不迟于本惯例所指的发运日之后的二十一个日历日内交单，但是在任何情况下都不得迟于信用证的截止日。

d. 单据中的数据，在与信用证、单据本身及国际标准银行实务参照解读时，无须与该单据本身中的数据、其他要求的单据或信用证中的数据等一致，但不得矛盾。

e. 除商业发票外，其他单据中的货物、服务或履约行为的描述，如果有的话，可使用与信用证中的描述不矛盾的概括性用语。

f. 如果信用证要求提交运输单据、保险单据或者商业发票之外的单据，却未规定出单人或其数据内容，则只要提交的单据内容看似满足所要求单据的功能，且其他方面符合第十四条 d 款，银行将接受该单据。

g. 提交的非信用证所要求的单据将被不予理会，并可被退还给交单人。

h. 如果信用证含有一项条件，但未规定用以表明该条件得到满足的单据，银行将视为未做规定并不予理会。

i. 单据日期可以早于信用证的开立日期，但不得晚于交单日期。

j. 当受益人和申请人的地址出现在任何规定的单据中时，无须与信用证或其他规定单据中所载相同，但必须与信用证中规定的相应地址同在一国。联络细节(传真、电话、电子邮件及类似细节)作为受益人和申请人地址的一部分时将被不予理会。然而，如果申请人的地址和联络细节为第十九、二十、二十一、二十二、二十三、二十四或二十五条规定的运输单据上的收货人或通知方细节的一部分时，应与信用证规定的相同。

k. 在任何单据中注明的托运人或发货人无须为信用证的受益人。

l. 运输单据可以由任何人出具，无须为承运人、船东、船长或租船人，只要其符合第十九、二十、二十一、二十二、二十三或二十四条的要求。

第十五条　相符交单

a. 当开证行确定交单相符时，必须承付。

b. 当保兑行确定交单相符时，必须承付或者议付并将单据转递给开证行。

c. 当指定银行确定交单相符并承付或议付时，必须将单据转递给保兑行或开证行。

第十六条　不符单据、放弃及通知

a. 当按照指定行事的指定银行、保兑行(如有的话)或者开证行确定交单不符时，可以拒绝承付或议付。

b. 当开证行确定交单不符时，可以自行决定联系申请人放弃不符点。然而这并不能延长第十四条 b 款所指的期限。

c. 当按照指定行事的指定银行、保兑行(如有的话)或开证行决定拒绝承付或议付时，必须给予交单人一份单独的拒付通知。

该通知必须声明：

i. 银行拒绝承付或议付。

ii. 银行拒绝承付或者议付所依据的每一个不符点。

iii. ① 银行留存单据听候交单人的进一步指示；

② 开证行留存单据直到其从申请人处接到放弃不符点的通知并同意接受该放弃，或者其同意接受对不符点的放弃之前从交单人处收到其进一步指示；

③ 银行将退回单据；

④ 银行将按之前从交单人处获得的指示处理。

d. 第十六条 c 款要求的通知必须以电讯方式，如不可能，则以其他快捷方式，在不迟于自交单之翌日起第五个银行工作日结束前发出。

e. 按照指定行事的指定银行、保兑行(如有的话)或开证行在按照第十六条 c 款 iii 项①或②发出了通知后，可以在任何时候将单据退还交单人。

f. 如果开证行或保兑行未能按照本条行事，则无权宣称交单不符。

g. 当开证行拒绝承付或保兑行拒绝承付或者议付，并且按照本条发出了拒付通知后，有权要求返还已偿付的款项及利息。

第十七条　正本单据及副本

a. 信用证规定的每一种单据须至少提交一份正本。

b. 银行应将任何带有看似出单人的原始签名、标记、印戳或标签的单据视为正本单据，除非单据本身表明其非正本。

c. 除非单据本身另有说明，在以下情况下，银行也将其视为正本单据：

i. 单据看似由出单人手写、打字、穿孔或盖章；

ii. 单据看似使用出单人的原始信纸出具；

iii. 单据声明其为正本单据，除非该声明看似不适用于提交的单据。

d. 如果信用证要求提交单据的副本，提交正本或副本均可。

e. 如果信用证使用诸如“一式两份”(in duplicate)、“两份”(in two fold)、“两套”(in two copies)等用语要求提交多份单据，则提交至少一份正本，其余使用副本即可满足要求，除非单据本身另有说明。

第十八条　商业发票

a. 商业发票：

i. 必须看似由受益人出具(第三十八条规定的情形除外)；

ii. 必须出具成以申请人为抬头(第三十八条 g 款规定的情形除外)；

iii. 必须与信用证的货币相同；

iv. 无须签名。

b. 按指定行事的指定银行、保兑行(如有的话)或开证行可以接受金额大于信用证允许金额的商业发票，其决定对有关各方均有约束力，只要该银行对超过信用证允许金额的部分未做承付或者议付。

c. 商业发票上的货物、服务或履约行为的描述应该与信用证中的描述一致。

第十九条 含盖至少两种不同运输方式的运输单据

a. 含盖至少两种不同运输方式的运输单据(多式或联合运输单据)，无论名称如何，必须看似：

i. 表明承运人名称并由以下人员签署：承运人或其具名代理人、船长或其具名代理人。

承运人、船长或代理人的任何签字，必须标明其承运人、船长或代理人的身份。

代理人签字必须表明其系代表承运人还是船长签字。

ii. 通过以下方式表明货运站物已经在信用证规定的地点发送、接管或已装船：事先印就的文字，或者表明货物已经被发送、接管或装船日期的印戳或批注。

运输单据的出具日期将被视为发送、接管或装船的日期，即发运的日期。然而如单据以印戳或批注的方式表明了发送、接管或装船日期，该日期将被视为发运日期。

iii. 表明信用证规定的发送、接管或发运地点，以及最终目的地，即使该运输单据另外还载明了一个不同的发送、接管或发运地点或最终目的地，或者该运输单据载有“预期的”或类似的关于船只，装货港或卸货港的限定语。

iv. 为唯一的正本运输单据，或者如果出具多份正本，则为运输单据中表明的全套单据。

v. 载有承运条款和条件，或提示承运条款和条件参见别处(简式或背面空白的运输单据)。银行将不审核承运条款和条件的内容。

vi. 未表明受租船合同约束。

b. 就本条而言，转运指在从信用证规定的发送、接管或者发运地点最终目的地的运输过程中，从某一运输工具上卸下货物并装上另一运输工具的行为(无论其是否为不同的运输方式)。

c. 运输单据可以表明货物将要或可能被转运，只要全程运输由同一运输单据涵盖。即使信用证禁止转运，注明将要或者可能发生转运的运输单据仍可接受。

第二十条 提单

a. 提单，无论名称如何，必须看似：

i. 表明承运人名称，并由下列人员签署：承运人或其具名代理人、船长或其具名代理人。

承运人、船长或代理人的任何签字必须标明其承运人，船长或代理人的身份。

代理人的任何签字必须标明其系代表承运人还是船长签字。

ii. 通过以下方式表明货物已在信用证规定的装货港装上具名船只：预先印就的文字或已装船批注表明货物的装运日期。

提单的出具日期将被视为发运日期，除非提单载有表明发运日期的已装船批注，此时已装船批注中显示的日期将被视为发运日期。

如果提单载有“预期船只”或类似的关于船名的限定语，则须以已装船批注明确发运日期及实际船名。

iii. 表明货物从信用证规定的装货港发运至卸货港。

如果提单没有表明信用证规定的装货港为装货港，或者其载有“预期的”或类似的关于装货港的限定语，则须以已装船批注表明信用证规定的装货港、发运日期及实际船名。即使提单以事先印就的文字表明了货物已装载或装运于具名船只，本规定仍适用。

iv. 为唯一的正本提单，或如果以多份正本出具，为提单中表明的全套正本。

v. 载有承运条款和条件，或提示承运条款和条件参见别外(简式或背面空白的提单)。银行将不审核承运条款和条件的内容。

vi. 未表明受租船合同约束。

b. 就本条而言，转运系指在信用证规定的装货港到卸货港之间的运输过程中，将货物从一船卸下并再装上另一船的行为。

c. 提单可以表明货物将要或可能被转运，只要全程运输由同一提单涵盖。即使信用证禁止转运，注明将要或可能发生转运的提单仍可接受，只要其表明货物由集装箱、拖车或子船运输。

d. 提单中声明承运人保留转运权利的条款将被不予理会。

第二十一条 不可转让的海运单

a. 不可转让的海运单，无论名称如何，必须看似：

i. 表明承运人名称并由下列人员签署：承运人或其具名代理人、船长或其具名代理人。

承运人、船长或代理人的任何签字必须标明其承运人、船长或代理人的身份。

代理签字必须标明其系代表承运人还是船长签字。

ii. 通过以下方式表明货物已在信用证规定的装货港装上具名船只：预先印就的文字或者已装船批注表明货物的装运日期。

不可转让海运单的出具日期将被视为发运日期，除非其上带有已装船批注表明发运日期，此明已装船批注表明的日期将被视为发运日期。

如果不可转让海运单载有“预期船只”或类似的关于船名的限定语，则需要以已装船批注表明发运日期和实际船名。

iii. 表明货物从信用证规定的装货港发运至卸货港。

如果不可转让海运单未以信用证规定的装货港为装货港，或者如果其载有“预期的”或类似的关于装货港的限定语，则需要以已装船批注表明信用证规定的装货港、发运日期和船只。即使不可转让海运单以预先印就的文字表明货物已由具名船只装载或装运，本规定也适用。

iv. 为唯一的正本不可转让海运单，或如果以多份正本出具，为海运单上注明的全套正本。

v. 载有承运条款的条件，或提示承运条款和条件参见别处(简式或背面空白的海运单)。银行将不审核承运条款和条件的内容。

vi. 未注明受租船合同约束。

b. 就本条而言，转运系指在信用证规定的装货港到卸货之间的运输过程中，将货物从一船卸下并装上另一船的行为。

c. 不可转让海运单可以注明货物将要或可能被转运，只要全程运输由同一海运单涵盖。即使信用证禁止转运，注明转运将要或可能发生的不可转让的海运单仍可接受，只要其表明货物装于集装箱、拖船或子船中运输。

d. 不可转让的海运单中声明承运人保留转运权利的条款将被不予理会。

第二十二条　租船合同提单

a. 表明其受租船合同约束的提单(租船合同提单)，无论名称如何，必须看似：

i. 由以下员签署：船长或其具名代理人、船东或其具有名代理人、租船人或其具有名代理人。

船长、船东、租船人或代理人的任何签字必须标明其船长、船东、租船人或代理人的身份。

代理人签字必须表明其系代表船长、船东还是租船人签字。

代理人代表船东或租船人签字时必须注明船东或租船人的名称。

ii. 通过以下方式表明货物已在信用证规定的装货港装上具名船只：预先印就的文字或者已装船批注注明货物的装运日期。

租船合同提单的出具日期将被视为发运日期，除非租船合同提单载有已装船批注表明发运日期，此时已装船批注表明的日期将被视为发运日期。

iii. 表明货物从信用证规定的装货港发运至卸货港。卸货港也可显示为信用证规定的港口范围或地理区域。

iv. 为唯一的正本租船合同提单，或如以多份正本出具，为租船合同提单注明的全套正本。

b. 银行将不审核租船合同，即使信用证要求提交租船合同。

第二十三条　空运单据

a. 空运单据，无论名称如何，必须看似：

i. 表明承运人名称，并由以下人员签署：承运人或承运人的具名代理人。

承运人或其代理人的任何签字必须标明其承运人或代理人的身份。

代理人签字必须表明其系代表承运人签字。

ii. 表明货物已被收妥待运。

iii. 表明出具日期。该日期将被视为发运日期，除非空运单据载有专门批注表明实际发运日期，此时批注表明的日期将被视为发运日期。

空运单据中其他与航班号和航班日期相关的信息将不被用来确定发运日期。

iv. 表明信用证规定的起飞机场和目的地机场。

v. 为开给发货人或托运人的正本，即使信用证规定提交全套正本。

vi. 载有承运条款和条件，或提示条款和条件参见别处。银行将不审核承运条款和条件的内容。

b. 就本条而言，转运是指在信用证规定的起飞机场到目的地机场的运输过程中，将货物从一飞机卸下再装上另一飞机的行为。

c. 空运单据可以注明货物将要或可能转运，只要全程运输由同一空运单据涵盖。即使信用证禁止转运，注明将要或可能发生转运的空运单据仍可接受。

第二十四条　公路、铁路或内陆水运单据

a. 公路、铁路或内陆水运单据，无论名称如何，必须看似：

i. 表明承运人名称，并且由承运人或其具名代理人签署，或者由承运人或其具名代理人以签字、印戳或批注表明货物收讫。

承运人或其具名代理人的收货签字、印戳或批注必须标明其承运人或代理人的身份。

代理人的收货签字、印戳或批注必须标明代理人系代理承运人签字或行事。

如果铁路运输单据没有指明承运人，可以接受铁路运输公司的任何签字或印戳作为承运人签署单据的证据。

ii. 表明货物的信用规定地点的发运日期，或者收讫待运或待发送的日期。运输单据的出具日期将被视为发运日期，除非运输单据上盖有带日期的收货印戳，或注明了收货日期或发运日期。

iii. 表明信用证规定的发运地及目的地。

b. i. 公路运输单据必须看似为开给发货人或托运人的正本，或没有任何标记表明单据开给何人。

ii. 注明"第二联"的铁路运输单据将被作为正本接受。

iii. 无论是否注明正本字样，铁路或内陆水运单据都被作为正本接受。

c. 如运输单据上未注明出具的正本数量，提交的份数即视为全套正本。

d. 就本条而言，转运是指在信用证规定的发运、发送或运送的地点到目的地之间的运输过程中，在同一运输方式中从一运输工具卸下再装上另一运输工具的行为。

e. 只要全程运输由同一运输单据涵盖，公路、铁路或内陆水运单据可以注明货物将要或可能被转运。即使信用证禁止转运，注明将要或可能发生转运的公路、铁路或内陆水运单据仍可接受。

第二十五条　快递收据、邮政收据或投邮证明

a. 证明货物收讫待运的快递收据，无论名称如何，必须看似：表明快递机构的名称，并在信用证规定的货物发运地点由该具名快递机构盖章或签字，并且表明取件或收件的日期或类似词语，该日期将被视为发运日期。

b. 如果要求显示快递费用付讫或预付，快递机构出具的表明快递费由收货人以外的一方支付的运输单据可以满足该项要求。

c. 证明货物收讫待运的邮政收据或投邮证明，无论名称如何，必须看似在信用证规定的货物发运地点盖章或签署并注明日期。该日期将被视为发运日期。

第二十六条　"货装舱面""托运人装载和计数""内容据托运人报称"及运费之外的费用

a. 运输单据不得表明货物装于或者将装于舱面。声明货物可能装于舱面的运输单据条款可以接受。

b. 载有诸如“托运人装载和计数”或“内容据托运人报称”条款的运输单据可以接受。

c. 运输单据上可以印戳或其他方法提及运费之外的费用。

第二十七条 清洁运输单据

银行只接受清洁运输单据，清洁运输单据指未载有明确宣称货物或包装有缺陷的条款或批注的运输单据。“清洁”一词并不需要在运输单据上出现，即使信用证要求运输单据为“清洁已装船”的。

第二十八条 保险单据及保险范围

a. 保险单据，例如保险单或预约保险项下的保险证明书或者声明书，必须看似由保险公司或承保人或者其代理人或代表出具并签署。

b. 如果保险单据表明其以多份正本出具，所有正本均须提交。

c. 暂保单将不被接受。

d. 可以接受保险单代预约保险项下的保险证明书或声明书。

e. 保险单据日期不得晚于发运日期，除非保险单据表明保险责任不迟于发运日生效。

f. i. 保险单据必须表明投保金额并以与信用证相同的货币表示。

ii. 信用证对于投保金额为货物价值、发票金额或类似金额的某一比例的要求，将被视为对最低保额的要求。

如果信用证对投保金额未做规定，投保金额须至少为货物的 CIF 或 CIP 价格的 110%。

如果从单据中不能确定 CIF 或者 CIP 价格，投保金额必须基于要求承付或议付的金额，或者基于发票上显示的货物总值来计算，两者之中取金额较高者。

iii. 保险单据须表明承保的风险区间至少涵盖从信用证规定的货物接管地或发运地开始到卸货地或最终目的地为止。

g. 信用证应规定所需投保的险别及附加险(如有的话)。如果信用证使用诸如“通常风险”或“惯常风险”等含义不确切的用语，则无论是否有漏保之风险，保险单据将被照样接受。

h. 当信用证规定投保一切险时，如保险单据载有任何一切险批注或条款，无论是否有“一切险”标题，均将被接受，即使其声明任何风险除外。

i. 保险单据可以援引任何除外条款。

j. 保险单据可以注明受免赔率或免赔额(减除额)约束。

第二十九条 截止日或最迟交单日的顺延

a. 如果信用证的截止日或最迟交单日适逢接受交单的银行非因第三十六条所述原因而歇业，则截止日或最迟交单日，视何者适用，将顺延至其重新开业的第一个银行工作日。

b. 如果在顺延后的第一个银行工作日交单，指定银行必须在其致开证行或保兑行的面函中声明交单是在根据第二十九条 a 款规定顺延的期限内提交的。

c. 最迟发运日不因第二十九条 a 款规定的原因而顺延。

第三十条 信用证金额、数量与单价的伸缩度

a. “约”或“大约”用于信用证金额或信用证规定的数量或单价时，应解释为允许有关金额或数量或单价有不超过10%的增减幅度。

b. 在信用证未以包装单位件数或货物自身件数的方式规定货物数量时，货物数量允许有5%的增减幅度，只要总支取金额不超过信用证金额。

c. 如果信用证规定了货物数量，而该数量已全部发运，及如果信用证规定了单价，而该单价又未降低，或当第三十条b款不适用时，则即使不允许部分装运，也允许支取的金额有5%的减幅。若信用证规定有特定的增减幅度或使用第三十条a款提到的用语限定数量，则该减幅不适用。

第三十一条 部分支款或部分发运

a. 允许部分支款或部分发运。

b. 表明使用同一运输工具并经由同次航程运输的数套运输单据在同一次提交时，只要显示相同目的地，将不视为部分发运，即使运输单据上表明的发运日期不同或装货港、接管地、发运地点不同。如果交单由数套运输单据构成，其中最晚的一个发运日将被视为发运日。

含有一套或数套运输单据的交单，如果表明在同一种运输方式下经由数件运输工具运输，即使运输工具在同一天出发运往同一目的地，仍将被视为部分发运。

c. 含有一份以上快递收据、邮政收据或投邮证明的交单，如果单据看似由同一快递或邮政机构在同一地点和日期加盖印戳或签字并且表明同一目的地，将不视为部分发运。

第三十二条 分期支款或分期发运

如信用证规定在指定的时间段内分期支款或分期发运，任何一期未按信用证规定期限支取或发运时，信用证对该期及以后各期均告失效。

第三十三条 交单时间

银行在其营业时间外无接受交单的义务。

第三十四条 关于单据有效性的免责

银行对任何单据的形式、充分性、准确性、内容真实性、法律效力，以及单据中规定或添加的一般或特殊条件，概不负责；银行对任何单据所代表的货物、服务，其他履约行为的描述、数量、重量、品质、状况、包装、交付、价值或其存在与否，发货人、承运人、货运代理人、收货人、货物的保险人或其他任何人的诚信与否、作为或不作为、清偿能力、履约或资信状况，也概不负责。

第三十五条 关于信息传递和翻译的免责

当报文、信件或单据按照信用证的要求传输或发送时，或当信用证未做指示，银行自行选择传送服务时，银行对报文传输或信件、单据的递送过程中发生的延误、中途遗失、残缺或其他错误产生的后果，概不负责。

如果指定银行确定交单相符并将单据发往开证行或保兑行，无论指定银行是否已经承付或议付，开证行或保兑行必须承付或议付，或偿付指定银行，即使单据在指定银行送往开证行或保兑行的途中，或保兑行送往开证行的途中丢失。

银行对技术术语的翻译或解释上的错误不负责任，并可不加翻译地传送信用证条款。

第三十六条 不可抗力

银行对由于天灾、暴动、骚乱、叛乱、战争、恐怖主义行为或者任何罢工、停工或其无法控制的任何其他原因导致的营业中断的后果，概不负责。

银行恢复营业时，对于在营业中断期间已逾期的信用证，不再进行承付或议付。

第三十七条 关于被指示方行为的免责

a. 为了执行申请人的指示，银行利用其他银行的服务，其费用和风险由申请人承担。

b. 即使银行自行选择了其他银行，如果发出的指示未被执行，开证行或通知行对此亦不负责。

c. 指示另一银行提供服务的银行有责任负担被指示方因执行指示而发生的任何佣金、手续费、成本或开支（"费用"）。

如果信用证规定费用由受益人负担，而该费用未能收取或从信用证款项中扣除，开证行依然承担支付此费用的责任。

信用证或其修改不应规定向受益人的通知以通知行或第二通知行收到其费用为条件。

d. 外国法律和惯例加诸银行的一切义务和责任，申请人应受其约束，并就此对银行负补偿之责。

第三十八条 可转让信用证

a. 银行无办理信用证转让的义务，除非其明确同意。

b. 就本条而言：

可转让信用证系指特别注明"可转让"(transferable)字样的信用证。可转让信用证可应受益人（第一受益人）的要求转为全部或部分由另一受益人（第二受益人）兑用。

转让行系指办理信用证转让的指定银行，或当信用证规定可在任何银行兑用时，指开证行特别如此授权并实际办理转让的银行。开证行也可担任转让行。

已转让信用证指已由转让行转为可由第二受益人兑用的信用证。

c. 除非转让时另有约定，有关转让的所有费用（诸如佣金、手续费、成本或开支）须由第一受益人支付。

d. 只要信用证允许部分支款或部分发运，信用证可以分部分地转让给数名第二受益人。

已转让信用证不得应第二受益人的要求转让给任何其后受益人。第一受益人不视为其后受益人。

e. 任何转让要求须说明是否允许及在何条件下允许将修改通知第二受益人。已转让信用证须明确说明该项条件。

f. 如果信用证转让给数名第二受益人，其中一名或多名第二受益人对信用证修改的拒绝并不影响其他第二受益人接受修改。对接受者而言该已转让信用证即被相应修改，而对拒绝修改的第二受益人而言，该信用证未被修改。

g. 已转让信用证须准确转载原证条款，包括保兑(如果有的话)，但下列项目除外：信用证金额、规定的任何单价、截止日、交单期限或最迟发运日或发运期间。以上任何一项或全部均可减少或缩短。

必须投保的保险比例可以增加，以达到原信用证或本惯例规定的保险金额。

可用第一受益人的名称替换原证中的开证申请人名称。

如果原证特别要求开证申请人名称应在除发票以外的任何单据出现，已转让信用证必须反映该项要求。

h. 第一受益人有权以自己的发票和汇票(如有的话)替换第二受益人的发票的汇票，其金额不得超过原信用证的金额。经过替换后，第一受益人可在原信用证项下支取自己发票与第二受益人发票间的差价(如有的话)。

i. 如果第一受益人应提交其自己的发票和汇票(如有的话)，但未能在第一次要求的照办，或第一受益人提交的发票导致了第二受益人的交单中本不存在的不符点，而其未能在第一次要求时修正，转让行有权将从第二受益人处收到的单据照交开证行，并不再对第一受益人承担责任。

j. 在要求转让时，第一受益人可以要求在信用证转让后的兑用地点，在原信用证的截止日之前(包括截止日)，对第二受益人承付或议付。本规定不得损害第一受益人在第三十八条 h 款下的权利。

k. 第二受益人或代表第二受益人的交单必须交给转让行。

第三十九条　款项让渡

信用证未注明可转让，并不影响受益人根据所适用的法律规定，将该信用证项下其可能有权或可能将成为有权获得的款项让渡给他人的权利。本条只涉及款项的让渡，而不涉及在信用证项下进行履约行为的权利让渡。

参考文献

[1] 陈卫华，王红梅．国际贸易单证制作[M]．西安：西安交通大学出版社，2011.

[2] 广银芳．外贸单证制作实务[M]．北京：清华大学出版社，2009.

[3] 李元旭，吴国新．国际贸易单证实务[M]．北京：清华大学出版社，2008.

[4] 黄飞雪，李志洁．UCP600 与 ISBP681 述评及案例[M]．厦门：厦门大学出版社，2009.

[5] 中国国际贸易学会商务专业培训考试办公室．外贸业务理论与实务[M]．北京：中国商务出版社，2007.

[6] 全国国际商务单证专业培训考试办公室．国际商务单证理论与实务[M]．北京：中国商务出版社，2010.

[7] 全国国际商务单证专业培训考试办公室．国际商务单证专业培训及复习指南[M]．北京：中国商务出版社，2009.

[8] 姚大伟．国际贸易单证实务[M]．北京：中国商贸出版社，2009.

[9] 章安平．外贸单证操作[M]．北京：高等教育出版社，2008.

[10] 汪圣佑．国际商务单证[M]．北京：北京交通大学出版社，2010.

[11] 马朝阳，丛凤英．外贸单证实务[M]．北京：科学出版社，2007.

[12] 龚玉和，齐朝阳．外贸单证实训精讲[M]．北京：中国海关出版社，2013.

[13] 王盛恩，周宝玉．外贸单证实务[M]．重庆：重庆大学出版社，2013.

[14] 曹顺祥．外贸单证经理的成长日记[M]．2 版．北京：中国海关出版社，2016.

教学支持说明

▶▶课件申请

尊敬的老师：

您好！感谢您选用清华大学出版社的教材！为更好地服务教学，我们为采用本书作为教材的老师提供教学辅助资源。鉴于部分资源仅提供给任课教师使用，请您直接用手机扫描下方二维码实时申请教学资源。

任课教师扫描二维码
可获取教学辅助资源

▶▶样书申请

为方便教师选用教材，我们为您提供免费赠送样书服务。任课教师扫描下方二维码即可获取清华大学出版社教材电子书目。在线填写个人信息，经审核认证后即可获取所选教材。我们会第一时间为您寄送样书。

任课教师扫描二维码
可获取教材电子书目

清华大学出版社

E-mail: tupfuwu@163.com　　网址：http://www.tup.com.cn/
电话：8610-62770175-4506/4340　　传真：8610-62775511
地址：北京市海淀区双清路学研大厦B座509室　　邮编：100084